상위 1% 리더를 만드는
통찰력 수업

상위 1% 리더를 만드는 통찰력 수업

독보적인 리더가 선택한 통찰 훈련

초 판 1쇄 2025년 10월 28일

지은이 이갑주
펴낸이 류종렬

펴낸곳 미다스북스
본부장 임종익
편집장 이다경, 김가영
디자인 임인영, 윤가희
책임진행 이예나, 김요섭, 안채원, 김은진

등록 2001년 3월 21일 제2001-000040호
주소 서울시 마포구 양화로 133 서교타워 711호
전화 02) 322-7802~3
팩스 02) 6007-1845
블로그 http://blog.naver.com/midasbooks
전자주소 midasbooks@hanmail.net
페이스북 https://www.facebook.com/midasbooks425
인스타그램 https://www.instagram.com/midasbooks

© 이갑주, 미다스북스 2025, Printed in Korea.

ISBN 979-11-7355-546-6 03190

값 19,000원

※ 파본은 구입하신 서점에서 교환해드립니다.
※ 이 책에 실린 모든 콘텐츠는 미다스북스가 저작권자와의 계약에 따라 발행한 것이므로 인용하시거나 참고하실 경우 반드시 본사의 허락을 받으셔야 합니다.

미다스북스는 다음세대에게 필요한 지혜와 교양을 생각합니다.

독보적인 리더가 선택한 통찰 훈련

상위 1% 리더를 만드는 통찰력 수업

이갑주 지음

미다스북스

프롤로그 — 6

1장 통찰력의 날을 세운다

1   고수의 길, 왜 가야 하는가?   — 13
2   고수의 학습법   — 24
3   나침반이 되는 원칙들   — 36
4   1만 시간을 넘어서는 숙련의 비밀   — 45
5   실전이 만드는 살아있는 지혜   — 57

2장 통찰을 증폭시키는 동반자들

1   직장이라는 인적 자산의 보물 창고 — 69
2   AI 시대의 통찰력 무장   — 79
3   전문가 네트워크의 시너지   — 88
4   경험이라는 데이터베이스 구축하기 — 98
5   배움에 경계는 없다   — 109

3장 통찰력의 첫 발걸음

1   관찰, 그리고 또 관찰   — 121
2   현상 너머의 본질 포착하기   — 132
3   창조적 모방의 기술   — 141
4   연결의 마법   — 150
5   고정관념 깨기   — 160

4장 통찰력 실전 활용법

1. 사고의 깊이를 더하는 법 — 171
2. AI와 함께하는 24시간 통찰 시스템 — 182
3. 세렌디피티: 우연을 필연으로 — 190
4. 직관의 날을 세우기 — 199
5. 모순이 품은 역설적 지혜 — 210

5장 통찰력의 지속가능한 성장

1. 영감의 순간을 포착하는 기술 — 223
2. 집단지성의 힘을 활용하기 — 234
3. 높이 오를수록 넓게 보인다 — 245
4. 통찰의 눈 아르고스 — 257
5. 통찰력도 근육이다 — 267

에필로그 — 278

프롤로그

　인사이트란 말이 안 들어가면 대화가 안 될 정도로 온 세상이 인사이트를 외치는 시대다. 인사이트의 태풍이 몰아치지만, 나는 아직도 인사이트에 목마르다. 엄청난 홍수가 나서 막대한 피해를 입었음에도 정작 마실 물은 없는 가뭄과 같은 상황이다.
　"그래서 인사이트가 뭔데?"
　누군가 물으면 무어라 대답할 말이 마땅치 않았다. 후배들에게, 그리고 나 자신에게 "인사이트는 이렇게 하면 얻을 수 있고, 이렇게 하면 평생 함께 살 수 있다"라는 확신에 찬 답을 주고 싶었다.

　나는 공기업에서 기술직으로 입사하여 36년간 근무했다. 평범한 직장인들이 그렇듯 말단 직원에서 시작하여 고위급 간부까지 경험했다. 많은 기업의 CEO, 교수, 의사, 기술자, 자영업자, 그리고 평범한 직장인들을 만나고 그들의 삶의 지혜와 고뇌를 함께 나누며 같이 배우고 성장했다. 인사이트의 대가들도 만났다. 그리고 많은 사람들의 삶을 관통하는 지혜인 인사이트를 삶의 동반자로 삼고 사는 모습들을 그려보게 되었다. 인사이트를 거부하거나 인사이트가 필요하지 않은 사람은 한 사람도 없다.

　이 책은 총 5장으로 구성되어 있다. 나름 인사이트의 흐름 순으로 각 장을 구성했다. 첫 장에서는 인사이트를 가지려면 한 분야의 고수가 되어야 한다는 주제를 다룬다. 한 분야의 고수가 되면 현실과 경험과 이론을 연결할 수 있고, 본질을 볼 수 있다. 직관과 창조를 할 수 있으며, 패턴 분석을 통해 미래를 예견할 수 있기 때문이다. 고수가 되려면 1만 시간 이상은 공부를 해야 한다. 이는 신경 가소성 때문이다. 집중적이고 반복적인 자극을 받으면 시냅스의 연결이 강화되고, 단백질의 수초화가 진행되며 새로운 신경회로가 형성되어, 직관적 판단과 창의적 사고가 가능해지기 때문이다. 2장은 통찰력을 충족시키는 동반자들로 인적자원의 보물 창고인 직장이나 사회조직, 사내외 전문가그룹의 인적 네트워크, AI, 경험의 데이터베이스 및 신문과 인문 서적을 이용한 인사이트 소스들을 설명했다.

3장부터 5장까지는 실제로 인사이트 활용과 지속해서 인사이트와 공생하는 삶에 관해서 이야기한다. 3장의 인사이트 첫걸음에서는 2016년 노벨 문학상을 수상한 밥 딜런이 했던 말 '나는 모든 것을 훔쳤다. 그리고 그것을 내 것으로 만들었다'처럼 창조적 모방과 현상과 경험을 연결하여 통찰력을 얻는 방법을 다룬다. 4장은 인사이트의 실전 활용법을 이야기한다. 사고의 깊이를 더하고, AI를 활용한 통찰력 극대화, 우연의 산물로 인식되는 세렌디피티를 필연화하는 방안, 모순이라는 가설을 이용하고 직관의 날을 세워 통찰력을 활용하는 방법을 다룬다. 마지막 5장에서는 일회성 통찰력이 아닌 통찰력과 함께하는 삶을 위한 방법을 이야기한다. 루이 파스퇴르의 '준비된 마음에만 기회가 온다'라는 말처럼, 잭 니클라우스의 '연습할수록 운이 좋아진다'라는 경험처럼, 통찰력은 기술이다. 통찰력은 근육과 같다. 쓰면 쓸수록 발달하지만, 안 쓰고 버려두면 퇴화한다. 아마존 창립자 제프 베조스의 '10,000피트 뷰' 마인드로 높은 위치에서 세상을 바라보는 통찰하는 삶을 이야기한다.

지난 시간을 돌아보면 '그때 참 잘했다'라는 생각이 들 때도 있지만, 지금도 그 순간을 돌아보면 얼굴이 화끈거리는 실패의 순간들도 있었다. 그러나 다시 생각해보면 그런 모든 과정들이 점들이 되어 스티브 잡스가 이야기했던 것처럼 '점들이 모여 선이 된' 소중한 시간이었음에 감사한다. 레오나르도 다빈치를 생각한다. 그는 1452년 피렌체 공화국에서 태어나 1519년 67세로 세상을 떠날 때까지 전 세계가 공감하는 보편적 예술의 기반을 제시한 선구자이자, 아이작 뉴턴과 함께 인간 지성의 정점 상태에 도달했다고 평가받는 불세출의 천재로, 인류 역사에 한 획을 그은 인물이다. 그는 다중천재(Polymath)로서 화가, 조각가, 발명가, 건축가, 과학자, 음악가, 작가, 해부학자, 지질학자, 식물학자, 지리학자, 요리사, 수학자 등 다방면에서 완벽에 가까웠다. 키, 외모, 목소리 등 외적 용모도 뛰어났으며, 검술에도 천부적인 재능을 가진 강인한 체력을 소유한 자였다. 그는 다재다능함과 창의성을 겸비한 '르네상스 인간(Renaissance Man)'이었다. 나는 독자 여러분이 그런 르네상스 인간이 되길 소망한다.

'Impossible'이라는 단어가 있다. 이 단어에 점(Dot)을 하나 찍어 보자. 어떻게 될까? 'I'm Possible'이 된다. '불가능'이 '나는 가능하다, 나는 할 수 있다'가 된다. 그러면 점을 찍지 말고 단어를 띄어서 써 보자. 'God is no where'라는 문장으로 해보자. where의 'w' 자를 움직여 앞으로 보내보자. 'God is now here'가 된다. 그렇다. 지금보다 더 나은 삶으로 나아가기 위해서는 여러분의 삶에 점을 하나 찍든, 생각이나 습관을 변화시키든, 변화를 주어야 한다. 점을 찍어라. 위치를 변화시켜라. 불가능이 가능이 될 것이고, 우연이 섭리가 될 것이다. 여러분이 가지고 있는 재능과 기회를 스스로 한정하지 말고 꽃 피워서, 제2의 르네상스 시대를 여러분들의 손으로 열어가기를 바란다. 이 책이 그런 여러분 앞날에 작은 트리거(Trigger)가 되었으면 좋겠다.

2025년 9월

당진에서 이갑주

1장

통찰력의
날을 세운다

1

고수의 길, 왜 가야 하는가?

① 척 보면 알게 된다

"저희가 말씀도 안 드렸는데 부장님은 어떻게 저희가 지금 그게 필요한지를 아셨어요?"

"나도 그 비슷한 일들을 해본 경험이 있어서, 업무 스피드나 진행 사항을 보면 다음 순서가 무엇이고, 무엇이 필요한지를 저절로 알게 되는 거지."

"역시 고수는 다르시네요. 정말 대단하십니다. 감사합니다."

"이쪽 분야에서 한 20년이 다 되어 가는데 그런 것을 모르면 안 되지. 골프를 하다 보면, 어느 정도 골프 수준이 되면, 조금만 신경 쓰면, 그 홀에서 동반자들이 지금 몇 타를 쳤는지, 지금 치고 있는 것이 몇 번째인지를 저절로 알게 되잖아. 마찬가지야 다른 일도."

지금부터 통찰력을 기르는 방법으로 가장 기본인 한 분야의 고수가 되는 것부터 알아보자. 고수의 경지에 오르면 무엇이 달라질까? 단순히 실력이 늘어나는 것 이상의 변화가 일어난다. 마치 새로운 감각기관이 생긴 것처럼, 보이지 않던 것들이 보이기 시작한다. 이것이 바로 통찰력의 시작이다. 워런 버핏은 1988년 코카콜라 주식을 대량 매수했다. 당시 월스트리트 애널리스트들은 의아해했다. 100년 된 음료 회사가 무슨 성장 가능성이 있다는 것인가? 하지만 버핏은 다른 것을 보고 있었다. 베를린 장벽이 무너지고 있었고, 중국이 개방되기 시작했으며, 인도의 중산층이 성장하고 있었다. 그는 전 세계 30억 인구가 새롭게 코카콜라를 마시게 될 미래를 보았다. 이후 10년간 코카콜라 주가는 10배 상승했다.

통찰력은 하루아침에 생기지 않는다. 버핏이 코카콜라의 미래를 본 그것은 50년간 매일 10시간씩 기업 보고서를 읽으며 쌓은 내공 덕분이었다. 수만 개의 기업을 분석하면서 그의 뇌는 패턴을 읽는 법을 터득했다. 겉으로 드러난 숫자 너머의 본질을 꿰뚫어 보는 능력, 그것이 고수만이 가질 수 있는 통찰력이다. 신경과학자들의 연구에 따르면, 특정 분야에서 1만 시간 이상 훈련을 받은 전문가들의 뇌는 일반인과 다른 구조를 갖게 된다. 런던 택시 운전사들의 해마는 일반인보다 크고, 바이올리니스트의 운동피질은 왼손 부분이 특별히 발달되어 있다. 이처럼 지속적인 훈련은 뇌의 물리적 구조까지 바꾼다. 고수가 되면 말 그대로 '다른 뇌'를 갖게 되는 것이다. 보여야 본다. 그런데 알아야 보인다. 옛말에 '알아야 면장을 한다'라는 말이 있다.

② 뛰어난 타자에게 공은 더 커 보인다

메이저리그 전설적인 타자 테드 윌리엄스는 이렇게 말했다.

"나에게는 야구공이 자몽만 하게 보였다."

사람들은 농담으로 받아들였다. 하지만 수십 년 후, 스포츠 과학자들이 놀라운 사실을 발견했다. 실제로 뛰어난 타자들은 공이 더 크게 보인다고 느낀다는 것이다. 0.4초 만에 날아오는 시속 150km의 공을 정확히 맞추는 타자들의 뇌는 일반인과 다르게 작동하고 있었다.

소프트볼 동호회 활동을 한참 열심히 할 때였다. 타석에 들어섰는데 정말 다른 날보다 공이 더 크게 보였다. 당연히 장타를 쳤다. 버지니아 대학교 제시카 위트 교수의 2008년 연구는 충격적이었다. 소프트볼 선수들을 대상으로 한 실험에서 타율이 높은 선수일수록 공이 실제보다 크게 보인다고 답했다. 타율 0.300 이상 선수들은 공을 실제 크기보다 평균 15% 크게 인식했다. 반면 타율이 낮은 선수들은 공을 더 작게 보았다. 뇌과학자들이 fMRI로 뛰어난 타자들의 뇌를 관찰한 결과, 일반인과 완전히 다른 패턴을 발견했다. 공이 날아올 때 일반인의 뇌는 시각 피질이 과부하를 일으키며 혼란스러운 신호를 보냈다.

하지만 베테랑 타자들의 뇌는 달랐다. 전전두엽과 소뇌가 완벽하게 동조되면서 0.4초를 마치 4초처럼 처리했다. 시간이 실제로 느려진 것처럼 인식되면서 공의 회전, 궤적, 속도가 선명하게 분리되어 보였다. MLB 명예의 전당 토니 기원은 생전에 이렇게 설명했다. 공이 투수 손을 떠나는 순간 회전 방향이 보이며 어떤 구종인지 알았고, 홈플레이트에 도달하기 전에 이미 타격 지점을 정했다고 했다. 3,141안타라는 대기록 뒤에는 3만 번 이상의 타격 연습이 있었다. 매일 500스윙씩 20년간 반복한 결과, 그의 뇌는 0.4초를 세분화해서 인식할 수 있게 진화한 것이다. 맞다. 그것은 진화였다.

이는 비즈니스 세계에서도 마찬가지다. 손정의 소프트뱅크 회장은 2000년 알리바바에 2,000만 달러를 투자했다. 당시 마윈은 무명의 창업자였고, 중국 전자상거래 시장은 불모지였다. 하지만 손정의는 단 6분의 미팅으로 투자를 결정했다. 그는 마윈의 눈빛에서 잭 웰치와 빌 게이츠에게서 봤던 것과 같은 '무언가'를 보았다고 했다. 20년 후, 그 투자는 1,800억 달러의 가치가 되었다.

손정의가 6분 만에 본 것은 무엇이었을까. 그것은 30년간 수천 명의 창업자를 만나며 체득한 패턴 인식 능력이었다. 성공하는 창업자들의 미묘한 특징들인 말하는 속도, 눈빛의 강도, 질문에 대답하는 방식, 비전을 설명하는 열정의 온도 등, 이 모든 신호가 그의 뇌에서 즉각적으로 처리되었다. 일반인에게는 그저 열정적인 젊은이로 보였을 마윈이, 손정의에게는 차세대 비즈니스 제국을 건설할 인물로 보였다. 고수가 되면 남들이 보지 못하는 그것을 본다. 그것은 신비한 능력이 아니라 오랜 훈련과 경험이 만들어낸 뇌의 진화다. 통찰력을 기르고 싶다면, 먼저 자신의 분야에서 고수가 되어야 한다. 그때 비로소 세상이 다르게 보이기 시작할 것이다.

③ 고수의 조건

세계적인 체스 그랜드마스터와 아마추어 선수의 대국. 관중들이 지켜보는 가운데 놀라운 일이 벌어졌다. 그랜드마스터가 단 3초 만에 다음 수를 두었다. 아마추어는 30분을 고민했지만 결국 패배했다. 경기 후 인터뷰에서 기자가 물었다.

"어떻게 3초 만에 최선의 수를 찾을 수 있었습니까?"

"저는 모든 가능성을 계산한 게 아닙니다. 그저 '패턴'을 봤을 뿐이죠. 이런 국면을 수천 번 봤고, 최선의 대응을 알고 있었습니다."

"그럼 체스 고수가 되는 비결은 무엇인가요?"

그랜드마스터는 잠시 생각하더니 답했다.

"첫째, 1만 시간의 의도적 연습. 둘째, 패턴의 체화. 셋째, 직관과 논리의 균형. 넷째, 끊임없는 자기 초월. 하지만 가장 중요한 것은 체스를 단순한 게임이 아닌 우주의 축소판으로 보는 것입니다. 64개 칸에서 인생의 모든 원리를 발견할 때, 비로소 고수가 됩니다."

체스계의 전설 가리 카스파로프가 한 말이다. 그는 22세에 세계 챔피언이 되어 15년간 정상을 지켰다. 은퇴 후 그가 쓴 책 『Deep Thinking』에서 그는 체스를 통해 배운 통찰의 원리를 설명했다. 체스판 위의 32개 기물이 만들어내는 경우의 수는 10의 120제곱. 우주의 원자 수보다 많다. 이 무한한 가능성 속에서 최선의 수를 찾는 것, 그것이 통찰력이었다. 카스파로프는 하루 8시간씩 체스를 연구했다. 단순히 게임을 하는 그것이 아니라 과거 명국들을 분석하고, 새로운 전략을 개발하고, 약점을 보완했다. 이런 '의도적 연습'을 통해 그의 뇌는 5만 개 이상의 체스 패턴을 저장했다. 덕분에 그는 체스판을 보는 순간 최선의 수를 직관적으로 떠올렸다.

의도적 연습의 중요성은 안데르스 에릭손 교수의 연구로 입증되었다. 그는 베를린 음악학교 바이올린 전공생들을 20년간 추적 조사했다. 졸업 후 세계적 연주자가 된 학생들과 평범한 연주자가 된 학생들의 차이는 단 하나였다. 의도적 연습 시간. 최고 수준 연주자들은 18세까지 평균 1만 시간의 의도적 연습을 했지만, 평범한 연주자들은 4천 시간에 그쳤다. 여기서 중요한 것은 '의도적'이라는 단어다. 그냥 바이올린을 켜는 것과 자신의 약점을 파악하고 집중적으로 개선하는 것은 완전히 다르다. 전자는 시간 낭비지만, 후자는 뇌의 구조를 바꾸는 훈련이다. 고수가 되려면 편안한 영역을 벗어나 끊임없이 한계에 도전해야 한다.

④ 응용력이 생겨서 새로운 것을 창조할 수 있다

"조 대표님! 그러면 조 대표님 회사 자체 기술로 이 진단프로그램을 구동하는 실시간 자료 리딩 프로그램을 개발하여 운영할 수 있다는 말씀인가요?"

"네! 저희는 진단프로그램을 운영하기 위해 실시간으로 자료를 수집하는 프로그램을 개발하여 그것을 바탕으로 인공지능 기능을 탑재해서 진단 업무를 수행합니다."

"운영자료를 실시간 수집하는 기능은 저희 쪽 다른 운영시스템과 기능이 유사해 보입니다. 지금 외국 제품을 쓰고 있는데 여러 가지 고민이 많습니다. 이것만 별도로 구현해서 시현해 볼 수 있을까요? 그게 가능하다면 저희 측에서 Test bed로 한번 시도해 보고 싶은데요."

"아직까지 한 번도 그 프로그램만 별도로 운영해 보지는 않았는데, 가능합니다."

"좋습니다! 이것과 관련한 구체적인 방법은 이 회의가 끝나고, 우리 쪽과 조 대표님 측 실무자들끼리 만나서 별도로 협의하도록 합시다."

고수의 진정한 가치는 응용력에서 나타난다. 하나를 알면 열을 아는 것, 그것이 통찰력의 본질이다. 진단프로그램을 개발한 조 대표는 단순히 하나의 제품을 만든 것이 아니었다. 여러 과정에서 체득한 원리와 기술을 바탕으로 다른 영역에 즉시 적용할 수 있는 범용의 프로그램을 만들었다. 그러나 회의에 참석 전까지 그는 그것이 어디에 어떻게 쓰일 수 있는지 모르고 있었다.

스티브 잡스가 1985년 애플에서 쫓겨난 후 세운 회사가 넥스트(NeXT)였다. 컴퓨터 회사로서 넥스트는 실패했지만, 그곳에서 개발한 운영체제는 훗날 맥 OS의 기반이 되었다. 더 중요한 것은 넥스트를 운영하며 얻은 통찰이었다. 하드웨어와 소프트웨어의 완벽한 통합, 사용자 경험의 극대화, 디자인과 기술의 융합. 이 원리들은 나중에 아이폰, 아이패드, 애플워치로 구현되었다. 잡스는 실패한 것이 아니라 더 큰 성공을 위한 원리를 체득하고 있었다. 그가 1997년 애플로 복귀했을 때, 직원들은 놀랐다. 불과 90일 만에 제품 라인을 정리하고, 새로운 비전을 제시하고, 혁신적인 제품 개발을 시작했다. 이것이 가능했던 이유는 12년간의 방황이 사실은 통찰력을 기르는 시간이었기 때문이다.

제프 베조스가 아마존을 창업할 때 목표는 '지구상에서 가장 큰 서점'이었다. 하지만 온라인 서점을 운영하며 그는 더 큰 통찰을 얻었다. 고객 데이터의 가치, 물류 시스템의 중요성, 플랫폼 비즈니스의 잠재력이 그것이다. 이 통찰들은 AWS(아마존 웹 서비스), 프라임 멤버십, 마켓플레이스로 진화했다. 2023년 기준 AWS만으로 연 매출 900억 달러를 기록했다. 서점에서 시작해 클라우드 컴퓨팅의 지배자가 된 것이다. 응용력의 핵심은 원리를 파악하는 것이다. 겉으로 드러난 현상이 아니라 그 밑에 숨은 본질을 이해할 때, 무한한 창조가 가능해진다. 일론 머스크가 전기차(테슬라)에서 우주 로켓(스페이스X), 지하 터널(보링 컴퍼니), 뇌-컴퓨터 인터페이스(뉴럴 링크)까지 다양한 분야에서 혁신을 이룰 수 있는 이유도 같다. 그는 '제1 원리 사고'를 통해 모든 문제를 가장 기본적인 진실로 환원하고, 거기서부터 새로운 해답을 만들어낸다.

고수가 되면 하나의 분야에서 익힌 원리를 다른 분야에 적용할 수 있다.

체스 고수가 경영 전략가가 되고, 물리학자가 금융 퀀트가 되는 것처럼. 진정한 통찰력은 경계를 넘나드는 사고에서 나온다. 찰스 다윈이 진화론을 발견한 과정도 이와 같은 응용력의 결과였다. 그는 원래 지질학자였다. 비글호 항해 중 갈라파고스 제도에서 핀치새를 관찰하며 진화의 원리를 깨달았다. 하지만 진화론의 핵심 통찰은 생물학이 아닌 경제학에서 왔다. 맬서스의 『인구론』을 읽으며 생존경쟁과 자연선택의 개념을 떠올린 것이다. 지질학, 생물학, 경제학을 융합한 통찰이 인류 역사상 가장 위대한 발견 중 하나를 낳았다. 레오나르도 다빈치는 화가이자 과학자, 공학자, 해부학자였다. 그가 모나리자를 그릴 수 있었던 것은 인체 해부를 통해 근육의 움직임을 이해했기 때문이다. 헬리콥터를 설계할 수 있었던 것은 새의 비행을 수천 시간 관찰했기 때문이다. 다빈치에게 예술과 과학은 분리된 영역이 아니라 하나의 통합된 지식 체계였다. 이것이 바로 통찰력의 극치다.

⑤ 통찰력의 원천, 왜 고수가 되어야 하는가?

통찰력을 갖고 싶다면 먼저 고수가 되어야 한다. 이것은 선택이 아닌 필수다. 왜 그럴까? 통찰력의 본질을 이해하면 그 이유가 명확해진다. 다음과 같은 이유 때문이다.

첫째, 통찰력은 '연결'에서 나오고, 고수는 그 연결을 가능하게 한다. 서로 무관해 보이는 것들 사이에서 패턴을 발견하고, 숨은 관계를 파악하는 것이 통찰이다. 하지만 연결하려면 먼저 연결할 '무언가'가 있어야 한다. 고수가 되는 과정에서 축적되는 방대한 지식과 경험이 바로 그 재료다. 노벨 경제학상을 받은 대니얼 카너먼은 심리학자였다. 그가 행동경제학이라는 새로운 분야를 창시할 수 있었던 것은 심리학 분야의 고수였기 때문이다.

30년간 인간의 인지 편향을 연구한 그는 경제학의 '합리적 인간' 가정이 틀렸음을 증명했다. 심리학의 깊은 통찰을 경제학에 연결한 것이다. 만약 그가 심리학 초보자였다면 이런 혁명적 발견은 불가능했을 것이다.

둘째, 고수가 되면 '본질'을 볼 수 있게 된다. 초보자는 표면에 매몰되지만, 고수는 현상 너머의 원리를 파악한다. 이 능력이 바로 통찰력의 핵심이다. 워렌 버핏의 스승 벤저민 그레이엄은 1930년대 대공황을 겪으며 깨달았다. 주가는 단기적으로 투표 기계(voting machine)지만, 장기적으로는 저울(weighing machine)이라고. 시장의 변덕스러운 가격 변동에 흔들리지 않고 기업의 본질적 가치를 평가하는 것, 그것이 가치투자의 핵심이었다. 이 통찰은 50년간 수천 개 기업을 분석한 경험에서 나왔다.

셋째, 고수는 '직관'을 갖게 된다. 논리적 분석을 넘어선 순간적 판단력, 그것이 직관이다. 하지만 직관은 신비한 능력이 아니다. 수만 시간의 경험이 압축되어 무의식에 저장된 패턴 인식 능력이다. 체스 그랜드마스터 호세 라울 카파블랑카는 '체스 기계'라 불렸다. 그는 복잡한 계산 없이도 최선의 수를 찾아냈다. 비결을 묻자 이렇게 답했다. "나는 한 수만 본다. 하지만 그것이 항상 최선의 수다." 이것이 가능했던 이유는 8살부터 60년간 매일 체스를 두었기 때문이다. 그의 뇌에는 10만 개가 넘는 체스 패턴이 저장되어 있었다.

넷째, 고수는 '창조'할 수 있다. 기존 지식을 조합해 새로운 것을 만들어 내는 능력, 그것이 창조다. 하지만 무에서 유를 창조하는 것은 없다. 깊이 있는 전문성이 있어야 의미 있는 창조가 가능하다. 파블로 피카소는 14살에 이미 사실주의 화가로서 완성된 경지에 올랐다. 바르셀로나 미술학교 입학시험에서 한 달 과정을 하루 만에 끝낼 정도였다. 이런 탄탄한 기초가 있었기에 입체파라는 혁명적 화풍을 창조할 수 있었다. 피카소는 말했다. "나는 라파엘로처럼 그리는 데 4년이 걸렸지만, 어린아이처럼 그리는 데는 평생이 걸렸다."

다섯째, 고수는 '미래'를 본다. 현재의 징후에서 미래의 가능성을 읽어내는 것, 그것이 예측이다. 하지만 정확한 예측은 깊은 이해에서 나온다. 앤디 그로브 인텔 전 CEO는 1985년 메모리 반도체 시장에서 철수하고 마이크로프로세서에 집중하기로 결정했다. 당시 메모리가 매출의 80%였지만, 그는 일본 기업들과의 경쟁에서 이길 수 없음을 간파했다. 대신 PC 시대가 열릴 것을 예견하고 CPU에 올인했다. 이 결정으로 인텔은 30년간 반도체 업계를 지배했다. 반도체 산업을 누구보다 깊이 이해한 고수였기에 가능한 통찰이었다.

여섯째, 고수는 '본질적 질문'을 던질 줄 안다. 모두가 당연하게 받아들이는 것에 의문을 제기하고, 근본적인 문제를 파고든다. 일론 머스크는 로켓 발사 비용이 왜 비싼지 의문을 가졌다. NASA와 보잉은 로켓을 일회용으로 만들었지만, 머스크는 '비행기도 재사용하는데 왜 로켓은 안 되지?'라고 물었다. 항공우주공학의 고수들은 그게 불가능하다고 했지만, 머스크는 제1 원리로 돌아가 다시 계산했다. 결과적으로 스페이스X는 재사용 로켓을 성공시켜 발사 비용을 90% 줄였다.

일곱째, 고수는 '인내'할 수 있다. 통찰은 순간적으로 번뜩이는 것 같지만, 사실은 오랜 숙성의 결과다. 문제를 품고 있는 인내심이 필요하다. 찰스 다윈은 진화론의 핵심 아이디어를 1838년에 얻었지만, 『종의 기원』을 출간한 것은 1859년이었다. 21년간 증거를 수집하고, 반론을 검토하고, 이론을 정교화했다. 이 긴 숙성 기간이 진화론을 단순한 가설이 아닌 과학 혁명으로 만들었다. 결론적으로, 통찰력은 고수의 전유물이 아니라 고수가 되는 과정의 필연적 결과다.

이것이 당신이 이 책을 읽어야 할 이유이기도 하다. 이 책을 읽다 보면 당신도 통찰력에 대한 새로운 눈을 갖게 될 것이고, 마침내는 엄청난 통찰력의 소유자가 될 것이다. 1만 시간의 의도적 연습, 실패와 성공의 반복, 끊임없는 학습과 성찰. 이 과정을 거치며 우리의 뇌는 재구성되고, 사고는 깊어지고, 시야는 넓어진다. 당신이 지금 하고 있는 일에서 고수가 돼라. 그것이 프로그래밍이든, 마케팅이든, 요리든 상관없다. 한 분야의 고수가 되면, 그 과정에서 얻은 통찰력으로 전혀 새로운 것을 창조할 수 있게 될 것이다. 고수가 되는 것은 단순히 실력을 쌓는 것이 아니다. 세상을 다르게 보는 눈을 얻는 것이다. 그리고 그 눈이 바로 통찰력이다.

2
고수의
학습법

① 전문가는 학교 전공으로 말하지 않는다

"부장님도 아시겠지만 사실 저는 전공이 전기가 아닙니다. 원래 전공은 화학인데 전기 쪽 기사 자격증을 따고 전기 직군으로 입사했습니다. 그러다 보니 전기 관련 기초지식이 많이 약해서 항상 불안합니다. 열심히 노력은 하지만 항상 부족합니다."

"나는 김 팀장의 전공이 전기가 아니라는 것을 오늘 처음 알았는데. 그리고 전기 관련한 실력을 인정받아서 여기까지 온 거잖아요. 우리 부서에서 모두가 인정하는 최고의 실력자 중 한 사람인데, 학교 다니면서 전기전공을 하지 않은 것하고, 지금 김 팀장의 실력하고는 별개의 문제인 것 같은데."

"그렇게 보아주시니 감사합니다. 누가 되지 않도록 열심히 노력하고 있습니다."

지금 자신이 맡아서 하고 있는 업무나 일이 자신의 전공과는 상관이 없는 분야인가? 그것 때문에 스트레스받고 힘들어하는가? 걱정할 필요 없다. 학교에서의 전공은 기본적인 소양일 뿐이다. 지금부터가 중요하다. 진정한 전문가는 학위증명서가 아닌 실력으로 증명된다. 통찰력의 관점에서 보면, 오히려 비전공자가 더 혁신적인 돌파구를 찾는 경우가 많다. 왜 그럴까? 그들은 기존 패러다임에 갇히지 않기 때문이다.

제임스 다이슨은 미술을 전공했다. 가구 디자인하던 그가 진공청소기 시장에 뛰어든 것은 우연이었다. 1978년 공장에서 목재 먼지를 제거하는 사이클론 방식을 보고 영감을 얻었다. 공학도들은 '불가능하다'라고 했지만, 다이슨은 5,126번의 실패 끝에 먼지봉투 없는 진공청소기를 만들었다. 미술 전공자의 시각으로 공학 문제에 접근했기에 가능한 혁신이었다. 리드 헤이스팅스 넷플릭스 창업자는 수학을 전공했지만, 영화 배급업에 뛰어들었다. 기존 업계 사람들은 비디오 대여점이 영원할 것이라 믿었지만, 헤이스팅스는 알고리즘으로 콘텐츠를 추천하는 스트리밍 서비스를 만들었다. 수학자의 눈으로 엔터테인먼트를 보았기에 가능한 통찰이었다.

브라이언 체스키 에어비앤비 CEO는 산업디자인을 전공했다. 호텔업계 경험이 전무했지만, 오히려 그것이 강점이 되었다. 호텔업계의 상식을 모르니 '왜 빈방을 활용하면 안 되지'라는 근본적 질문을 던질 수 있었다. 2023년 에어비앤비의 기업가치는 750억 달러. 디자이너의 사용자 중심 사고가 만든 결과다. 위에서 말한 사람들의 공통점은 무엇일까? 첫째는 실무를 통해 배웠다는 것이다. 학교에서 배운 이론이 아니라 현장에서 부딪히며 체득했다. 둘째는 다른 분야의 원리를 적용했다. 예술의 심미안을 공학에, 수학의 논리를 영화에, 디자인 씽킹을 숙박업에 접목했다. 셋째는 끊임없이 질문했다. '왜 이렇게 해야 하지'라는 근본적 의문이 혁신의 시작이었다. 전공이 아닌 분야에서 성공하려면 더 치열하게 공부해야 한다.

하지만 그 과정에서 얻는 것이 있다. 바로 '경계를 넘는 사고'다. 한 분야에만 갇힌 전문가는 숲을 보지 못하지만, 여러 분야를 경험한 사람은 연결점을 발견한다. 그것이 바로 통찰력이다. 하버드 비즈니스 스쿨의 클레이튼 크리스텐슨 교수는 파괴적 혁신 이론을 제시했다. 그에 따르면 기존 업계의 리더들이 혁신에 실패하는 이유는 '역량의 함정' 때문이다. 너무 잘 알기에 새로운 가능성을 보지 못한다. 반면 아웃사이더들은 무지하기에 대담할 수 있다. 통찰력은 때로 무지에서 시작된다. 이제부터 몇 가지 공부법을 얘기하겠다.

② 이순신 장군 공부법

이순신은 정통 교육을 받은 대표적 인물이다. 어린 시절 다른 양반가 자제들과 마찬가지로 유교 경전을 배웠다. 『논어』, 『맹자』, 『중용』, 『대학』 등 사서삼경을 기본으로, 『시경』, 『서경』, 『역경』, 『예기』, 『춘추』 등 오경까지 섭렵했다. 17세부터는 무관 교육을 받아 28세에 무과에 급제했다. 현대로 치면 초등학교부터 대학교까지 정규교육 과정을 모두 마친 것이다.

하지만 이순신이 명장이 된 것은 정규교육 때문이 아니다. 사회에 나온 후의 학습법이 핵심이었다. 그는 이론과 실무를 철저히 결합했다. 낮에는 군사 훈련하고, 밤에는 병법서를 읽었다. 『손자병법』, 『오자병법』, 『육도』, 『삼략』 등을 공부하면서 동시에 변방 수비대에서 10년간 실전 경험을 쌓았다. 47세에 전라 좌수사가 되어서는 해전 기록을 읽으며 왜구 전술을 분석하고, 동시에 조선 수군의 현실을 파악해 판옥선 개조와 거북선 설계에 나섰다. 이론 공부와 현장경험의 완벽한 결합이었다. 현대를 살고 있는 많은 사회인이 이순신 장군과 같은 코스의 정규교육을 받았다. 많은 사람들이 이순신 장군과 같은 정규교육 과정을 밟은 후 이순신 장군식 학습법으로 성공한 사례들이 많다. 삼성전자 이재용 회장을 보자. 서울대 동양사학과를 졸업하고 게이오대학 대학원에서 경영학 석사 학위를 받았다. 정통 교육과정을 밟은 것이다. 하지만 진짜 배움은 1991년 삼성전자 입사 후 시작되었다. 20년간 반도체, 휴대폰, TV 사업부를 모두 거치며 현장을 경험했다. 동시에 끊임없이 이론을 공부했다. 정기적으로 임원진과 기술 세미나를 열고, 글로벌 트렌드를 분석했다. 2012년 부회장이 된 후에는 AI, 5G, 바이오 등 미래 기술 서적들을 탐독하면서 동시에 현장 투자 결정을 내렸다. 이론과 실무를 결합한 결과 삼성전자를 세계 1위 반도체 기업으로 만들었다.

LG그룹 구광모 회장도 마찬가지다. 미국 로체스터공과대학교에서 컴퓨터공학을 전공하고, 스탠퍼드대 경영대학원(MBA) 과정을 밟았다. 정규교육의 정석 코스였다. 1995년 LG전자에 입사한 후 그는 이순신 장군식 학습을 실천했다. 낮에는 현장에서 화학 공정을 배우고, 밤에는 화학공학 서적을 읽었다. 석유화학 사업부, 정보전자 소재사업부, 배터리 사업부를 거치며 20년간 현장경험을 쌓았다. 동시에 신기술 논문들을 지속적으로 연구했다. 2018년 회장이 된 후에는 전기차 배터리 시장에 집중하여 투자했다. 2023년 LG에너지솔루션은 세계 2위 배터리 기업이 되었다.

네이버 이해진 의장도 정통 교육 출신이다. 서울대 컴퓨터공학과를 졸업하고 KAIST에서 석사 학위를 받았다. 1999년 네이버를 창업한 후 그는 끊임없이 공부했다. 새벽까지 프로그래밍 코드를 짜면서 동시에 해외 IT 트렌드 보고서들을 탐독했다. 구글, 야후의 기술을 분석하고, 한국 시장에 맞는 서비스로 재창조했다. 검색엔진 기술서를 공부하면서 동시에 사용자들의 검색 패턴을 분석했다. 이론과 실무의 결합으로 한국 최고의 인터넷 기업을 만들었다.

현대자동차그룹 정의선 회장도 같은 길을 걸었다. 연세대 경영학과를 졸업하고 샌프란시스코대학에서 MBA를 받았다. 1999년 현대자동차 입사 후 그는 생산 현장부터 시작했다. 울산공장에서 직접 차를 조립하면서 동시에 자동차공학 서적들을 공부했다. 품질관리, 연구개발, 해외사업을 거치며 20년간 현장을 경험했다. 전기차 시대를 대비해 배터리 기술, 자율주행 기술 논문들을 밤새워 읽었다. 2020년 회장이 된 후 아이오닉 브랜드로 전기차 시장에서 성공을 거두고 있다.

카카오 김범수 의장은 서울대 산업공학과를 졸업했다. 1998년 한게임을 창업한 후 그는 하루 16시간씩 일했다. 낮에는 직접 게임을 개발하고, 밤에는 해외 게임산업 동향을 연구했다. 게임 개발 기술서를 공부하면서 동시에 사용자들의 플레이 패턴을 분석했다. 2010년 카카오톡을 출시할 때도 마찬가지였다. 메신저 기술을 연구하면서 동시에 사용자 경험을 직접 테스트했다. 이론과 실무의 결합으로 국민 메신저를 만들었다. 이들의 공통점은 무엇인가? 첫째는 정규교육으로 기초 소양을 쌓았다. 둘째는 사회에 나온 후 현장에서 직접 경험했다. 셋째는 동시에 관련 이론서들을 지속적으로 공부했다. 넷째는 실무에서 얻은 경험을 이론으로 체계화했다. 다섯째는 이 과정을 반복하며 자신만의 노하우를 축적했다. 이순신식 공부법의 핵심은 순환 학습이다. '이론 → 실무 → 성찰 → 개선의 사이클'을 반복한다. 이순신이 23전 23승의 신화를 쓸 수 있었던 것은 매 전투 후 철저한 분석과 개선을 했기 때문이다. 한산도 대첩 후에는 학익진을 개량했고, 명량해전 후에는 조류 활용법을 체계화했다. 누구나 쓸 수 있는 방법이다. 이순신 장군이 모범을 보여준 거다. 특별한 사람만이 할 수 있는 일이 아닌 우리도 할 수 있는 일이다. 대학에서 배운 전공지식을 기반으로, 회사에서 실무를 경험하면서 동시에 관련 서적들을 꾸준히 읽어야 한다. 프로젝트를 진행하면서 배운 것을 이론과 연결하고, 성공과 실패의 원인을 분석해 자신만의 원칙을 만들어가야 한다. 정규교육은 출발점일 뿐이다. 진짜 고수는 이순신처럼 이론과 실무를 결합하는 평생 학습자만이 될 수 있다.

③ **도제식 공부법**

"그것은 이렇게 저렇게 어떻게 해봐도 안 됩니다. 그게 어디 되겠습니까?"
"나는 해보면 될 것 같은데. 예전에는 반기별로 실적을 보고해서 평가를 받았지만, 올해에는 매 건마다 하나씩 이벤트화하고, 선제적으로 대응해서 고객들의 만족도를 높여 전체적인 세평을 높임으로써, 경영진이 좋은 평가 할 수밖에 없는 식으로 몰고 갈 예정이니까, 예전하고는 다른 결과가 나올 것이라고 보는데, 내부 직원들만 잘 호응하고 계획대로 잘 대응해 준다면 승산은 있다고 봅니다."
"그게 말이 쉽지, 되겠습니까? 설사 그렇게 한다고 해도, 또 경영진들이 좋게 평가해 준다는 보장도 없잖아요. 괜히 힘만 들지. 효과는 없을 것 같습니다."
"밤나무 밑에서 밤 떨어지길 기다리는 것보다는 밤나무를 흔들어야요."
"저는 그냥 떨어지는 밤이나 줍는 것이 낫다고 생각은 하는데, 사수인 팀장님이 그렇게 자신 있게 추진하시니 따라가겠습니다."
"일단 한번 믿고 따라와 보세요."

군에서 통신병을 했다. 40년 전이다. 특수병과로 사수로부터 많은 것을 전수받아야만 했다. 그런데 내 사수는 자유로운 영혼의 소유자였다. 첫날 손바닥치고는 '인수 끝났다. 이제부터는 너 알아서 해라.'하고는 현장을 떠나 버렸다. 정말 하나부터 열까지 여기저기 묻거나 눈치코치로 터득해야만 했다. 진짜 고생했다. 그런데 비슷한 병과의 후배는 사수가 반년 가까이 곁에서 가르쳐 주었다. 그 후배와 같은 실력을 갖추기 위해서 나는 많은 시간과 노력을 들여야 했다.

도제식 교육의 핵심은 '모방을 통한 체득'이다. 중세 유럽의 길드부터 일본의 장인 정신까지, 인류는 오랫동안 이 방식으로 전문성을 전수해 왔다. 21세기에도 이 방식이 여전히 유효한 이유는 무엇일까? 암묵지(tacit knowledge)는 말로 전달할 수 없기 때문이다. 스시의 신 오노 지로는 85세에도 매일 스시를 만든다. 그의 레스토랑 '스키야바시 지로'는 미슐랭 3스타를 10년 연속 유지했다. 제자들은 10년간 달걀말이만 만든다. 왜 그럴까? 완벽한 달걀말이를 만들 수 있어야 스시를 만들 자격이 있다는 것이다.

하지만 진짜 이유는 따로 있다. 10년간 스승을 관찰하며 호흡, 손목의 각도, 칼을 잡는 힘까지 체득하는 것이다. 실리콘밸리에도 도제 시스템이 있다. 페이팔 마피아가 대표적이다. 피터 틸, 일론 머스크, 리드 호프먼 등이 페이팔에서 함께 일했다. 이들은 각자 테슬라, 링크드인, 팰런티어를 창업했지만, 페이팔에서 배운 원칙을 공유한다. '빠른 실행', '과감한 도전', '제1원리 사고' 이것은 매뉴얼로 배울 수 없다. 함께 일하며 체득하는 것이다.

스티브 잡스와 조너선 아이브의 관계도 도제식이었다. 아이브는 20년간 잡스 옆에서 디자인했다. 잡스는 '조너선은 나의 영적 파트너'라고 말했다. 아이브가 배운 것은 디자인 기술이 아니라 철학이었다. '단순함이 궁극의 정교함', '기술과 인문학의 교차점', '사용자 경험의 극대화' 이 철학은 아이폰, 아이패드, 애플워치로 구현되었다. 도제식 학습의 장점은 맥락을 배운다는 것이다. 매뉴얼은 'What'을 가르치지만, 도제는 'Why'와 'How'를 가르친다.

더 중요한 것은 'When'이다. 언제 원칙을 지키고, 언제 예외를 만들지. 이런 판단력은 오직 경험을 통해서만 배울 수 있다. 레이 달리오 브리지워터 창업자는 『원칙』에서 말했다. "나는 실수를 통해 배웠고, 그 교훈을 원칙으로 만들었다." 그는 모든 실수를 기록하고, 패턴을 분석하고, 원칙을 도출했다. 이 원칙들을 직원들과 공유하며 집단지성을 만들었다. 브리지워터가 세계 최대 헤지펀드가 된 비결이다. 통찰력의 관점에서 도제식 학습은 필수다. 책으로는 지식을 얻을 수 있지만, 지혜는 사람에게서 배운다. 고수 옆에서 그들의 사고 과정을 관찰하고, 의사결정 방식을 체득하고, 실패에 대처하는 자세를 배운다. 그 과정에서 자신만의 스타일을 만들어간다.

④ 수준별로 멘토를 바꾸어가며 철저히 공부하라

"사실 센터장님은 제 멘토십니다. 제가 센터장님에게 정식으로 부탁드리거나 허락을 받은 것은 아니지만 제가 마음속으로 센터장님을 멘토로 모시면서 센터장님을 닮아가고자 노력하고 있습니다. 그래서 센터장님 쓰신 글이나 문서들은 물론이고 취미까지 다 파악하고 있습니다. 좋아하시는 음식도 알고 있습니다."

"아이구! 그것은 멘티가 아니라 스토킹이잖아!"

"죄송합니다. 그런데 선은 지키고 있습니다. 사실 센터장님 전에 멘토는 여기 오기 전 사업소의 우리 팀 부장님이셨어요. 그분에게서도 많은 것을 배웠습니다."

"나도 계속 배우고 있는데 나를 멘토로 생각하고 있다니 고맙군. 나에게서 혹시 코치 받을 일 있으면 언제든지 와요. 내가 아는 범위 내에서는 가르쳐줄 테니까. 그리고 나서는 더 나은 멘토를 찾아가면 되니까."

한 명의 스승에게서 모든 것을 배우는 시대는 지나갔다. 성장 단계마다 다른 멘토가 필요하다는 것, 이것이 고수들의 비밀이다. 이제는 한 명의 스승에게 모든 것을 배울 수는 없다. 각 단계에 맞는 적절한 안내자가 필요하다. 마크 저커버그의 멘토 변천사를 보자. 하버드 시절에는 빌 게이츠를 롤모델로 삼았다. 중퇴하고 창업하는 길을 택한 것도 게이츠의 영향이었다.

페이스북 초기에는 숀 파커(냅스터 창업자)가 멘토였다. 파커에게서 실리콘밸리의 작동 방식을 배웠다. 회사가 성장하자 돈 그레이엄(워싱턴포스트 전 CEO)을 멘토로 모셨다. 그레이엄은 "제품에만 집중하라"라고 조언했다. 이 조언 덕분에 페이스북은 수익보다 사용자 경험에 집중할 수 있었다. 최근에는 중국의 마윈과 교류하며 아시아 시장을 배우고 있다.

일론 머스크도 마찬가지다. 대학 시절에는 물리학 교수들이 멘토였다. 제1 원리 사고법을 배운 것도 이때다. 첫 창업(Zip 2) 때는 벤처 캐피털리스트들에게서 사업을 배웠다. 페이팔 시절에는 피터 틸과 함께하며 스케일업을 익혔다. 테슬라와 스페이스X를 창업한 후에는 과거의 거장들을 멘토로 삼았다. 토머스 에디슨, 니콜라 테슬라, 베르너 폰 브라운의 전기를 읽으며 그들의 사고방식을 연구했다. 살아있는 멘토가 없으면 책 속의 멘토를 찾은 것이다. 리드 헤이스팅스 넷플릭스 CEO는 더 체계적이다. 그는 '멘토 위원회'를 만들었다. 기술은 마크 앤드리슨(넷스케이프 창업자), 경영은 하워드 슐츠(스타벅스 전 CEO), 콘텐츠는 밥 아이거(디즈니 전 CEO)에게 조언을 구한다. 각 분야 최고 전문가를 멘토로 두고 있어야 한다.

멘토를 바꾸는 시점도 중요하다. 정주영 현대그룹 창업주의 말이 있다. "시작할 때는 꿈을 가진 사람에게 배우고, 성장할 때는 실력 있는 사람에게 배우고, 성공한 후에는 실패한 사람에게 배워라." 초기에는 비전과 열정이 필요하다. 중기에는 구체적 스킬과 전략이 필요하다. 후기에는 위기관리와 지혜가 필요하다. 각 단계에 맞는 멘토를 찾아야 한다. 통찰력 개발도 마찬가지다. 처음에는 기초를 가르쳐줄 멘토가 필요하다. 다음에는 응용을 보여줄 멘토가 필요하다. 마지막에는 자신만의 길을 찾도록 도와줄 멘토가 필요하다. 평생 한 명의 스승만 따르는 것은 성장의 한계를 만든다. 끊임없이 새로운 멘토를 찾고, 배우고, 넘어서야 한다. 그것이 고수가 되는 길이다.

⑤ 전략적으로 벤치마킹하라

"이 대리님은 언제 그렇게 공사설계를 공부하셨어요. 업무를 맡은 지 얼마 되지 않았는데, 공사설계를 짧은 시간에 척척 해내시다니, 정말 대단합니다."

"감사합니다. 그런데 사실은 별거 없어요."

"그렇게 겸손해하지 않아도 됩니다. 저는 지금 이거 일반공사 한 건 하려고 며칠을 끙끙거리고 있는데, 도대체 그렇게 일을 잘하시는 비법이 무엇인가요?"

"비법이라고 할 것도 없이 아주 간단합니다. 또 다들 그렇게 하고 계신 것으로 알고 있습니다. 듣고 나서 웃지 않으시겠다고 약속해 주시면 말씀드리겠습니다."

"웃다니요? 무슨 말씀을 그렇게 하세요! 절대 그런 일 없어요. 약속할게요!!"

1장 통찰력의 날을 세운다

"저는 일단 아이템이 주어지면 기존의 자료들을 찾아서 해야 할 아이템과 가장 가까운 자료를 벤치마킹합니다. 기존의 선배들이 해 놓은 일 중에서 가장 근접한 것을 템플릿으로 해서 거기서 뺄 것은 빼고 더할 것은 더해서 문제를 풀어갑니다."

"아! 그런 벤치마킹 방법이 있었군요."

나는 이 방법으로 최고 일 잘하는 직원으로 인정받았다. 벤치마킹은 단순한 모방이 아니다. 최고의 사례를 분석하고, 원리를 추출하고, 자신의 상황에 맞게 재창조하는 것이다. 피카소는 말했다. "좋은 예술가는 모방하고, 위대한 예술가는 훔친다." 여기서 '훔친다'라는 것은 본질을 파악해 자기 것으로 만든다는 의미다. 삼성전자가 세계 1위 반도체 기업이 된 과정을 보자. 1983년 이병철 회장이 반도체 사업 진출을 선언했을 때, 삼성은 후발주자였다. 인텔, 도시바, NEC가 시장을 지배하고 있었다.

하지만 삼성은 철저한 벤치마킹으로 20년 만에 정상에 올랐다. 첫 단계는 '리버스 엔지니어링'이었다. 일본 제품을 분해하고, 구조를 분석하고, 제조 공정을 역추적했다. 두 번째는 '인재 영입'이었다. IBM, 인텔 출신 엔지니어를 스카우트해 노하우를 전수받았다. 세 번째는 '개선'이었다. 일본식 품질관리와 미국식 혁신을 결합해 삼성만의 방식을 만들었다. 2022년 삼성전자는 메모리 반도체 시장점유율 44.5%로 부동의 1위다. 단순히 따라 한 것이 아니라, 벤치마킹을 통해 배우고, 개선하고, 초월한 결과다.

토요타의 '카이젠'도 벤치마킹의 산물이다. 토요타 기이치로는 1950년 포드 자동차 공장을 방문했다. 대량생산 시스템에 감탄했지만, 문제점도 발견했다. 재고가 너무 많고, 불량률이 높았다. 일본으로 돌아온 그는 포드

시스템을 개선했다. Just-In-Time 생산, 전 직원 품질관리, 지속적 개선. 이것이 토요타 생산방식(TPS)이 되었고, 전 세계 제조업의 표준이 되었다. 스타벅스 하워드 슐츠도 벤치마킹의 대가다. 1983년 이탈리아 밀라노 출장에서 에스프레소 바를 경험했다. 커피를 파는 것이 아니라 '제3의 공간'을 판다는 통찰을 얻었다. 미국으로 돌아와 이탈리아 카페 문화를 미국식으로 재해석했다. 빠른 서비스, 편안한 소파, 와이파이. 이탈리아 원조와는 다르지만, 미국 소비자에게 최적화된 모델이었다.

벤치마킹의 핵심은 '왜'를 파악하는 것이다. 겉으로 드러난 방식이 아니라, 그 뒤의 원리를 이해해야 한다. 그래야 자신의 상황에 맞게 변형할 수 있다. 알리바바 마윈은 이베이와 아마존을 벤치마킹했지만, 그대로 따라 하지 않았다. 중국에는 신용카드가 없고, 물류 인프라가 부족했다. 그래서 알리페이(에스크로 결제)와 차이냐오(물류 네트워크)를 만들었다. 서구 모델을 중국 현실에 맞게 재창조한 것이다.

결과적으로 알리바바는 아마존보다 먼저 모바일 커머스 시대를 열었다. 통찰력은 무에서 유를 창조하는 것이 아니다. 기존 것을 학습하고, 분석하고, 재조합하는 것이다. 뉴턴이 말했듯 '거인의 어깨 위에 서는 것'이다. 벤치마킹은 그 거인을 찾고, 어깨에 오르는 방법이다. 단, 주의할 점이 있다. 맹목적 모방은 실패한다. 원리를 이해하지 못한 채 겉모습만 따라 하면 '형식은 있되 정신은 없는' 결과가 된다. 진정한 벤치마킹은 비판적 수용이다. 무엇을 취하고, 무엇을 버리고, 무엇을 개선할지 판단하는 안목이 필요하다. 그것이 바로 통찰력이다. 다른 친구의 답안지를 베껴 쓰다가 친구의 이름까지 베껴 써서는 안 된다.

3
나침반이 되는 원칙들

① 뚜렷한 목적의식을 가져라

"저는 가끔씩 제가 이 일을 왜 하고 있나, 젊은 사람이 큰 꿈도 없이 좀 한심하다. 이런 생각이 들 때가 있어요. 센터장님은 그런 생각 안 해 보셨어요?"

"어떤 목사님이 설교 중에 들려주시던 예화가 있는데 한번 들어봐요. 성전을 짓고 있는 석공 세 사람에게 물었다고 합니다. '당신은 왜 이 일을 하고 있습니까?' 하고요."

"대답은 다 달랐을 것 같은데요."

"맞았어요. 다 달랐답니다. 한 사람은 돌을 깨라고 하니까 그냥 돌을 깨고 있다고 대답했고, 또 한 사람은 목구멍이 포도청이라 먹고살려고 어쩔 수 없이 하고 있다고 투덜대면서 대답했다고 합니다. 나머지 한 사람은 어떻게 얘기했을 것 같아요?"

"두 사람과 비교하면 더 무언가 긍정적으로 얘기를 했을 것 같은데요."

"맞아요. 그 석공은 나는 배운 것이 석공 일밖에 없는데 정말 감사하게도 제가 하나님의 성전을 짓는 일을 하고 있습니다. 너무너무 신이 난다고 얘기했답니다. 이것이 장 차장님의 질문에 대한 제 대답입니다."

목적의식의 차이가 성과의 차이를 만든다. 같은 일을 해도 왜 하는지 아는 사람과 모르는 사람의 결과는 천지 차이다. 고수들은 예외 없이 명확한 목적의식을 가지고 있다. 그것이 그들의 나침반이 되어 통찰력으로 이끈다. 빅터 프랭클은 나치 강제수용소에서 살아남은 비결을 『죽음의 수용소에서』에 기록했다. 아우슈비츠에서 죽은 사람과 살아남은 사람의 차이는 체력이 아니었다. 살아야 할 이유, 즉 목적의식이 있는 사람이 살아남았다. 프랭클 자신은 '이 경험을 책으로 써서 인류에게 전해야 한다'라는 목적이 있었다. 극한 상황에서도 목적의식은 생존을 가능케 했다.

손정의 소프트뱅크 회장의 목적의식은 19세에 세워졌다고 한다. "정보혁명으로 인류에 공헌한다." 이 한 문장이 그의 모든 사업을 관통한다. 야후재팬, 알리바바, ARM, 우버, 위워크 투자가 모두 이 목적에서 출발했다. 실패도 있었지만 흔들리지 않았다. 2023년 ARM 상장으로 1,500억 달러 가치를 실현했다. 44년간 한 가지 목적을 추구한 결과다. 하워드 슐츠 스타벅스 창업자의 목적은 단순했다. "제3의 공간을 만든다." 집도 아니고 직장도 아닌, 사람들이 모여 대화하는 공간. 이 목적이 모든 의사결정의 기준이 되었다. 왜 스타벅스는 프랜차이즈를 하지 않는가? 직영점만이 '제3의 공간' 품질을 보장할 수 있기 때문이다. 왜 의자가 편안한가? 오래 머물며 대화하라는 의도다.

목적의식은 통찰력의 렌즈다. 명확한 목적이 있으면 세상이 다르게 보인다. 필요한 정보가 자동으로 걸러지고, 중요한 패턴이 드러난다. 사라 블레이클리 스팽스 창업자는 '여성을 편안하게'라는 목적 하나로 10억 달러 기업을 만들었다. 기존 속옷의 불편함을 참지 않고 혁신한 이유는 목적이 명확했기 때문이다. 앤절라 더크워스 펜실베니아대 교수는 '그릿(Grit)' 연구로 유명하다. 성공한 사람들의 공통점은 IQ도, 재능도 아닌 '목적 있는 끈기'였다. 목적이 있으면 실패를 견딜 수 있고, 장기전을 치를 수 있다. 목적 없는 노력은 작심삼일로 끝나지만, 목적 있는 노력은 10년을 간다. 통찰력도 마찬가지다. 무엇을 위한 통찰인지 모르면 산만한 정보 수집에 그친다. 하지만 명확한 목적이 있으면 필요한 통찰이 무엇인지 알게 되고, 그것을 얻기 위한 구체적 행동을 하게 된다. 목적의식은 통찰력의 시작점이자 도착점이다.

② 장기와 단기의 이중 로드맵을 그려라

"이 차장은 나중에 휴짓조각이 될 계획과 달성하지도 못할 목표를 왜 맨날 새롭게 세우는 거야? 여태껏 목표도 세우고 세부 추진계획도 세워서 한 번이라도 제대로 실천해 본 적이 있어? 없지? 그래서 나는 이제 목표를 세우고 하는 일들은 안 하기로 했어."

"저는 반대로 생각합니다. 사실 저는 장 팀장님과 같이 다 가지신 분들과는 엄청 많이 다르잖아요. 장 팀장님은 뛰고 있는데 저는 이제야 일어나서 엉금엉금 걷고 있는 단계잖아요."

"무슨 말이야. 오히려 그 반대인 상황이지. 나같이 엉금엉금 걷는 사람이 당장 걷는 것에 집중해야지, 장기 비전이니 목표니 하는 게 좀 어색하거든. 당장 하루 끼니가 걱정인 사람에게 하루에 몇십만 원씩 몇 년을 적금하게 되면 몇 억이 된다는 식은 위선 아닌가?"

"저는 어릴 적에 작은 유리병에 개미를 넣고 관찰하곤 했어요. 병 속에 갇힌 개미는 하루 종일 제자리를 뱅글뱅글 돌더라고요. 그러다가 작은 풀

잎 하나를 넣어주면 그것을 붙잡고 올라와 병을 탈출하는 모습을 많이 보았어요."

고수들은 두 개의 시계를 찬다. 하나는 오늘을 위한 시계, 또 하나는 10년 후를 위한 시계다. 단기 실행과 장기 비전을 동시에 관리한다. 이것이 통찰력 있는 계획의 핵심이다. 제프 베조스는 1997년 아마존 상장 때 주주서한에 썼다. "우리는 장기적 관점에서 의사결정을 합니다." 당시 아마존은 적자였다. 월스트리트는 단기 수익을 요구했다. 하지만 베조스는 10년 후를 봤다. 물류 인프라에 투자하고, AWS를 개발하고, 프라임 멤버십을 만들었다. 결국, 아마존은 2023년 시가총액 1.5조 달러의 초거대기업이 되었다. 장기 로드맵의 승리였다. 동시에 베조스는 'Day 1' 정신을 강조한다. 매일이 창업 첫날인 것처럼 긴장하라는 뜻이다. 장기 비전만 보다가 오늘을 놓치면 내일도 없다. 아마존은 매주 수백 개의 실험을 한다. 작은 실패를 빠르게 반복하며 학습한다. 장기 비전과 단기 실행의 균형이 아마존을 만들었다. 일론 머스크의 로드맵은 더 극적이다. 2006년 테슬라 마스터플랜을 공개했다. 1단계는 비싼 스포츠카(로드스터), 2단계는 중간 가격 세단(모델S), 3단계는 대중 전기차(모델3), 4단계는 자율주행이었다. 15년 계획을 그대로 실행했다. 2023년 테슬라는 전기차 시장 20%를 점유했다. 하지만 머스크는 매일 공장에서 잔다. 생산라인 하나하나를 점검한다. 원대한 비전과 치밀한 실행이 공존한 것이다.

정주영 현대그룹 창업주는 '10년 앞을 내다보고 1년을 계획하라'라고 했다. 1970년 조선소 건설을 결정할 때, 배 한 척 만들어본 적 없었다. 하지만

10년 후 조선 강국을 그렸다. 동시에 매일 새벽 현장을 돌았다. 볼트 하나, 용접 한 줄을 직접 확인했다. 1983년 현대중공업은 세계 1위 조선사가 되었다. 이중 로드맵의 핵심은 연결이다. 오늘의 작은 행동이 10년 후 큰 그림의 한 조각임을 아는 것이다. 스티브 잡스는 2001년 아이팟을 만들며 이미 아이폰을 구상했다. 아이팟의 음악, 아이북의 전자책, 맥의 소프트웨어가 하나로 합쳐질 미래를 봤다. 각각의 제품이 퍼즐 조각이었고, 아이폰이 완성작이었다. 통찰력은 점을 연결하는 능력이다. 과거의 점, 현재의 점, 미래의 점을 이어 선을 만든다. 장단기 이중 로드맵은 그 연결을 가능케 한다. 매일의 실행이 장기 비전을 향하고, 장기 비전이 매일의 실행을 인도한다. 이 순환 속에서 통찰이 생긴다.

③ 독학도 좋지만, 전문교육의 도움을 받아라

"선배님은 어떻게 이 시험 장비를 그렇게 잘 다루세요?"

"전문 기관에 가서 실무교육을 받았지. 제작사에서 제공하는 카탈로그도 있지만 이런 것을 자유자재로 다루고 응용까지 하려면 아무래도 전문 기관에서 실무교육을 받는 것이 빠르지."

"실무교육을 가려면 여러 가지로 제약조건이 있잖아요."

"그러기는 하지만 나는 그것도 가성비를 따져서 필요하면 윗분들을 설득해서라도 교육을 받으려고 노력을 해. 가령 이 프로젝트를 하려면 이런 교육을 받으면 더 업무를 완벽하게 할 수 있을 것 같습니다. 그리고 교육받고 와서는 그만큼의 효과를 나타내 보여주는 거지."

"저는 모르는 것 있으면 책을 보거나 인터넷을 찾아보는 것 정도였는데."

"물론 일차적으로는 그렇게 해서 해결해야겠지. 그러나 관련 지식을 폭넓게 체계적으로 배우려면 전문 기관의 교육만 한 것은 없다고 봐. 개인적으로 독학을 하면 반년은 넘게 걸릴 것을 단 며칠이나 몇 시간 만에 해결할 수 있으니까."

독학의 시대다. 유튜브, 구글, ChatGPT가 있다. 무엇이든 검색하면 답이 나온다. 하지만 고수들은 여전히 전문교육을 받는다. 왜일까? 체계적 지식과 암묵지는 독학으로 얻기 어렵기 때문이다. 빌 게이츠는 억만장자가 된 후에도 매년 'Think Week'을 갖는다. 일주일간 외부와 단절하고 오직 학습에만 집중한다. 더 놀라운 것은 정기적으로 MIT, 하버드 교수들을 초청해 개인 교습을 받는다는 점이다. 양자컴퓨터, 인공지능, 기후 과학 등 새로운 분야를 배울 때마다 최고 전문가를 찾는다. 독학의 한계를 아는 것이다. 워런 버핏도 마찬가지다. 컬럼비아 경영대학원에서 벤저민 그레이엄에게 직접 배운 것을 평생 자산으로 여긴다. "책으로 읽은 가치투자와 그레이엄 교수님께 직접 배운 가치투자는 차원이 달랐다. 책에는 없는 통찰을 얻었다." 90세가 넘은 지금도 버핏은 젊은 교수들을 초청해 새로운 산업을 배운다.

리드 호프먼 링크드인 창업자는 더 체계적이다. 그는 '평생학습 예산'을 따로 편성한다. 연 10만 달러를 교육에 투자한다. 스탠퍼드 경영대학원 최고경영자과정, 싱귤래리티 대학 미래 예측 과정, MIT 미디어랩 혁신 과정을 수료했다. 그는 말한다. "혼자 공부하면 내 수준에 갇힌다. 전문교육은 새로운 차원으로 도약하게 한다."

체계적 교육의 힘은 '프레임 워크'에 있다. 프레임 워크는 산만한 지식을 체계적으로 만든다. 마이클 포터 하버드 교수의 '5 Forces 모델'을 독학으로 이해하기는 쉽다. 하지만 실제 기업에 적용하려면 수많은 사례와 뉘앙스를 알아야 한다. 이것은 강의실에서 토론하고 피드백 받으며 체득된다. 더 중요한 것은 네트워크다. 잭 마 알리바바 창업자는 2016년 후판대학 CEO 과정에 입학했다. 이미 중국 최고 부자였지만 '배움에는 끝이 없다'라며 3년간 배워 모든 과정을 수료했다. 이후, 그곳에서 만난 동기들과 새로운 사업을 구상했다. 교육은 지식뿐 아니라 인맥과 통찰을 준다. 통찰력 개발에서 전문교육은 가속기다. 혼자서 10년 걸릴 것을 1년으로 압축한다. 잘못된 방향으로 가는 것을 바로잡는다. 모르는 것을 모른다는 것을 깨닫게 한다. 독학과 전문교육을 병행할 때 진정한 고수가 된다. 나는 지금도 기회 있을 때마다 전문 기관에서 교육을 받는다.

④ 상황에 따라 로드맵을 '업데이트'하라

"다들 듣고들 계시겠지만, 우리 부서를 제외한 모든 사람이 우리는 이번에 안 된다고 얘기를 하고 있습니다. 그러나 결론부터 말하면 저는 그렇게 생각하지 않습니다. 단, 지금 상태로는 안 되는 것 맞습니다. 그런데 상황이 바뀌고 분위기가 바뀌었다고 봅니다. 새로 부임하신 부사장님이 전에 계시던 분하고는 달리 완고하게 반대하지 않으십니다. 그래서 저는 우리가 조금 노력만 한다면 극복할 수 있다고 보는 것입니다."

"처음에는 저희 보고 고생한다고 하지만 막상 때가 되면 외면하니까 문제입니다."

"맞습니다! 그게 문제입니다! 그러나 누구나 다 자기들이 고생했다고 생각합니다. 실제 고생을 하고요. 그래서 평상시에는 우리 보고 고생했다고

들 하시는 분들도 막상 승격 시기에는 다들 자기 주위부터 먼저 챙기게 되지요. 그래서 이번에 우리의 전략은 그런 분들도 우리를 추천할 수밖에 없게 만드는 것입니다. 경영진들이 우리를 낙점할 수밖에 없는 명분을 그분들에게 주자는 것입니다."

계획은 중요하지만, 변화는 더 중요하다. 고수들은 상황이 바뀌면 즉시 로드맵을 수정한다. 고집이 아닌 유연함이 통찰력을 만든다. 앤디 그로브 인텔 전 CEO는 '전략적 변곡점'이라는 개념을 만들었다. 기업의 운명이 바뀌는 순간이다. 1985년 인텔은 메모리 반도체 1위였다. 일본 기업들이 저가 공세를 시작했다. 그로브는 과감히 메모리 사업을 포기하고 CPU에 집중했다. '우리가 지금 해고되고 새 CEO가 온다면 뭘 할까?' 이 질문이 전략 전환을 이끌었다. 결과는 30년간 CPU 시장 독점이었다.

넷플릭스 리드 헤이스팅스도 세 번 피벗(Pivot)했다. 1997년 DVD 우편 대여로 시작했다. 2007년 스트리밍으로 전환했다. 2013년 오리지널 콘텐츠 제작을 시작했다. 매번 기존 사업이 잘될 때 다음을 준비했다. "고객이 원하는 것이 바뀌면 우리도 바뀌어야 한다." 2023년 시가총액이 1,800억 달러다. 유연한 전략의 승리다. 변화해야 할 것과 변화하지 말아야 할 것을 구별하는 것은 쉽지 않다.

마윈 알리바바 창업자는 더 극단적이다. "계획을 세우되 계획에 얽매이지 마라." 알리바바는 B2B로 시작했다가 타오바오(C2C), 티몰(B2C), 알리페이(핀테크), 알리클라우드(클라우드)로 확장했다. 매번 시장 변화를 읽고 방향을 틀었다. 2014년 뉴욕증시 상장 때 시가총액 2,310억 달러였다. 당시 역사상 최대 IPO였다. 삼성전자 이건희 회장의 1993년 신경영 선언도 극적인 전환이었다. "마누라와 자식 빼고 다 바꿔라." 그때 대한민국이 떠들썩했다. 양적 성장에서 질적 성장으로 패러다임을 바꿨다. 불량품을 모아 불태운 일화도 있다. 고정관념을 버리고 새로운 기준을 세웠다.

30년 후, 삼성은 글로벌 1위 전자 기업이 되었다. 상황 변화를 읽는 것이 통찰력이다. 코닥은 디지털카메라를 발명하고도 필름 사업을 고집하다 망했다. 노키아는 스마트폰 시대를 무시하다 몰락했다. 블록버스터는 넷플릭스의 제안을 거절하고 파산했다. 변화를 거부한 대가다. 변화해야 할 때 변화하지 않으면 미래가 없다. 반면 마이크로소프트 사티아 나델라는 2014년 CEO 취임 후 전략을 180도 바꿨다. 윈도우 중심에서 클라우드 중심으로. 경쟁에서 협력으로. 리눅스를 포용하고 오픈소스를 지원했다. 2023년 시가총액 3조 달러 돌파. 유연한 전략 전환이 만든 기적이다. 통찰력 있는 계획은 살아있는 유기체다. 환경이 바뀌면 진화한다. 목적지는 같아도 경로는 바뀔 수 있다. 중요한 것은 방향이지 방법이 아니다. 상황을 읽고, 변화를 감지하고, 신속하게 대응하는 것. 그것이 고수들의 나침반이다.

II

1만 시간을 넘어서는
숙련의 비밀

① **서두른다고 되는 것이 아니다**

"제가 저희 부서에 온 지가 벌써 일 년이 넘었는데 저는 왜 이 대리님같이 안 될까요?"

"김 주임도 잘하는데 무엇이 안 된다고 그래요?"

"이 대리님은 머릿속에 설비의 각종 로직이 다 들어 있어서 설비 문제가 생기면 이것은 무슨 문제 때문이라고 금방 예측하고 그것을 중점 점검하고 진단하니까 사고 처리가 빠르잖아요. 그런데 저는 그게 안 되니까 상황이 발생하면 어쩔 줄을 몰라 하면서 시간만 다 보내고선 팀장이나 부장님에게 엄청 꾸중을 듣고 또 선배님들이 도와주어야 하잖아요."

"나도 김 주임하고 똑같이 헤매고 틀리고 혼나고 하면서 차근차근 배웠어요. 나라고 하늘에서 뚝 떨어졌겠어요. 너무 조바심내지 말고 차근차근 배워요."

"이 대리님 같은 분이 저와 같은 길을 걸었다는 것이 상상이 안 돼요."

누구나 처음부터 날고 싶다. 바로바로 많은 사람들에게 칭찬받고 엄청난 부를 축적하는 스타가 되고 싶다. 그러나 기다리고 준비해야 한다. 통찰력을 기르는 첫 번째 단계는 기다림이다. 진정한 고수가 되는 길은 단거리 달리기가 아니라 마라톤이다. 급작스러운 깨달음을 기대하며 조급해하는 것은 오히려 통찰력 개발을 방해한다. 안데르스 에릭손 교수 얘기를 다시 해보자. 안데르스 에릭손 플로리다 주립대학교 교수는 20년간 전 세계 전문가들을 연구한 결과, 놀라운 사실을 발견했다. 세계적 바이올리니스트가 되려면 평균 1만 시간의 '의도적 연습'이 필요하다는 사실을 알아낸 것이다. 하지만 단순히 시간만 채우면 되는 것이 아니었다. 그는 베를린 음악원 학생들을 3개 그룹으로 나누어 추적했다. 졸업 후 세계적 연주자가 된 그룹, 우수한 연주자가 된 그룹, 평범한 연주자가 된 그룹. 차이점은 명확했다. 18세까지 축적한 의도적 연습 시간이 각각 1만 시간, 8천 시간, 4천 시간이었다.

말콤 글래드웰이『아웃라이어』에서 소개한 '1만 시간의 법칙'의 근거가 바로 여기에 있다. 하지만 중요한 것은 단순한 시간 투입이 아니다. 의도적이고 체계적인 준비가 핵심이다. 삼성전자 반도체 부문의 전설적 인물인 윤종용 전 부회장은 1977년 삼성에 입사해 반도체 사업 초기부터 30년간 한 우물을 팠다. 그는 매일 새벽 5시에 출근해 밤 10시까지 일했다. 하지만 단순히 긴 시간을 보낸 것이 아니었다. 미국과 일본의 반도체 기술 보고서를 매일 수십 페이지씩 번역하며 읽었고, 현장에서 발생하는 모든 문제를 직접 분석했다. 이런 차분한 준비가 삼성을 세계 1위 반도체 기업으로 만든 원동력이 되었다.

빌 게이츠는 13세 때부터 컴퓨터 프로그래밍에 빠졌다. 시애틀의 레이크사이드 스쿨에서 컴퓨터 터미널에 접근할 수 있었던 그는 하루 8시간씩 프로그래밍을 했다. 고등학교 졸업 때까지 5년간 누적된 시간은 1만 시간을 훌쩍 넘었다. 하버드 대학교에 입학한 후에도 그는 밤새워 프로그래밍을 계속했다. 20세에 마이크로소프트를 창업할 수 있었던 것은 이런 차분한 준비 덕분이었다. 통찰력은 조급함의 적이다. 성과를 재촉하면 할수록 통찰은 멀어진다. 차분히 준비하는 마음가짐이야말로 통찰력 개발의 출발점이다. 밥이 되기 전에 밥뚜껑을 열지 마라. 기다리자, 때가 차면 밥은 된다.

② 1만 시간의 법칙, 단순 반복이 아니라 '질적 반복'이다
"박사님은 저 사장님을 어떻게 그렇게 잘 아세요?"
"저분은 제가 직원 때부터 알고 지내는 분입니다. 완전히 입지전적인 인물이지요. 처음에 저분이 이 분야 담당으로 우리 회사에 오셨을 때는 이쪽 관련해서 정말 거의 백지상태였는데 지금은 이 분야에서는 국내는 물론 세계적으로, 권위자로 인정받고 있어요."
"그래요? 나는 저분을 뵐 때마다 대단하다고 생각했는데. 저분도 그런 흑역사가 있군요. 그런데 지금 저렇게 세계적인 권위자가 되신 것을 보면 정말 대단하시네요."
"처음에는 모른다고 온갖 수모를 다 당했어요. 모른다고 무시해서 회의에 참석도 안 시키고, 말하면 면박도 당하고 참 어려운 시절 많이 보냈는데 그걸 참고 견뎌내더니 이제는 저렇게 우뚝 서 계시잖아요. 이제는 저분 한 마디에 천금 같은 힘이 생겼어요. 물길을 잘 보고 한 우물만 깊이 죽어라 파더니 참 잘되셨어요."

1만 시간의 법칙이 널리 알려지면서 많은 사람들이 오해하고 있다. 1만 시간이 훨씬 넘었는데 왜 전문가가 안 되냐고 묻는다. 단순히 시간만 채우면 전문가가 될 수 있다고 생각하는 것이다. 하지만 진실은 전혀 다르다. 중요한 것은 '어떻게' 그 시간을 보내느냐다. 에릭손 교수의 연구에서 핵심은 '의도적 연습(deliberate practice)'이다. 이는 단순한 반복과는 완전히 다른 개념이다.

의도적 연습에는 4가지 특징이 있다. 첫째는 명확한 목표 설정이고, 둘째는 즉각적인 피드백이다. 셋째는 자신의 한계 영역에서의 도전이고, 마지막은 완전한 집중과 몰입이다. 프랑스 태생의 중국계 미국인 요요마는 세계 최고의 첼리스트로 인정받는다. 그의 연습 방법은 특별했다. 하루 6시간 연습하지만, 단순히 곡을 반복하지 않았다. 매일 자신의 약점을 정확히 파악하고, 그 부분만 집중적으로 연습했다. 어려운 구간을 아주 느린 속도로 수백 번 반복하며 완벽하게 체화시킨 후, 점진적으로 속도를 올렸다. 40년간 이런 의도적 연습을 통해 그는 첼로 연주의 최고 경지에 도달했다. 반면 단순 반복만 하는 사람들도 있다. 골프를 20년간 쳐도 핸디캡이 줄지 않는 아마추어 골퍼들이 대표적이다. 그들은 자신의 스윙 문제점을 파악하지 못한 채 잘못된 자세를 수천 번 반복한다. 시간은 많이 투자했지만, 실력 향상은 없다.

LG그룹 구자경 전 회장을 보자. 그는 1970년대 LG그룹 회장에 취임한 후 40년간 화학 분야 한 우물을 팠다. 하지만 단순히 업무만 한 것이 아니었다. 매년 해외 화학 전시회를 참관하며 글로벌 트렌드를 파악했고, 경쟁사 제품을 직접 분석하며 기술 격차를 줄였다. 또한 매주 기술진과 2시간씩 브레인스토밍을 하며 새로운 아이디어를 발굴했다. 이런 질적 반복을 통해 LG화학은 2023년 기준 연 매출 50조 원의 글로벌 화학 기업으로 성장했다.

페이스북 창업자 마크 저커버그는 하버드 재학 시절부터 프로그래밍에 1만 시간 이상을 투자했다. 하지만 그는 단순히 코딩만 한 것이 아니었다. 매일 새로운 프로그래밍 언어를 배우고, 다양한 플랫폼을 실험하며, 사용자 반응을 분석했다. 특히 실패작들을 철저히 분석해 다음 프로젝트에 반영했다. 이런 질적 반복이 페이스북이라는 혁신을 만들어냈다. 통찰력을 기르려면 시간의 양이 아니라 질이 중요하다. 매일 자신의 한계를 넘어서려는 의도적 노력, 실패를 분석하고 개선하는 체계적 접근, 끊임없는 피드백과 수정. 이것이야말로 1만 시간을 진정한 전문성으로 바꾸는 비결이다.

③ 1만 시간의 함정을 경계하라

"저 선배님, 오늘도 도서관에 가시는 것 같은데, 요즘은 무슨 공부를 하신다던가요?"

"내가 입사했을 때도 시험공부하신다고 도서관에 다니시는 것을 보아왔는데, 여쭈어보지는 않았지만 지금도 대충 그런 것 같은 느낌이야."

"내가 참견할 일은 아니지만 안타까운 생각이 들어요. 하루도 쉬지 않고 공부가 취미인 분같이 매일 공부하신다고 하시는데, 특별히 머리가 나쁜 것도 아니신 것 같은데."

"노력하는 방법상의 문제도 좀 있으신 것 같고 공부하는 방향과 본인의 재능과도 좀 문제가 있으신 것 같아요. 누구나 스케이트를 열심히 탄다고 다 김연아 선수 같은 세계적인 선수가 되는 것은 아니잖아요."

"그러게요. 열심히만 한다고 다 되면 좋겠지만 그렇지 않잖아요."

"병 속에 갇힌 개미는 아무리 열심히 걷고 걸어도 그 병 속만 뱅글뱅글

돌뿐이잖아요."

1만 시간의 법칙은 양날의 검이다. 올바르게 활용하면 전문성의 길잡이가 되지만, 잘못 해석하면 시간 낭비의 함정이 된다. 많은 사람들이 빠지는 첫 번째 함정은 '맹목적 반복'이다. 아인슈타인은 이렇게 말했다. "미친 짓이란 같은 일을 반복하면서 다른 결과를 기대하는 것이다." 방법을 바꾸지 않고 시간만 늘린다고 해서 결과가 달라지지는 않는다.

대표적 사례가 일본의 '과로' 문화다. 일본 직장인들은 세계에서 가장 긴 근무시간으로 유명하다. 2022년 기준 연간 근무시간이 1,607시간으로 독일(1,349시간)보다 258시간 많다. 하지만 시간당 생산성은 OECD 국가 중 28위에 불과하다. 긴 시간 일하지만, 효율성이 떨어지는 대표적인 사례다. 회의를 위한 회의, 형식적인 보고서 작성, 상사 눈치 보기 등으로 시간을 소모하면서도 진정한 성과는 없다. 반면 독일은 정반대다. 하루 평균 7.7시간 근무하지만, 시간당 생산성은 세계 최고 수준이다. 독일 기업들은 '질적 근무'에 집중한다. 지멘스의 경우 직원들에게 명확한 목표를 제시하고, 성과 중심으로 평가한다. 야근보다는 효율적인 업무 프로세스를 중시한다. 결과적으로 지멘스는 2023년 기준 매출 720억 유로를 기록하며 글로벌 기업으로 성장했다.

두 번째 함정은 '잘못된 방향의 고집'이다. 어떤 분야든 재능과 적성이 맞지 않으면 아무리 노력해도 한계가 있다. NBA 역사상 뛰어난 농구선수 중 한 명인 마이클 조던도 야구에서는 실패했다. 1994년 시카고 화이트삭스 산하 더블A팀에서 뛰었지만, 타율 0.202에 그쳤다. 농구에서는 신의 경지였던 그도 야구에서는 평범한 선수에 불과했다. 우리나라에도 비슷한 사례가 있다. 많은 학생이 의대나 법대 진학을 위해 10년 이상 수험생활을 한다. 하지만 수학적 사고가 필요한 학생이 암기 위주의 의학 공부에 매달리거나, 창의적 사고가 강한 학생이 조문 암기에만 집중한다면 효과가 반감된다.

　세 번째 함정은 무엇일까? '피드백 없는 연습'이다. 골프를 20년째 치면서도 실력이 늘지 않는 동호인들이 대표적이다. 그들은 매주 라운딩하고 연습장에서 수백 개의 공을 친다. 하지만 자신의 스윙 문제점을 정확히 파악하지 못한다. 프로의 레슨 없이, 비디오 분석 없이, 그저 감각에만 의존한다. 결국 잘못된 폼을 수천 번 반복하며 시간만 낭비한다.
　반면 타이거 우즈는 어린 시절부터 체계적인 피드백을 받았다. 아버지이자 코치인 얼 우즈는 아들의 스윙을 초고속 카메라로 분석했고, 매 샷마다 즉각적인 피드백을 제공했다. 또한 다양한 상황을 설정해 실전 감각을 기르도록 했다. 이런 체계적 훈련을 통해 우즈는 21세에 마스터스 토너먼트를 제패했다. 진정한 통찰력을 기르려면 1만 시간의 함정을 피해야 한다. 맹목적 반복 대신 의도적 연습을, 잘못된 고집 대신 방향 전환의 용기를, 혼자만의 연습 대신 체계적 피드백을 선택해야 한다. 그래야만 1만 시간이 진정한 전문성으로 승화될 수 있다. 내 주변에도 1만 시간의 세배인 3만 시간이 넘었는데도 전문가가 되지 못한 사람도 있다.

　④ 임계점을 지나면, 성장이 '점프'한다
　"정말이지 너무 힘들고 지쳐요. 아무리 노력해도 눈에 보이는 것은 없고 이게 맞는지 회의감도 들고 당장이라도 그만두고 싶을 때가 한두 번이 아니에요."

"지금, 이 차장님이 이 분야에서 일한 지가 얼마나 되었지?"

"저도 벌써 3년 반이 넘었어요. 서당 개도 3년이면 풍월을 읊는다고 하잖아요. 이 정도 했으면 어느 정도 경지에 올라야 할 것 같은데 눈 뜨면 그 자리고, 또 눈 떠보면 그 자리라, 걱정이 이만저만한 것이 아닙니다. 내가 멍청한 것인지 방향을 잘못 잡은 건지."

"이 차장은 밥을 해본 적이 있나요?"

"네? 밥은 지어 보았지요. 그런데 왜 밥 얘기를 하세요?"

"어느 정도 열을 가했는데도 증기도 안 나오고 아무 반응도 없어서 이쯤이면 다 되었겠다 싶어서 솥뚜껑을 열어본 적은 없었나요?"

"그런 적 있어요. 그랬다가 3층 밥 되어서 곤란했어요."

"내가 보기에는 이 차장은 방향도 맞고 재능도 있어요. 조금만 더 노력해 보면 좋을 것 같아요. 1만 시간의 법칙이라는 것도 있잖아요."

통찰력 개발에는 '임계점'이 존재한다. 물이 99도에서 100도가 될 때 갑자기 끓는 것처럼, 실력도 특정 지점을 넘어서면 급격히 향상된다. 문제는 이 임계점 직전이 가장 힘들다는 것이다. 성장이 정체된 것처럼 느껴져 많은 사람들이 포기한다. 뇌과학자들이 이 현상을 '학습 고원(learning plateau)'이라고 부른다. MIT의 조슈아 테넨바움 교수 연구팀이 2018년 발표한 논문에 따르면, 뇌는 새로운 정보를 처리할 때 기존 신경망을 재구성한다. 이 과정에서 일시적으로 성능이 저하되거나 정체되는데, 이를 견디고 계속 학습하면 갑자기 비약적 발전이 일어난다. 삼성전자의 반도체 신화도 이런 임계점을 극복한 결과다. 1983년 반도체 사업에 진출했지만, 초기 10년간은 적자의 연속이었다. 1993년까지 누적 적자가 1조 원을 넘었다. 하지만 삼성은 포기하지 않았다. 1994년 드디어 흑자 전환에 성공했고, 1990년대 말부터는 메모리 반도체 세계 1위에 올랐다. 20년간의 투자가 임계점을 넘어선 순간이었다.

구글 창업자 래리 페이지는 스탠퍼드 대학원에서 7년간 검색 알고리즘을 연구했다. 처음 5년간은 별다른 성과가 없었다. 기존 검색엔진들과 큰 차이가 없어 보였다. 하지만 6년 차부터 페이지 랭크 알고리즘의 핵심 아이디어가 떠올랐고, 7년 차에 완성됐다. 이 알고리즘이 구글을 세계 최고의 검색엔진으로 만들었다. 2023년 기준 구글의 시가총액은 1조 7,000억 달러에 달한다. 임계점의 또 다른 특징은 '복합적 발전'이다. 여러 능력이 동시에 결합되면서 시너지 효과가 나타난다. 애플의 스티브 잡스가 대표적이다. 그는 단순히 기술자나 디자이너가 아니었다. 기술에 대한 이해, 디자인 감각, 마케팅 센스, 사용자 경험 통찰력이 결합됐다. 2007년 아이폰을 출시할 때까지 30년간 축적된 역량들이 한순간에 폭발한 것이다.

현대자동차 정몽구 명예회장을 보자. 1970년대 현대자동차는 기술력이 부족해 고장 많은 차로 유명했다. 하지만 정 회장은 30년간 품질 개선에 매진했다. 1999년 품질혁신 운동을 시작으로 2009년 J.D. 파워 품질 조사에서 토요타를 제쳤다. 40년간의 노력이 임계점을 넘어선 순간이었다. 현재 현대차그룹은 세계 3위 완성차 업체로 성장했다. 중요한 것은 임계점 직전의 절망감을 견디는 것이다.

'정말이지 너무 힘들고 지쳐요. 아무리 노력해도 눈에 보이는 것은 없고 이게 맞는지 회의감도 들고 당장이라도 그만두고 싶을 때가 한두 번이 아니에요.'라는 마음이 든다면, 오히려 임계점에 가까워졌다는 신호일 수 있다. 쌀을 씻고 물을 넣고 불을 지펴도 처음에는 아무 변화가 없다. 10분, 20분이 지나도 여전히 차갑고 딱딱하다. 하지만 끓는점에 도달하는 순간, 갑자기 김이 나기 시작한다. 그 순간을 놓치고 포기한다면 모든 노력이 수포로 돌아간다. 통찰력도 마찬가지다. 수많은 지식과 경험이 뇌 속에서 서서히 연결되다가, 어느 순간 임계점을 넘어서면 전혀 새로운 차원의 이해가 시작된다. 그 순간까지 참고 견디는 인내력이 통찰력 개발의 핵심이다. 조금만 더 노력해라. 어느 순간 머릿속이 환해지는 경험을 하게 될 것이다.

⑤ **통찰력의 원천, 왜 1만 시간인가?**

1만 시간이라는 숫자 뒤에는 뇌과학의 명확한 근거가 있다. 이는 단순한 경험칙이 아니라 인간 뇌의 학습 메커니즘에서 도출된 과학적 결론이다. 뇌가 특정 영역에서 전문성을 획득하고 통찰력을 발휘하려면 최소 1만 시간의 집중적 훈련이 필요하다는 것이 입증되었다. 런던대학교 엘리너 매과이어 교수의 연구가 이를 극명하게 보여준다. 2000년 런던 택시 기사들의 뇌를 MRI로 촬영한 결과, 평균 4년간 2만 5,000개 거리를 암기한 기사들의 해마 후부가 일반인보다 현저히 컸다. 공간 기억을 담당하는 뇌 영역이 물리적으로 확장된 것이다. 이를 '런던 택시 드라이버 이펙트'라고도 부른다. 1만 시간 이상의 집중적 학습이 뇌의 구조 자체를 바꾼 것이다.

음악가들의 뇌에서도 비슷한 현상이 나타난다. 독일 뮌스터 대학교 크리스찬 팬텐버그 교수 연구팀이 피아니스트 30명의 뇌를 분석한 결과, 손가락 움직임을 조절하는 운동피질이 일반인보다 25% 두꺼웠다. 특히 7세 이 전부터 피아노를 시작한 연주자들의 뇌 변화가 더 뚜렷했다. 어린 시절부터 축적된 1만 시간의 연습이 뇌 구조를 근본적으로 재편한 것이다.

1만 시간의 핵심은 뇌의 신경 가소성에 있다. 집중적이고 반복적인 자극을 받으면 시냅스 연결이 강화되고, 단백질의 수초화가 진행되며, 새로운 신경회로가 형성된다. 이 과정을 거쳐야만 직관적 판단과 창의적 사고가 가능해진다. 단순한 지식 축적이 아니라 뇌의 물리적 변화가 일어나는 것이다. 소프트뱅크 손정의 회장의 투자 통찰력도 1만 시간 법칙의 산물이다. 19세에 미국으로 유학을 떠나 캘리포니아대학교 버클리캠퍼스에서 경제학을 전공하며, 매일 10시간씩 신문과 잡지를 읽으며 비즈니스 트렌드를 분석했다. 특히 컴퓨터와 인터넷 관련 자료에 집중했다. 4년간 축적한 시간이 1만 시간을 넘었고, 이런 집중적 학습이 훗날 야후 지분 투자와 2000년 알리바바 투자라는 탁월한 판단으로 이어졌다. 알리바바 투자만으로도 1,800억 달러의 수익을 거두었다.

삼성그룹 이건희 전 회장의 경영 통찰력도 같은 원리다. 1966년 와세다대학교에 유학한 후 10년간 일본 기업들을 철저히 분석했다고 한다. 소니, 마쓰시타, 도시바 등을 직접 방문하며 경영 노하우를 습득했다. 하루 12시간씩 일본어 경영서적을 읽고 현장을 관찰했다. 이런 의도적 연습이 1987년 '마누라와 자식 빼고 다 바꿔라'라는 파격적 경영혁신으로 나타났다. 삼성을 글로벌 기업으로 도약시킨 통찰력은 10년간의 체계적 학습에서 나온 것이다.

패턴 인식 능력의 완성도 1만 시간과 직결된다. 체스 그랜드마스터들은 평균 5만 개의 체스 패턴을 기억한다. 이를 습득하는 데 걸리는 시간이 약

1만 시간이다. 축적된 패턴들이 무의식적으로 조합되면서 직관적 판단이 가능해진다. 3초 만에 최선의 수를 찾는 것은 신비한 능력이 아니라 1만 시간 동안 뇌에 저장된 패턴들의 순간적 조합 결과다.

네이버 창업자 이해진 의장의 검색 기술 통찰력도 마찬가지다. 1995년 삼성SDS에 입사한 후 10년간 검색 기술에만 매진했다. 당시 한국에는 검색 전문가가 거의 없어 모든 것을 독학해야 했다. 해외 논문을 번역하고, 직접 알고리즘을 구현하며, 사용자 반응을 분석했다. 2000년 네이버를 출시할 때까지 축적한 검색 기술 노하우가 1만 시간을 훌쩍 넘었다. 이런 깊이 있는 전문성이 구글과 경쟁할 수 있는 독창적 검색엔진을 만들어냈다.

1만 시간의 법칙이 통찰력 개발에 중요한 이유를 세 가지로 정리해 보자. 첫째, 충분한 시간이 있어야 뇌의 물리적 변화가 일어난다. 둘째, 다양한 상황을 경험해야 패턴 인식 능력이 완성된다. 셋째, 실패와 성공을 반복하며 직관이 정교해진다. 하지만 중요한 것은 시간의 양이 아니라 질이다. 맹목적으로 1만 시간을 채우는 것이 아니라 의도적이고 체계적인 연습을 통해 뇌를 변화시켜야 한다. 그래야만 단순한 숙련자가 아닌 통찰력을 가진 전문가가 될 수 있다. 결국 1만 시간의 법칙은 통찰력의 과학적 근거인 것이다. 충분한 시간 동안 의도적이고 집중적인 연습을 해야만 뇌가 근본적으로 변화하고, 그때 비로소 통찰력이 꽃핀다. 조급해하지 말고 차분히 1만 시간을 채워나가는 것, 그것이 통찰력 개발의 유일한 길이다.

5

실전이 만드는
살아있는 지혜

① 이론에 경험을 더해야 진짜 실력이 된다

"이번에 들어온 신입사원들이 대학원 졸업한 석사들이라고 현장을 우습게 알고 실습을 대충 한다는 얘기가 있던데 어떻게 된 것인가요?"

"아 네! 그 문제는 해결이 되었습니다. 그 직원들을 뽑아서 바로 단독으로 현장 근무를 시켰더니, 자기들이 아는 것이 별것이 아니라는 것을 알고 이제야 현장 공부한다고 열심입니다."

"학교에서 배운 조그마한 이론 지식이 현장에서 일어나는 수많은 상황에 대처하기에는 턱없이 부족하다는 것을 빨리 깨달을수록 빨리 성장할 수 있을 겁니다. 잘하셨습니다."

"지금은 누구보다도 열심히 현장 뛰어다니면서 배우고 있습니다."

이런 유형의 신입사원들을 심심치 않게 만난다. 통찰력의 핵심은 이론과 실무의 결합에 있다. 아무리 뛰어난 이론적 지식을 가져도 현장경험이 없으면 진정한 통찰력을 발휘할 수 없다. 반대로 경험만 있고 이론적 틀이 없어도 깊이 있는 분석이 어렵다. 둘이 만날 때 비로소 통찰이 탄생한다. 삼성전자 반도체 부문의 성공 신화도 이론과 실무의 완벽한 결합에서 나왔다. 1983년 반도체 사업 진출 당시, 삼성은 일본과 미국의 기술자들을 대거

영입했다. 하지만 단순히 기술만 가져온 것이 아니었다. 한국의 젊은 엔지니어들과 외국 전문가들이 함께 현장에서 24시간 작업하며 이론을 실무로 체화했다. 특히 기흥 반도체 공장에서는 매일 새벽 6시부터 '모닝콜 미팅'을 열어 전날 발생한 모든 문제를 분석하고 해결책을 찾았다. 이런 과정을 통해 1990년대 후반 세계 1위 메모리 반도체 기업으로 도약했다.

구글 창업자들의 성공도 이론과 실무의 결합이었다. 래리 페이지와 세르게이 브린은 스탠퍼드 대학원에서 정보검색 이론을 연구했다. 하지만 이론만으로는 부족했다. 그들은 직접 웹 크롤러를 만들어 10억 개의 웹페이지를 수집했고, 사용자들의 검색 패턴을 분석했다. 페이지랭크 알고리즘도 논문 인용 이론을 웹페이지 링크 분석에 적용한 결과였다. 1998년 구글 창업 후에도 매일 사용자 데이터를 분석하며 알고리즘을 개선했다. 2023년 기준 구글은 검색 시장의 92%를 점유하고 있다.

현대자동차의 품질 혁신도 마찬가지다. 정몽구 명예회장은 1990년대 말 세계 유수의 자동차 업체들을 벤치마킹했다. 토요타의 TPS(Toyota Production System), 벤츠의 품질관리 체계를 이론적으로 연구했다. 하지만 단순히 모방하지 않았다. 한국의 생산 환경과 조건에 맞게 현장에서 수정하고 보완했다. 울산 공장에 '품질 도장'을 설치해 실시간으로 품질을 점검했고, 협력업체까지 품질관리 시스템을 확산했다. 결과적으로 2009년 J.D. 파워 품질 조사에서 토요타를 제쳤다.

네이버 창업자 이해진 의장을 보자. 1990년대 후반 그는 해외 논문을 통해 정보 검색 이론을 공부했다. 하지만 서구의 알파벳과 한국의 한글은 전혀 다른 특성이 있었다. 그는 직접 한국어 형태소 분석기를 개발했고, 한국 사용자들의 검색 패턴을 분석했다. 특히 'PC통신'에서 '웹'으로 넘어가는 과도기의 사용자 행동을 면밀히 관찰했다. 이런 실무 경험이 축적되어 2000년 네이버라는 독창적인 검색 포털이 탄생했다.

   토요타의 오노 다이이치가 개발한 린 생산시스템도 이론과 실무의 결합체다. 그는 헨리 포드의 대량생산 이론을 연구했지만, 일본의 좁은 시장과 다품종 소량생산 환경에서는 적용하기 어려웠다. 그래서 30년간 현장에서 직접 실험하며 '저스트 인 타임', '칸반 시스템' 등을 고안했다. 이론을 현실에 맞게 변형하고 발전시킨 결과, 토요타는 2021년 기준 세계 1위 자동차 업체가 되었다. 결국 통찰력은 이론이라는 날개와 경험이라는 몸통이 결합될 때 완성된다. 어느 한쪽만으로는 높이 날 수 없다. 이론 없는 경험은 맹목적이고, 경험 없는 이론은 공허하다. 진정한 전문가가 되려면 둘 다 갖춰야 한다. 이론을 안다고 다 안다고 하면 큰코다친다. 현장은 그런 사람을 반기지 않는다. 현장이 반기지 않고 거부한 사람은 통찰에 이르지 못한다.

② 현장은 이론을 초월한다

"지금 현재 이 정도의 대기 온도면 이론 공기량이 실제 송풍기 용량보다 작아서 설비를 운영하는 데는 아무런 지장이 없어야 맞는데, 송풍기 용량이 부족하다고 자꾸 경보가 발생하는 것이 이해가 안 됩니다."

"이론 공기량은 이론 공기량일 뿐, 실제 공기량과는 많은 차이가 있고요, 또 실제 송풍기의 소요 풍량은 또 그것과도 차이가 있어요."

"저는 현장에서 제 눈으로 직접 확인하기 전까지는 이해를 못 했습니다. 이렇게 차이가 있을 줄은 정말 몰랐습니다."

"현장은 그때그때의 운영 여건에 따라 달라지고 기온, 기압 등 변수가 많습니다. 어떤 이론도 그 변수를 다 고려해서 계산할 수는 없어요. 현장은 살아있으니까요."

현장은 이론으로 설명할 수 없는 수많은 변수가 존재하는 살아있는 생명체다. 아무리 정교한 이론도 현실의 복잡함을 완전히 담아낼 수는 없다. 이 때문에 통찰력을 기르려면 현장의 목소리에 귀 기울여야 한다. 일론 머스크의 테슬라 생산 혁신을 보자. 2018년 테슬라는 모델3 생산에서 심각한 문제를 겪었다. 이론적으로는 완벽했던 자동화 생산라인이 실제로는 제대로 작동하지 않았다. 로봇들이 예상과 다르게 움직이고, 부품 조립에서 오차가 누적됐다.

머스크는 공장에서 3개월간 직접 생활하며 문제를 파악했다. 그 결과 과도한 자동화보다는 인간과 로봇의 협업이 더 효율적이라는 것을 깨달았다. 생산라인의 30%를 수동으로 바꾼 후 월 생산량이 5,000대를 넘어섰다. 아마존의 물류 시스템 개발 과정도 마찬가지다. 제프 베조스는 1990년대 후반 물류 최적화 이론을 연구했다. 하지만 실제 아마존 창고에서는 이론과 전혀 다른 일들이 벌어졌다. 고객들의 주문 패턴은 예측 불가능했고, 상품의 크기와 무게가 천차만별이었다. 베조스는 직접 창고에서 포장 작업을 하며 문제점을 파악했다. 그 경험을 바탕으로 2012년 키바 로보틱스를 인수해 혁신적인 물류 자동화 시스템을 구축했다. 현재 아마존의 당일 배송이 가능한 것도 이런 현장경험에서 나온 통찰 덕분이다.

삼성중공업의 해상 프로젝트 경험을 보자. 1990년대 거제조선소에서 초대형 유조선을 건조할 때, 이론적으로는 완벽한 설계도를 만들었다. 하지만 실제 바다에서는 예상치 못한 문제들이 발생했다. 파도의 높이와 바람의 세기가 계산과 달랐고, 선체의 진동도 이론치를 넘어섰다. 현장 엔지니어들이 3년간 실제 운항 데이터를 수집하고 분석한 결과, 기존 설계 기준을 전면 수정하게 되었다. 이런 현장 피드백이 축적되어 삼성중공업은 2000년대 세계 1위 조선업체로 성장했다.

포스코의 철강 제조 기술 사례를 보자. 1970년대 초 포항제철소 건설 당시 일본의 신일본제철 기술을 도입했다. 하지만 한국의 철광석과 유연탄은 일본과 성분이 달랐다. 이론적으로는 같은 공정이어도 실제로는 전혀 다른 결과가 나왔다. 현장 기술진들이 5년간 24시간 교대로 용광로를 지키며 데이터를 수집했다. 원료의 성분비, 온도 조절, 송풍량 등을 세밀하게 조정한 결과 한국형 제철 기술을 완성했다. 1980년 광양제철소 건설 때는 이미 독자 기술로 건설할 수 있었다.

LG화학의 배터리 기술 개발 과정도 비슷하다. 1990년대 말 리튬이온 배터리 이론은 이미 정립되어 있었다. 하지만 실제 생산에서는 수율이 30%에 불과했다. 온도와 습도, 공정 시간 등 미세한 변수들이 품질에 결정적 영향을 미쳤다. 오창 공장의 기술진들이 10년간 수만 번의 실험을 반복하며 최적 조건을 찾아냈다. 결과적으로 2020년 테슬라의 배터리 공급업체로 선정되며 글로벌 시장에서 인정받았다. 현장의 지혜는 이론의 한계를 보완한다. 통찰력을 기르려면 책상 위의 계산보다 현장의 생생한 목소리에 주목해야 한다. 현장이야말로 진정한 스승이다. 모든 이론에는 아직 현장이 반영되지 못한 부분이 있다.

③ **다양한 현장의 경험을 해라**

"일단 말로 안 된다고만 하지 마시고, 실물을 확인해 보는 게 어떻겠습니까?"

"가보나 마나, 전원을 연결하지도 않고 케이블만 포설했는데, 어떻게 LED 램프에 불이 켜진다는 말을 합니까? 회로 이론의 기초도 모른 사람들 같이. 그것은 어디엔가 전원이 연결되어 있겠지, 입력이 없는데 출력이 있을 리가 없지."

"맞습니다! 회로 이론상 입력이 있어야 출력이 있는 것 맞습니다. 그런데 저와 같이 이 케이블을 따라서 가봅시다. 그 어느 곳에도 전원은 연결되어 있지 않습니다."

"현재 현장에서 여기까지 케이블만 끌어온 것인데 이렇게 램프가 점등되고 있다는 말이지. 현장에 당연히 전원은 연결되어 있지 않고?"

그 당시 나는 그렇게 바보 취급을 받았다. 통찰력은 다양한 현장경험에서 나온다. 한 분야에만 머물러 있으면 시야가 좁아지고 고정관념에 갇힌다. 여러 현장을 경험해야 패턴을 발견하고 본질을 꿰뚫을 수 있다. 스티브 잡스의 혁신적 통찰력도 다양한 현장경험에서 나왔다. 그는 단순히 컴퓨터 기술자가 아니었다. 대학 시절 서예 수업을 들으며 아름다운 폰트의 중요성을 깨달았고, 인도 여행을 통해 동양 철학을 접했으며, 아타리에서 게임 개발을 경험했다. 1970년대 홈브루 컴퓨터 클럽에서 기술 매니아들과 교류했고, 1980년 제록스 PARC를 방문해 GUI의 가능성을 보았다. 이런 다양한 경험들이 1984년 매킨토시, 2001년 아이팟, 2007년 아이폰으로 구현되었다.

아마존 제프 베조스의 비즈니스 통찰력도 마찬가지다. 월스트리트 헤지펀드 D.E. Shaw에서 금융을 경험했고, 1994년 인터넷 서점으로 아마존을 창업한 후에는 물류, 클라우드 컴퓨팅, 인공지능까지 다양한 분야로 확장했다. 특히 2000년 닷컴 버블 붕괴 위기 때 직접 콜센터에서 고객 상담을 하며 고객의 진짜 니즈를 파악했다. 2003년 AWS(아마존 웹 서비스) 아이디어도 내부 인프라 문제를 해결하다가 나온 것이다. 다양한 현장경험이 새로운 사업 영역 발견으로 이어졌다.

현대자동차그룹 정의선 회장을 보자. 그는 전통적인 자동차 제조뿐만 아니라 로보틱스, 항공 모빌리티, 수소 경제까지 다양한 분야를 경험했다. 2019년 보스턴 다이내믹스 인수, 2020년 우버 일레베이트 협력 체결, 2021년 수퍼널과의 자율주행 협력 등이 그 결과다. 단순히 자동차만 만드는 회사에서 종합 모빌리티 기업으로 전환하는 통찰력은 다양한 현장경험에서 나왔다. 네이버 창업자 이해진 의장도 마찬가지다. 삼성SDS에서 시스템 개발을 시작으로, 검색엔진, 포털 서비스, 게임, 웹툰, 전자상거래, 핀테크, 클라우드까지 다양한 디지털 현장을 경험했다. 특히 2011년 일본 라인 서비스 진출은 한국과 전혀 다른 모바일 환경을 이해하면서 가능했다. 일본 사용자들의 커뮤니케이션 패턴, 이모티콘 문화, 개인정보 보호 의식 등을 현장에서 학습한 결과 라인은 일본 1위 메신저가 되었다.

카카오 김범수 의장의 플랫폼 통찰력도 다양한 현장경험의 산물로 알려져 있다. 1990년대 한게임에서 온라인 게임을 경험했고, 2000년대 초 싸이월드와의 경쟁을 통해 소셜 네트워크를 이해했다. 2010년 카카오톡 출시 전에는 직접 택시를 타고 다니며 운전기사들의 스마트폰 사용 패턴을 관찰했다. 이런 현장경험이 카카오페이, 카카오뱅크, 카카오모빌리티로 확장되는 플랫폼 생태계 구축으로 이어졌다. 삼성바이오로직스의 성공도 다양한 현장경험에서 나왔다. 2011년 설립 당시 삼성그룹에는 바이오 경험이 전혀 없었다. 하지만 반도체 제조의 클린룸 기술, 화학 플랜트의 대량생산 노하우, 전자제품의 품질관리 시스템을 바이오 분야에 접목했다. 기존 바이오 업계의 소규모 배치 생산을 대규모 연속 생산으로 혁신한 것이다. 결과적으로 2022년 매출 2조 원을 달성하며 글로벌 바이오 CMO 3위에 올랐다. 다양한 현장경험은 통찰력의 원료다. 서로 다른 분야에서 얻은 경험들이 뇌에서 새로운 조합을 만들어내고, 그것이 혁신적 아이디어로 발현된다. 한 우물만 파는 것도 중요하지만, 때로는 다른 우물들도 들여다봐야 한다.

④ 현장은 원리 원칙대로 되지 않는다

"김 이사님! 원칙에 맞지 않잖아요? 말이 안 되잖습니까? 지금 마감재까지 다해서 마지막 커버만 덮으면 되는데 워런티를 못 해주겠으니 다시 해체하고 다시 하라니요? 그러면 어쩌란 건가요? 다시 다 뜯으란 말씀이세요?"

"저도 정말 죄송한데 저희 회사 워킹그룹에서 이 결과물 자체를 인정 못 해 워런티를 못 한다고 하니 저도 어쩔 수가 없습니다."

"우리가 사용한 자재도 제작사에서 다른 자재와 같이 납품하기로 되어 있었는데, 실수로 빼먹고 안 가져왔고, 자재를 그쪽 회사에서 공수해 오려면 시간이 너무 많이 걸리니까, 김 이사님이 그쪽 본사하고 얘기하고 컨펌해서 쓴 자재잖아요?"

"그것은 맞습니다. 그런데 아시다시피 저희 회사는 워킹그룹이 있는데 거기서 결정된 의견은 저희가 마음대로 바꿀 수가 없습니다."

"현지 조달한 자재도 그쪽에서 컨펌했잖아요? 이제 와서 그것을 다시 워킹그룹에서 워런티를 못 해주겠다고 하면, 우리보고 어쩌란 말입니까?"

결국 조립이 거의 다 끝난 제품을 다시 다 분해했다. 우리는 그 상황을 극복하기 위해서 엄청난 고생을 했다. 현장에서는 매뉴얼대로 되는 일이 거의 없다. 예상치 못한 변수들이 끊임없이 발생하고, 원리 원칙과 현실 사이에서 갈등이 생긴다. 이때 중요한 것은 원칙을 고수하되 융통성을 발휘하는 지혜다. 통찰력은 이런 모순 상황에서 최선의 해답을 찾는 능력이다. 토요타의 품질관리 철학이 대표적이다. 토요타는 '제로 디펙트'라는 엄격한 원칙을 고수하지만, 현실에서는 수많은 예외 상황이 발생한다.

2010년 대규모 리콜 사태 때도 마찬가지였다. 매뉴얼상으로는 문제가 없어 보였지만 실제로는 급발진 문제가 발생했다. 토요타는 원칙을 고수하면서도 현실적 해법을 찾았다. 전 세계 고객 데이터를 실시간으로 수집하는 시스템을 구축하고, 작은 이상 신호도 즉시 대응하는 체계를 만들었다. 원칙과 현실의 균형점을 찾은 것이다. 애플의 아이폰 개발 과정도 흥미롭다. 스티브 잡스는 완벽주의자로 유명했지만, 현실적 제약도 인정했다. 2007년 첫 번째 아이폰은 기술적으로 많은 타협의 산물이었다. 3G 네트워크를 포기하고 2G로, 하드웨어 키보드 대신 소프트웨어 키보드로, 멀티태스킹 대신 단일 앱 실행으로 결정했다. 원칙적으로는 완벽하지 않지만, 현실적으로는 최선의 선택이었다. 결과적으로 그 결정이 스마트폰 시대를 열었다.

삼성전자의 반도체 사업을 보자. 1980년대 초 메모리 반도체 시장에 진입할 때 모든 전문가가 반대했다. 이미 미국과 일본 업체들이 시장을 장악하고 있었고, 기술 격차도 컸다. 원리 원칙대로라면 불가능한 도전이었다. 하지만 이병철 창업주는 '반도체가 미래 산업의 쌀'이라는 확신을 가지고 밀어붙였다. 초기 10년간 1조 원 이상의 적자를 감수하며 투자를 계속했다.

원칙을 넘어선 용기 있는 결단이 오늘날 세계 1위 메모리 반도체 기업을 만들었다. 스타트업 현장에서는 이런 일이 더욱 빈번하다.

배달의민족 김봉진 창업자는 2010년 서비스 출시 당시 완벽한 시스템을 구축할 여유가 없었다. 원칙적으로는 자동화된 주문 시스템이 필요했지만, 현실적으로는 직원들이 전화로 주문을 받아 팩스로 식당에 전달하는 수작업이었다. 하지만 이런 '날림' 시스템도 고객에게는 편리한 서비스였다. 점진적으로 시스템을 고도화하며 결국 독일 딜리버리히어로에 4조 원에 매각되는 성과를 거두었다. 현장에서는 완벽한 답이 없다. 항상 제약조건 속에서 최선을 찾아야 한다. 원칙을 고수하되 상황에 맞는 융통성을 발휘하는 것, 그것이 현장에서 발휘되는 진정한 통찰력이다.

이처럼 통찰력의 진정한 뿌리는 실무 경험에 있다. 이론적 지식은 통찰력의 틀을 제공하지만, 실제 현장에서의 경험이 그 틀에 생명력을 불어넣는다. 수많은 시행착오와 문제해결 과정을 통해 축적된 실무 노하우가 직관적 판단력으로 발전한다. 워런 버핏의 투자 통찰력도 실무 경험에서 나왔다. 그는 11세부터 주식 투자를 시작해 70년 넘게 현장에서 투자 결정을 해왔다. 수천 개 기업의 재무제표를 직접 분석했고, 경영진과 면담했으며, 산업 현장을 발로 뛰며 조사했다. 이런 실무 경험이 축적되어 '10년 후에도 콜라를 마실까'라는 직관적 질문으로 코카콜라 투자를 결정할 수 있었다. 현장경험 없는 지식은 공허하다. 반대로 이론 없는 경험도 한계가 있다. 둘이 결합될 때 비로소 통찰력이라는 꽃이 핀다. 현장을 두려워하지 말고 적극적으로 뛰어들어야 한다. 그곳에서만 얻을 수 있는 지혜가 있다.

2장

통찰을 증폭시키는 동반자들

1

직장이라는
인적 자산의 보물 창고

① **팀워크를 잘하는 사람**

"김 과장님, 이번 프로젝트 정말 잘하셨어요. 혹시 다음 주 임원진 회의에 이 프로젝트 결과를 발표해 주실 수 있나요?"

"아! 그런데 이번 성과는 저 혼자 한 게 아니라 팀원들이 다 같이 한 건데요. 특히 이 대리가 핵심 아이디어를 냈고…."

"그래도 김 과장님이 총괄하셨잖아요. 대표님께서도 김 과장님을 많이 눈여겨보고 계신다고 들었는데요."

"감사합니다만, 혼자 발표하는 것보다는 팀원들과 함께했으면 합니다. 이런 성과는 다 같이 만든 거니까요."

"아! 그럼 어떻게 할까요? 시간이 제한적이라서…."

"그럼 제가 대표로 발표하되, 각 팀원들의 기여도를 명확히 언급하겠습니다. 그리고 다음 기회에는 다른 팀원들도 발표 기회를 가질 수 있도록 배려해 주시면 좋겠습니다."

일은 같이 하지만 결과는 혼자 독차지하는 리더가 있다. 성공은 독차지하고 실패는 다른 사람에게 책임을 떠넘기는 리더도 있다. 통찰력은 혼자만의 힘으로 만들어지지 않는다. 뛰어난 통찰력을 가진 리더들은 예외 없이 탁월한 팀워크를 바탕으로 집단지성을 활용한다. 개인의 한계를 넘어서는 통찰은 다양한 관점과 경험이 충돌하고 융합될 때 비로소 탄생한다.

애플의 스티브 잡스는 천재적 개인으로 알려져 있지만, 실제로는 뛰어난 팀 빌더였다. 아이폰 개발 과정에서 그는 하드웨어 엔지니어 토니 파델, 소프트웨어 책임자 스콧 포스텔, 디자이너 조너선 아이브와 긴밀히 협업했다. 2004년부터 3년간 매주 월요일 오전 9시 '톱 100 미팅'을 주재하며 회사 핵심 인재 100명과 직접 소통했다. 잡스는 '혁신은 1,000번의 'No'를 말하는 것'이라고 했지만, 그 과정에서 팀원들의 아이디어를 끊임없이 수렴하고 발전시켰다.

아이폰의 멀티터치 기술도 처음에는 태블릿용으로 개발되던 것을 팀 전체의 논의를 통해 스마트폰에 적용한 결과였다. 구글 창업자 래리 페이지와 세르게이 브린의 성공도 팀워크의 산물이다. 1996년 스탠퍼드 대학원에서 만난 두 사람은 성격이 정반대였다. 페이지는 내향적이고 기술 지향적이었고, 브린은 외향적이고 비즈니스 감각이 뛰어났다. 하지만 이런 차이가 오히려 시너지를 만들어냈다. 페이지가 개발한 백링크 분석 아이디어에 브린이 수학적 알고리즘을 접목해 페이지랭크가 탄생했다. 1998년 구글 창업 후에도 '20% 프로젝트'를 도입해 직원들이 근무 시간의 20%를 자유 연구에 투자하도록 했다. 지메일, 구글 뉴스, 애드센스 등 구글의 주요 서비스들이 모두 이런 집단 창의성에서 나왔다.

삼성전자의 반도체 성공 신화를 보자. 1983년 반도체 사업 진출 당시 삼성에는 관련 기술이 전무했다. 이병철 창업주는 미국과 일본에서 600여 명의 엔지니어를 영입했다. 하지만 단순히 외국 인력을 데려온 것이 아니었다. 기홍 반도체 공장에 '스윗룸'이라 불리는 공동 연구 공간을 만들어 한국과 외국 엔지니어들이 함께 연구하도록 했다. 매일 새벽 6시 '모닝콜 미팅'에서는 전날 발생한 모든 문제를 공유하고 해결책을 집단 토의로 찾았다. 이런 협업 문화가 1990년대 말 삼성을 세계 1위 메모리 반도체 기업으로 만들었다.

현대자동차그룹 정의선 회장의 미래 모빌리티 전략도 팀워크 기반이었다. 2018년 수소 경제 로드맵을 발표할 때 정 회장은 연료전지 전문가, 수소 인프라 전문가, 정책 전문가들과 6개월간 태스크포스를 운영했다. 매주 금요일 오후 '수소 TF 미팅'에서 각 분야 전문가들의 의견을 수렴해 2030년까지 70만 대 수소차 생산이라는 구체적 목표를 수립했다. 2020년 12월 발표한 '2025 전략'도 전 세계 17개 연구소 3만여 명의 연구진이 참여한 집단 지성의 결과였다. 팀워크의 핵심은 개인의 성과를 팀의 성과로 승화시키는 것이다. 자기 아이디어가 채택되지 않아도 팀의 성공을 우선시하고, 동료의 성과를 인정하며, 집단의 목표를 개인의 목표보다 앞세우는 자세가 필요하다. 이런 태도야말로 더 큰 통찰력을 얻는 지름길이다. 이런 팀워크를 유지하고, 팀워크의 도움을 받으려면 어떻게 해야 할까?

② 상사와 조직을 이롭게 하는 직원

"동반성장과 관련하여 회사에서 대대적으로 중소기업 제품소개 행사를 준비하고 진행하고 있는데 이번에 저희 사업처에서는 협력사와 공동으로, 박람회 식으로 행사를 진행해 봤으면 합니다. 매년 진행하는 식으로는 효과가 제한적인 것 같거든요. 그래서 이렇게 기획서 초안을 작성해 보았습니다. 부장님 생각은 어떠신가요?"

"기술교류회와 중소기업 제품소개 행사의 접목이면 소규모의 컨퍼런스 형식이 되겠는데."

"그래서 장소도 저희 홍보관을 활용하면 될 것 같고요. 아이스크림과 떡볶이 푸드트럭도 불렀으면 하는데 예산은 저희 가용범위에서 가능할 것 같습니다."

"그래요? 그러면 한번 추진해 봅시다. 본부장님과 협력사 소장님들께는 내가 미리 얘기를 해둘게요. 내가 지원할 일 있으면 얘기를 하고, 홍보 관련하여서는 사전에 홍보 담당자에게 연락하는 게 좋을 것 같아요."

먼저 주어야 한다. 받고 난 다음에 주겠다고 생각하고 행동하면 늦는다. 통찰력은 조직 내에서 혼자만의 것으로 끝나서는 안 된다. 진정한 통찰력은 조직 전체에 도움이 되는 방향으로 발휘되어야 한다. 상사와 조직의 목표를 이해하고 그것을 실현하는 데 기여하는 사람만이 인정받고, 더 큰 기회를 얻으며, 결국 더 깊은 통찰력을 기를 수 있다.

아마존의 제프 베조스가 추구한 '고객 중심주의'도 이런 관점에서 이해할 수 있다. 1994년 아마존 창업 당시 베조스는 직원들에게 명확한 원칙을 제시했다. '우리의 모든 결정은 고객에게 도움이 되는가'라는 질문에서 시작하라는 것이었다. 이 원칙이 조직 전체에 내재화되면서 직원들은 자발적으로 고객 경험을 개선하는 아이디어를 내놓기 시작했다. 1999년 도입된 '원클릭 주문', 2005년 시작된 '아마존 프라임', 2006년 출시된 AWS 모두 이런 조직 문화에서 나온 혁신이었다. 베조스는 '발명가는 실패를 두려워하지 않는다'라며 직원들의 도전을 격려했고, 실패한 프로젝트에도 책임을 묻지 않았다. 자기만을 위한 사람에게 집단지성은 그림의 떡이다.

삼성전자 이재용 부회장은 어떤가? 2012년 부회장 취임 후 그는 '수평적

소통'을 강조했다. 매월 정해진 날을 '소통의 날'로 정해 전 직급 직원들과 허심탄회하게 대화했다. 특히 현장 직원들의 개선 아이디어를 적극 수용했다고 한다. 평택 반도체 공장의 한 기술직 사원이 제안한 공정 개선안이 큰 폭의 비용 절감 효과를 가져오자, 이를 전 사업장에 확산시켰다. 2019년 폴더블폰 갤럭시 폴드 개발 과정에서도 연구진들의 다양한 의견을 수렴해 제품 완성도를 높였다. 이런 소통 문화가 삼성을 지속적 혁신 기업으로 만들었다.

네이버 창업자 이해진 의장의 경영 철학도 비슷한 것으로 알려져 있다. 1999년 네이버 창업 초기부터 그는 '데이터 기반 의사결정'을 강조했다. 개인의 직감이나 경험보다는 사용자 데이터와 시장 분석에 기반해 결정하라는 것이었다. 이 원칙이 조직에 뿌리내리면서 직원들은 자연스럽게 데이터 분석 역량을 키웠다. 2004년 블로그 서비스 도입, 2009년 실시간 검색어 서비스, 2011년 라인 메신저 출시 등 네이버의 주요 의사결정들이 모두 철저한 데이터 분석을 거쳐 이뤄졌다. 이해진 의장은 '실패는 배움의 기회'라며 직원들의 도전을 독려했고, 실패 사례를 공유해 조직 전체가 학습하도록 했다.

LG그룹 구광모 회장의 'DX(디지털 트랜스포메이션)' 추진 과정을 보자. 2020년 코로나19로 디지털 전환이 가속화되자 구 회장은 전 직원을 대상으로 'DX 아이디어 공모전'을 개최했다. 3개월간 2,000여 건의 아이디어가 접수되었고, 이 중 100여 개가 실제 사업에 적용되었다. LG화학의 배터리 AI 진단 시스템, LG전자의 스마트 팩토리 솔루션, LG CNS의 클라우드 서비스 등이 모두 직원들의 아이디어에서 출발했다. 구 회장은 '미래를 만드는 것은 CEO가 아니라 현장의 직원들'이라며 조직 전체의 창의성을 강조했다. 조직에 기여하는 사람이 되려면 무엇이 필요할까? 세 가지만 보자. 첫째는 조직의 목표와 방향을 정확히 이해해야 한다. 둘째는 자신의 역량을 조직의 성공에 연결하게 할 방법을 찾아야 한다. 셋째는 개인의 성취보다 조직의 성공을 우선시하는 마음가짐을 가져야 한다. 이런 자세가 더 큰 통찰력을 얻는 토대가 된다. 먼저 주는 거다. 우리말에 '되로 주고 말로 받는다'라는 말이 있다는 것을 기억하자.

③ 대중 앞에서 상사를 모욕하지 마라

"부장님! 이거 완전 다시 해야겠는데요. 이렇게 문서 형식도 안 맞고 전문용어도 틀린 게 있고 문맥도 안 맞은 게 있으면 어떻게 합니까? 레퍼런스를 보고 베끼려면 제대로 베껴야지. 어디서부터 손을 봐야 할지 모르겠습니다. 제가 대충 수정했는데 나머지는 레퍼런스 보고 다시 수정하시는 게 좋을 것 같습니다. 제가 시간이 없어서요."

"아~~ 그래요? 윤 차장님! 고맙습니다! 제가 실수한 게 많은가 봅니다. 아무튼 고맙습니다. 잘 살펴보겠습니다. 역시 차장님은 안목이 훌륭하시네요."

"전문지에 내려면 기본적으로 전문적인 소양은 있어야 할 것 같습니다. 요즘은 좀 너그럽지만요. 수정되시면 제가 다시 한번 봐 드리겠습니다."

통찰력을 발휘하는 과정에서 상사의 실수나 부족함을 발견할 때가 있다. 이때 어떻게 대응하느냐가 진정한 전문가와 그저 똑똑한 사람의 차이를 만든다. 공개적으로 상사를 비판하거나 모욕하는 것은 개인의 평판뿐만 아니라 조직 전체에 해롭다. 현명한 사람은 상사의 체면을 세워 주면서도 문제를 해결하는 방법을 찾는다.

마이크로소프트 창업자 빌 게이츠의 초기 경험을 보자. 1980년 IBM과의 운영체제 계약 협상 당시 게이츠는 겨우 25세였다. IBM 임원들 앞에서 그는 자신의 기술적 우월성을 과시하려 했지만, 곧 이것이 역효과를 낳는다는 것을 깨달았다. 대신 IBM 측의 요구 사항을 경청하고, 그들의 입장을 이해하려 노력했다. 계약서 작성 과정에서 IBM 측의 실수를 발견했을 때도 공개적으로 지적하지 않고 개별 미팅을 통해 조용히 수정하도록 했다. 이런 배려 덕분에 MS-DOS 계약을 성사할 수 있었고, 이것이 마이크로소프트 성장의 기반이 되었다.

삼성그룹 이건희 전 회장의 리더십에서도 이런 원칙을 찾을 수 있다. 1987년 회장 취임 후 그는 '마누라와 자식 빼고 다 바꿔라'라는 파격적 변화를 추진했지만, 기존 임원들의 체면은 최대한 세워 주었다. 새로운 방향을 제시할 때도 공개적으로 기존 정책을 비판하지 않고, 개별 면담을 통해 변화의 필요성을 설득했다. 1993년 독일 프랑크푸르트에서 열린 '신경영' 선언도 마찬가지였다. 기존 경영진의 노고를 먼저 치하한 후 미래를 위한 변화의 비전을 제시했다. 이런 세심한 배려가 조직 내 갈등을 최소화하며 혁신을 추진할 수 있게 했다.

구글의 래리 페이지도 비슷한 원칙을 따랐다고 한다. 2011년 CEO로 복귀한 후 그는 구글의 사업 구조를 대폭 개편했다. 하지만 기존 사업부장들을 공개적으로 비판하지 않았다. 대신 '스프링 클리닝(봄 대청소)'이라는 은유를 사용해 변화의 필요성을 설명했다. 70개가 넘는 프로젝트를 정리할 때도 각 팀의 성과를 먼저 인정한 후 회사 전체의 방향과 맞지 않는다는 점을 강조했다. 구글 웨이브, 구글 버즈 등의 서비스를 종료할 때도 개발진들의 노력을 치하하며 다른 프로젝트로 배치했다.

　네이버 이해진 의장의 경영 스타일을 보자. 2000년대 초 검색 품질 개선을 위해 알고리즘 대대적 수정이 필요했을 때, 기존 개발진들의 자존심을 상하게 하지 않고 변화를 추진했다고 한다. '기존 시스템의 장점을 살리면서 더 발전된 형태로 만들어보자'라는 식으로 접근했다. 실패한 프로젝트에 대해서도 "실패는 혁신의 과정"이라며 담당자들을 격려했다. 이런 배려심이 네이버를 지속적 혁신 기업으로 만든 원동력이었다. 현명한 소통의 핵심은 '사안은 분리하고 사람은 존중하는' 것이다. 문제점을 지적할 때는 구체적 사안에만 집중하고, 상대방의 인격이나 능력을 폄하하지 않는다. 공개적인 자리에서는 더욱 신중해야 한다. 이런 원칙이 장기적으로 더 큰 신뢰와 영향력을 가져다준다. 상사들도 직원들을 이렇게 세심하게 배려한다. 직원들이 상사를 배려한 것은 훌륭한 처세술이다.

④ 상사와 부딪치는 직원의 문제점

"아! 내가 이 회사 아니면 오라는 데가 없는 줄 아나? 참 이것 가소로워서."
휴게실에서 박 대리가 자판기 커피를 뽑아 들며 투덜거렸다.
"박 대리야 유능해서 어디든 갈 수 있지만 이번 건은 박대리가 참는 것이 나을 것 같아."
과장님의 꾸중을 들은 박대리가 찬바람 일으키며 사무실을 뛰쳐나오자, 박대리가 걱정되어 뒤쫓아 왔던 김 대리가 말렸다.
"아 글쎄! 자기가 과장이면 과장이지 잘 알지도 모르면서 참견을 해요. 내가 다 알아서 한다니까. 그런 일은 누워서 떡 먹기인데 왜 자꾸 간섭을 하는지 모르겠어요."

박 대리는 명문대 출신에 전문적인 지식도 탁월한데 일만 맡기면 상사나 동료들과 다투고 문제를 만들었다. 과거 다니던 회사도 상사와 다투고 그만두었다고 했다.

뛰어난 개인 역량을 가지고도 조직에서 인정받지 못하는 사람들이 있다. 이들의 공통점은 자기 능력만 믿고 조직의 위계질서나 협력의 중요성을 무시한다는 것이다. 아무리 뛰어난 통찰력을 가져도 이를 조직에 받아들여지도록 전달하지 못하면 무용지물이다. 애플에서 쫓겨난 스티브 잡스의 초기 모습이 대표적이다. 1976년 애플 창업 후 잡스는 자신의 비전에만 매몰되어 동료들의 의견을 무시하는 경우가 많았다. 1980년 애플 II의 성공으로 자신감이 절정에 달했을 때는 더욱 독단적으로 되었다. 1981년 IBM PC가 출시되어 경쟁이 치열해지자 이사회에서 새로운 전략을 논의했지만, 잡스는 'PC는 단순한 도구일 뿐이고 애플은 라이프스타일을 파는 것'이라며 다른 의견을 일축했다. 1985년 결국 이사회의 신임투표에서 패해 애플에서 쫓겨났다. 12년 후 애플로 돌아온 잡스는 완전히 달라진 모습을 보였다. 동료들의 의견을 경청하고, 실패를 인정하며, 협력의 중요성을 강조했다.

테슬라와 스페이스X의 일론 머스크도 초기에는 비슷한 문제를 겪었다. 1999년 X.com(후에 페이팔) 창업 당시 머스크는 기술적 완벽주의에 매몰되어 동료들과 자주 충돌했다. 특히 공동창업자 피터 틸과는 회사의 방향을 놓고 극심하게 대립했다. 2000년 이사회는 머스크를 CEO에서 해임하고 틸을 새로운 리더로 선택했다. 이 경험을 통해 머스크는 혼자만의 비전으로는 아무것도 이룰 수 없다는 것을 깨달았다.

2002년 스페이스X를 창업할 때는 항공우주 전문가들의 의견을 적극 수용했고, 2004년 테슬라에 투자할 때도 기존 자동차 업계의 노하우를 존중했다. 조직에서 인정받으려면 기본적으로 지켜야 할 원칙이 있다. 업무능력과는 상관이 없다. 첫째, 자신의 의견이 옳다고 해서 다른 사람의 의견을 무시하지 않는다. 둘째, 비판할 때는 대안을 함께 제시한다. 셋째, 공개적인 자리에서는 더욱 신중하게 말한다. 뛰어난 능력은 기본이고, 이를 조직에서 받아들일 수 있는 방식으로 전달하는 것이 진정한 실력이다.

직장은 단순한 일터가 아니라 통찰력을 기르는 최고의 학교다. 다양한 배경과 전문성을 가진 사람들이 모여 협력하고 경쟁하며 새로운 가치를 창조하는 곳이다. 이런 환경에서 올바른 인간관계를 구축하는 것은 개인의 통찰력 발전에 결정적 영향을 미친다. 인적 네트워크의 첫 번째 가치는 '다양성'이다. 혼자서는 절대 얻을 수 없는 다양한 관점과 경험을 인적 네트워크를 통해 접할 수 있다. 두 번째 가치는 '학습 기회'다. 동료들의 성공과 실패 사례를 가까이에서 관찰하며 간접 경험을 쌓을 수 있다. 세 번째 가치는 '피드백 시스템'이다. 자기 아이디어나 판단에 대해 즉각적이고 솔직한 반응을 받을 수 있다. 이런 피드백이 통찰력의 정확도를 높인다. 넷플릭스 창업자 리드 헤이스팅스는 '급진적 솔직함'을 조직 문화로 만들어 서로의 약점을 지적하며 성장하는 환경을 조성했다. 마지막으로 '시너지 효과'다. 개인의 역량이 네트워크를 통해 배가되어 더 큰 성과를 낼 수 있다. 직장에서의 인적 네트워크는 통찰력 개발의 보고다. 이를 효과적으로 활용하는 사람만이 개인의 한계를 넘어서는 진정한 통찰력을 얻을 수 있다.

2

AI 시대의
통찰력 무장

① AI는 선택이 아니라 생존의 전제조건이다

"이번 사고를 AI로 분석을 해보았는데, 몇 가지 사항을 우리가 놓친 게 아닌가 하는 생각이 들었습니다. 일단은 사고의 원인 부분에 있어서도 우리가 인적 부분에 너무 매몰되어 있어서 구조적인 부분을 소홀히 하고 있지 않았나 하는 생각을 갖게 되었습니다."

"이것이 AI가 분석한 자료인가요?"

"네, 사장님! 일단 회의자료용으로만 AI가 서브 노트한 것입니다. 자세한 사항은 회의 끝나고 좀 민감한 사항이 있어서 별도로 보고드리겠습니다."

"사고의 원인과 대책 제시가 매우 체계적이네요. 프롬프트를 어떤 식으로 작성했는데 이런 결과가 도출되었나요?"

ChatGPT를 사용해 본 사람들은 알 것이다. ChatGPT의 첫 대화창에는 '무엇이든 물어보세요'라고 되어 있다. 광오하다. 무엇이든지 다 대답해 줄 수 있다는 것이다. 우리는 이런 세계에 살고 있다. 무엇이든지 대답해 줄 친구를 옆에 두고 있다. 무엇인가가 되고자 하는 사람에게 AI는 이제 선택이 아니라 필수다. 통찰력을 기르는 과정에서 AI를 활용하지 않는 것은 전기를 사용하지 않고 일하는 것과 같다. AI는 단순한 도구를 넘어서 통찰력을 증폭시키는 강력한 파트너가 되었다.

마이크로소프트 사티아 나델라 CEO는 2023년 'AI는 모든 산업의 게임 체인저다'라고 선언했다. 마이크로소프트는 2019년부터 OpenAI에 130억 달러를 투자하며 AI 퍼스트 전략을 추진했다. 2023년 3월 코파일럿 서비스를 출시한 결과 워드, 엑셀, 파워포인트 등 오피스 프로그램의 생산성이 평균 70% 향상되었다. 나델라는 'AI 없이는 미래 경쟁에서 살아남을 수 없다'라며 전 직원에게 AI 활용 교육을 의무화했다.

구글 선다르 피차이 CEO도 마찬가지다. 2016년 'AI 퍼스트' 전략을 발표한 후 모든 구글 서비스에 AI를 접목했다. 구글 검색의 BERT 알고리즘, 지메일의 스마트 컴포즈, 구글 번역의 신경망 기계번역 등이 그 결과다. 2023년 바드(Bard) 출시 후 피차이는 'AI는 전기나 인터넷만큼 중요한 범용 기술'이라고 강조했다. 구글 직원들은 이제 업무의 80% 이상에서 AI를 활용하고 있다.

국내에서도 변화가 가속화되고 있다. 네이버 CEO는 2024년 '하이퍼클로바X가 네이버의 모든 서비스를 바꿀 것'이라고 발표했다. 네이버 검색, 쇼핑, 웹툰, 블로그 등 모든 플랫폼에 AI가 적용되어 사용자 경험이 혁신적으로 개선되었다. 특히 AI 번역기 파파고는 2024년 기준 일평균 500만 건의 번역을 처리하며 글로벌 서비스로 성장했다.

카카오 홍은택 CEO도 2024년 '카카오 브레인의 AI 기술을 모든 사업에 접목하겠다'라고 선언했다. 카카오톡의 AI 챗봇, 카카오페이의 AI 사기 탐지, 카카오뱅크의 AI 대출 심사 등이 대표적이다. 홍은택 CEO는 'AI 없는 서비스는 경쟁력을 잃을 수밖에 없다'라며 전사 AI 전환을 추진하고 있다.

개인 차원에서도 AI 활용은 필수가 되었다. 맥킨지 글로벌 연구소 보고서에 따르면 AI를 적극 활용하는 직장인과 그렇지 않은 직장인 간 생산성 격차가 최대 40%까지 벌어지고 있다. 단순히 AI를 사용하는 것을 넘어서 AI와 협업하는 능력이 미래 직장인의 핵심 역량이 되었다. 통찰력을 기르려는 사람이라면 AI를 생존 도구로 받아들이고 적극 활용해야 한다.

② **AI 멘토는 천군만마**

"이번에 외부 업체 미팅을 하러 갔는데 아이템 3개를 가지고 갔어."
"3개나요? 언제 그런 자료를 다 준비했어요?"
"AI가 다 해주었어. 기본 아이디어와 자료를 주고 AI한테 사업계획서를 작성하라고 했더니 멋지게 작성을 해 주더라고. 내가 전혀 생각하지도 못했던 상황까지."
"대단하네요. 사업계획서 쓰려고 하면 엄청 시간도 많이 걸리고 준비도 많이 해야 하는데 그것을 AI가 다 해 주면 비서가 필요 없겠는데요."
"비서도 필요 없고 이제는 AI가 내 멘토야. AI와 상의하면서 일 처리를 해."

AI는 24시간 언제든 접근 가능한 최고의 멘토다. 수십 년간 축적된 인류의 지식을 기반으로 다양한 관점과 아이디어를 제공한다. 전통적인 멘토링의 한계를 뛰어넘어 개인 맞춤형 조언과 통찰을 제공한다. OpenAI 샘 알트먼 CEO는 ChatGPT를 '개인 비서를 넘어선 사고 파트너'라고 정의했다. 2022년 11월 ChatGPT 출시 후 5일 만에 100만 사용자를 돌파한 것은 사람들이 AI 멘토링의 가치를 즉시 인식했기 때문이다. 알트먼 자신도 복잡한 의사결정을 할 때 ChatGPT와 대화하며 다양한 시나리오를 검토한다고 밝했다. 'AI는 편견 없이 객관적 분석을 제공하는 최고의 조언자'라는 것이 그의 평가다.

엔비디아 젠슨 황 CEO는 AI를 '개인 두뇌의 확장'이라고 표현했다. 그는 2023년 기조연설에서 'AI 코파일럿과 함께 일하면서 생각의 폭이 10배 넓어졌다'라고 말했다. 엔비디아의 GPU 설계 과정에도 AI가 적극 활용된다. 황 CEO는 복잡한 칩 아키텍처 설계를 AI와 논의하며 최적의 솔루션을 찾는다. 2024년 H100 GPU가 AI 시장을 장악한 것도 이런 AI 협업의 결과였다.

테슬라 일론 머스크는 AI를 활용한 문제해결 방식을 공개했다. 스페이스X의 로켓 재사용 기술 개발 과정에서 그는 AI와 수백 번의 시뮬레이션을 진행했다. 'AI는 인간이 미처 생각하지 못한 변수들을 고려해 더 정교한 분석을 제공한다.'라는 것이 머스크의 평가다. 2024년 스타십의 성공적 착륙도 AI 기반 궤도 계산과 착륙 시뮬레이션의 결과였다.

국내에서도 AI 멘토 활용이 확산되고 있다. 삼성전자 한종희 부회장은 2024년 임원 회의에서 'AI와의 브레인스토밍을 일상화하라'라고 지시했다. 반도체 설계부터 마케팅 전략까지 모든 영역에서 AI 조언을 활용하도록 했다. 삼성의 GAA(Gate-All-Around) 3나노 공정 개발 과정에서도 AI 시뮬레이션이 핵심 역할을 했다고 한다. 네이버 이해진 의장은 AI를 '생각의 동반자'라고 표현했다. 그는 매일 아침 30분간 AI와 대화하며 하루 업무 우선순위를 정한 것으로 알려져 있다. 복잡한 비즈니스 이슈도 AI와 다각도로 분석한 후 의사결정을 내린다. 'AI는 감정에 휘둘리지 않는 객관적 조언자'라는 것이 이 의장의 평가다. AI 멘토의 장점은 무제한 접근성과 다양성이다. 언제든지 질문할 수 있고, 어떤 분야든 전문적 조언을 받을 수 있다. 인간 멘토와 달리 비판받을 걱정 없이 어떤 아이디어든 자유롭게 테스트할 수 있다. 통찰력을 기르려는 사람에게 AI 멘토는 가장 강력한 도구다.

③ AI의 오류를 경계하라

"내가 발표 때문에 AI에게 옛날에 발생한 사고 내용을 입력하고 분석을 의뢰해 보았어요."

"그래요? 결과가 어떻게 나왔나요?"

"처음에는 정말 기가 막히게 논리정연하고 폭넓은 안목에 입이 떠억 벌어졌어. 그리고 그때 당시에 이런 AI만 있었다면 우리가 그 고생하지 않을 텐데 하는 생각을 했지."

"진짜 요즘 AI로 못 하는 일이 없다니까요"

"그런데 얼마 안 가서 실망했어. AI가 상황을 정확히 모르더라고. 우리가 겪었던 사고 같은 상황은 AI가 학습이 안 되었던 거지. 그래서 본인이 아는 범위 내에서 열심히 설명을 하고 분석을 하려다 보니 무리를 한 거야. 본인들이 원하는 것은 본인들이 아는 만큼만 AI를 이용해서 알 수 있을 것 같은 생각이 들어."

AI는 강력한 도구지만 만능은 아니다. 환각(hallucination), 편향(bias), 지식의 한계 등 다양한 오류가 존재한다. 맹목적으로 AI를 신뢰하면 큰 실수를 범할 수 있다. 진정한 통찰력은 AI의 한계를 이해하고 비판적으로 활용할 때 나온다. 메타 마크 저커버그 CEO는 2023년 'AI는 놀라운 가능성을 가지고 있지만 여전히 불완전하다'라고 경고했다. 메타의 AI 챗봇 개발 과정에서 수많은 오류를 경험한 후 내린 결론이다. 특히 사실 확인이 중요한 뉴스 관련 질문에서 AI가 잘못된 정보를 제공하는 경우가 빈번했다.

저커버그는 'AI 결과물을 항상 인간이 검증해야 한다'라며 AI 윤리팀을 대폭 확충했다. 구글 딥마인드 데미스 허사비스 CEO도 AI 한계를 솔직히 인정했다. 2024년 알파폴드3 발표에서 그는 'AI는 기존 데이터 패턴을 학습할 뿐 진정한 이해를 하지 못한다.'라고 말했다. 단백질 구조 예측에서 99% 정확도를 보이지만 나머지 1%에서 치명적 오류가 발생할 수 있다는 것이다. 허사비스는 'AI 결과를 실제 실험으로 반드시 검증해야 한다.'라고 강조했다.

아마존 앤디 재시 CEO는 AI 오류로 인한 실제 피해 사례를 공개했다. 2023년 아마존 추천 시스템이 잘못된 상품을 추천해 고객 불만이 급증했다. AI가 과거 구매 패턴만 분석하고 개인의 현재 상황 변화를 반영하지 못했기 때문이다. 재시는 'AI는 맥락을 이해하지 못하는 치명적 한계가 있다.'라며 인간 감독 시스템을 강화했다.

국내 기업들도 비슷한 경험을 했다. 네이버 최수연 CEO는 2024년 하이퍼클로바X의 오류 사례를 발표했다. AI가 한국의 역사적 사실을 왜곡하거나 문화적 맥락을 잘못 해석하는 경우가 있었다. 특히 일제강점기나 한국전쟁 관련 질문에서 편향된 답변을 제공했다. 최 CEO는 'AI 훈련 데이터의 한계와 편향성을 극복하는 것이 과제'라고 밝혔다. 카카오브레인 김일두 대표는 AI 환각 현상을 경고했다. 2024년 카카오아이 서비스에서 AI가 존재하지 않는 논문을 인용하거나 가짜 통계를 제시하는 경우가 발견되었다. 김 대표는 'AI는 그럴듯하게 거짓말을 하는 능력이 뛰어나다'라며 '사용자가 항상 비판적 사고를 유지해야 한다'라고 강조했다. AI 오류를 방지하려면 세 가지 원칙을 지켜야 한다. 첫째, 중요한 의사결정에서는 AI 결과를 반드시 검증한다. 둘째, 여러 AI 도구를 교차 확인하며 사용한다. 셋째, AI가 확신하지 못하는 영역에서는 인간의 판단을 우선한다. AI는 도구일 뿐, 최종 판단은 항상 인간의 몫이다.

④ AI와 역할을 분담하라

"같은 AI를 사용했는데 김 차장님과는 달리 저는 왜 결과가 이렇게 추상적이지요?"

"AI에게 어떻게 요청을 하셨는데 그러시지요?"

"그냥 이번 프로젝트의 개요를 설명하고 이 프로젝트를 수행하기 위한 전략을 수립해달라는 식으로 했어요. 예산 규모나 수행 기간 그리고 프로젝트 수행 인력 등 몇 가지 기본적인 자료들은 넣고 프로그램 돌렸습니다."

"AI가 똑똑하지만, 금 나와라 뚝딱 하면 다 되는 만능은 아니니까요. 우리가 얼마나 실질적인 자료를 정교하게 제공하느냐에 따라서 퀄리티가 달라지는데, 일단 저는 제가 그동안 수집한 자료를 다 제공하여 AI에게 초안을 받고, 또 거기서 추가로 자료를 제공하여 수정하고를 여러 번 반복했습니다. AI도 '이것을 어떻게 해주시길 원합니까?' 하고 우리가 할 일과 AI가 할 일을 구별해서 하고 있잖아요? 어디까지 어떻게 내가 할 것인가를 구별하는 것이 차이를 만들어내는 시발점이 될 것 같아요."

이미 도래한 AI 시대에 어떻게 대응할까? AI와 협업해야 한다. AI와의 효율적 협업은 역할 분담에서 시작된다. AI가 잘하는 일과 인간이 잘하는 일을 명확히 구분하고, 각자의 강점을 최대한 활용해야 한다. 이런 협업 방식을 이해하는 사람만이 AI로부터 진정한 통찰을 얻을 수 있다. 마이크로소프트 케빈 스콧 CTO는 'AI-인간 협업의 황금비율'을 제시했다. 자료 수집과 패턴분석은 AI가, 맥락 해석과 창의적 판단은 인간이 담당하는 것이 최적이라는 연구 결과를 발표했다.

마이크로소프트 개발팀은 코딩의 70%를 AI가 자동 생성하고, 나머지 30%를 인간이 검토하고 수정하는 방식으로 생산성을 300% 향상시켰다. 깃허브 토마스 돔케 CEO는 코파일럿 개발 경험을 공유했다. 'AI는 반복적인 코드 작성에 탁월하지만 시스템 아키텍처 설계나 비즈니스 로직 구현은 인간이 우월하다.'라고 분석했다. 2024년 기준 코파일럿은 개발자 요청의 46%를 자동 완성하지만, 복잡한 알고리즘이나 보안 관련 코드는 여전히 인간의 영역이다.

어도비 샨타누 나라옌 CEO는 창작 영역에서의 AI 역할을 정의했다. 'AI는 아이디어 생성과 초기 스케치에 강하고, 인간은 콘셉트 개발과 감정 표현에 뛰어나다.'라는 것이 그의 결론이다. 어도비 파이어플라이는 사용자가 제시한 컨셉트를 기반으로 수십 개의 시안을 생성하고, 디자이너가 이 중 최적안을 선택해 완성도를 높이는 방식으로 작동한다.

삼성전자 경계현 사장은 2024년 'AI-휴먼 하이브리드 조직'을 발표했다. 반도체 설계에서 AI가 물리적 배치와 회로 최적화를 담당하고, 엔지니어는 성능 목표 설정과 품질 검증을 맡는 역할 분담 체계다. 이런 협업으로 3나노 GAA 공정 설계 시간을 기존 대비 60% 단축했다. 카카오 홍은택 CEO는 AI 서비스 개발에서 역할 분담을 강조했다. 'AI는 사용자 데이터 분석과 개인화 추천에 강하고, 인간은 서비스 기획과 사용자 경험 설계에 탁월하다'라고 분석했다. 카카오톡 AI 챗봇 개발에서 AI가 대화 패턴을 학습하고 기본 응답을 생성하면, 기획자들이 브랜드 톤앤매너와 서비스 정책을 반영해 완성했다.

효과적인 AI 협업을 위해서는 네 가지 원칙을 따라야 한다. 첫째, AI에게 명확하고 구체적인 지시를 제공한다. 둘째, AI 결과물을 인간의 전문성으로 검증하고 개선한다. 셋째, 반복 작업은 AI에게 맡기고 창의적 판단은 인간이 담당한다. 넷째, 지속적 피드백을 통해 AI와의 협업 품질을 향상시킨다. 이런 역할 분담을 통해 AI와 인간의 시너지를 극대화할 수 있다.

AI의 결과물 하단에는 'AI는 실수할 수 있습니다. 모든 응답은 반드시 확인 바랍니다.'라는 문구가 있다. 무엇이든 물어보라는 말과 대조적이다. 그래서 AI 사용에는 많은 인내가 필요하다. 철저한 검증도 필요하다. 그럼에도 효용성이 크기 때문에 용도에 맞게 잘 사용해야 한다. AI는 분명 당신의 통찰력 인생에 좋은 동반자가 될 것이다.

3

전문가 네트워크의 시너지

① 사내 전문가 워킹그룹에 참여하라

"일단 제 아이디어는 이렇습니다. 우리가 각자 운영 분야의 전문가들이지만 우리가 담당하는 설비의 트러블 사항은 다양하고 언제 어떤 문제가 발생할지 알 수가 없습니다. 이 부분은 다들 동의하시지요? 그리고 그 발생하는 상황에 대해서 각자가 정확한 지식과 경험을 가지고 있을 수도 있고 없을 수도 있습니다. 그런데 급할 때 만약 내가 어떻게 할지를 모를 때 그런 경험이 있는 누군가가 조언을 해준다면 어떨까요? 그런 취지에서 이 워킹그룹을 만들고자 합니다."

"그렇다면 워킹그룹 참가 자격이 어느 정도 엄격해야 할 것 같은데요."

"그 부분은 일단은 이쪽 운영 분야 전문가로만 한정하겠습니다. 나중에 운영해 보면 필요한 부분은 더 검토하도록 하고요. 그리고 이 워킹그룹에 글 올리는 것은 비상 상황으로만 일단은 한정합니다. 조언은 이런 식으로 하면 된다고 좋지만, 그것은 누구에게 연락해서 해결하면 된다고 되니, 자유롭게 얘기하시면 됩니다."

나는 사내 전문가 그룹을 많이 만들고 활용한다. 사내 전문가 워킹그룹은 통찰력 개발의 핵심 플랫폼이다. 서로 다른 부서와 전문 영역의 동료들이 모여 지식을 공유하고 문제를 해결하면서 개인의 한계를 뛰어넘는 집단지성을 만들어낸다. 토요타는 품질분임조 QCC(Quality Control Circle) 제도가 있다. 1962년 도입된 이 제도는 현장 작업자들이 자발적으로 품질 개선 아이디어를 공유하는 워킹그룹이다. 2024년 기준 전 세계 토요타 공장에서 4만여 개 QCC가 활동하고 있다고 한다. 토요타 아키오 회장은 'QCC야말로 토요타의 혁신 DNA'라고 평가했다. 기술경영안내 사이트에 따르면 연간 100만 건 이상의 개선 제안이 QCC에서 나오며, 이 중 95%가 실제 현장에 적용되고 있다.

삼성전자의 '마에스트로 프로그램'도 유명하다. 각 분야 최고 전문가들이 참여하는 사내 워킹그룹으로, 복잡한 기술 문제를 집단지성으로 해결한다. 갤럭시 스마트폰의 방수 기술, 반도체 미세공정 기술, QLED TV의 화질 기술 등이 모두 마에스트로 프로그램에서 나온 성과다. 한종희 삼성전자 부회장은 '혼자서는 절대 해결할 수 없는 문제들이 여러 전문가가 만나면 해답을 찾게 된다'라고 말했다. 현대자동차에는 'HMC Way' 프로그램이 있는 것으로 알려져 있다. 연구개발, 생산, 품질, 영업 등 각 분야 전문가가 함께 참여하는 문제해결 워킹그룹이다. 제네시스 브랜드 런칭, 수소차 넥쏘 개발, 전기차 아이오닉 시리즈 기획 등 현대차의 주요 프로젝트들이 모두 이런 협업에서 탄생했다. 정의선 현대자동차그룹 회장은 '부서 간 칸막이를 허물고 집단 창의성을 발휘하는 것이 현대차의 경쟁력'이라고 강조했다.

SK하이닉스에는 기술 전문가들의 지식 공유 플랫폼이 있다. 메모리 반도체 개발 과정에서 발생하는 복잡한 문제들을 여러 전문가가 함께 해결한다. HBM3 개발 당시 발생한 전력 효율성 문제를 반도체 설계팀, 공정팀,

패키징팀이 협력해 해결한 사례가 대표적이다. SK하이닉스 CEO는 '전문가들의 집단지성이 기술 혁신의 핵심'이라고 평가했다.

이처럼 기업마다 사내 워킹그룹을 운영하고 있다. 그렇다면 어떻게 하면 사내 워킹그룹을 성공적으로 운영할 수 있을까? 첫째, 다양한 배경의 전문가들이 참여해야 한다. 둘째, 자발적이고 수평적인 소통 문화가 조성되어야 한다. 셋째, 논의 결과가 실제 업무에 반영될 수 있는 시스템이 갖춰져야 한다. 이런 조건이 갖춰진 워킹그룹에 적극 참가하는 것은 통찰력 개발의 지름길이다. 사내 워킹그룹의 발전과 발맞추어 각 개인이 발전해야 한다. 통찰력은 워킹그룹을 내 영역으로 끌어들여야 한다는 것이다. 내가 통찰하는 데 그것이 도움이 되어야 한다. 사내 워킹그룹은 발전하는데 나와 전혀 관계가 없으면 내가 그 워킹그룹에 있을 필요는 없다. 우리는 박수치거나 구경하려고 워킹그룹을 하는 것이 아니다.

② 사외 전문가그룹에 참가하라

"이 팀장 아니었으면 정말 큰일 날 뻔했어요. 고맙고 고생 많았어요."

"고생은 현장에 계신 분들이 하셨지요. 옆에서 지켜본 제가 무슨 고생인가요."

"아니지. 그때 그 순간에 이 팀장이 그쪽 설비에 문제가 있을 것 같으니까 확인하자고 해서 확인하고 빨리 조치했기 망정이지, 아니었으면 정말 큰일이 날 뻔했잖아. 그런데 이 팀장은 그것을 어떻게 알고 확인하자고 한 거야?"

"사실 저도 잘 몰랐는데, 느낌이 무언가 놓치고 있는 것 같았습니다. 그래서 평소에 멘토로 모시고 있는 김 박사님에게 전화해서 상황을 설명하고 조언을 구했습니다. 저도 김 박사님이 리더로 있는 사외 그룹에 참여하여 활동하고 있거든요."

나는 지금도 배가 고프다. 사외 전문가그룹의 활동이 고프다. 많은 전문가그룹과 위원회 활동을 하지만 아직도 부족하다. 사외 전문가그룹은 조직 내부의 한계를 뛰어넘는 통찰력을 제공한다. 서로 다른 회사와 산업의 전문가들과 교류하면서 새로운 관점과 해법을 발견할 수 있다. 특히 이렇게 하는 것은, 자신이 속한 업계의 관행에 매몰되지 않고 객관적 시각을 유지하는 데 도움이 된다.

테슬라 일론 머스크는 외부 자문단을 잘 활용한다. 그는 항공우주, 자동차, 에너지, AI 등 다양한 분야의 최고 전문가들로 구성된 자문단을 운영한다. 스페이스X 로켓 개발 과정에서 NASA 출신 엔지니어들과 정기적으로 기술 검토 회의를 열고, 테슬라 자율주행 기술 개발 시에는 스탠퍼드 AI 연구소 교수들과 협력한다. 머스크는 '외부 전문가들의 날카로운 지적이 치명적 오류를 예방한다'라며 사외 전문가 네트워크의 중요성을 강조했다.

아마존 제프 베조스도 외부 전문가 활용의 대가였다. 1990년대 말 AWS 구상 단계에서 실리콘밸리의 클라우드 컴퓨팅 전문가들과 수차례 비공식 모임을 가졌다. 이를 통해 구글과 마이크로소프트 출신 엔지니어들로부터 기술 동향과 시장 전망을 청취했다. 2006년 AWS 출시 후에도 정기적으로 외부 전문가들과 기술 세미나를 개최하며 서비스를 발전시켰다. 베조스는 '내부 관점만으로는 진정한 혁신이 불가능하다'라는 신념을 가지고 있었다.

네이버 이해진 의장의 외부 전문가 네트워킹은 유명하다. 그는 1990년대부터 정보검색 학회, 인공지능 학회, 데이터베이스 학회 등 다양한 학술단체와 교류하며 활동했다. 카이스트, 서울대, 포항공대 교수들과 정기적인 연구 모임을 하고 최신 기술 동향을 파악했다. 네이버 검색 알고리즘 개선, 빅데이터 분석 시스템 구축, AI 기술 도입 등 주요 기술 결정에 외부 전문가들의 조언이 큰 영향을 미쳤다.

SK그룹 최태원 회장의 '딥체인지' 혁신도 외부 전문가 활용 사례로 알려져 있다. 그는 하버드, 와튼, 스탠퍼드 등 해외 경영대학원 교수들과 'SK 경영자문단'을 구성했다. 글로벌 경영 트렌드를 논의하고 SK의 미래 전략을 수립했다. 2019년 발표한 '딥체인지 2025' 전략도 이런 외부 자문의 결과였다. 최 회장은 '급변하는 시대에는 외부의 객관적 시각이 필수'라고 말했다. 사외 전문가그룹 참여의 핵심은 능동적 기여와 지속적 관계 구축이다. 주어야 한다. 줄 수 있어야 한다. 단순히 정보를 얻으려는 자세가 아니라 자신의 경험과 지식도 적극 공유해야 한다. 그래야만 진정한 파트너십이 형성되고 위기 상황에서 도움을 받을 수 있다.

③ 멘토를 찾자

"원장님이 저희 부장님이실 때 저에게 10년 다이어리하고 로드맵 보여주셨잖아요? 그때부터 저도 10년 다이어리 작성해서 관리하고 있고 로드맵도 작성해서 수시로 업데이트하면서 관리하고 있어요."

"그래? 그거 쉽지 않은데 역시 박 부장이 대단하네. 해보니까 어때?"

"말씀처럼 처음에는 쉽지 않았어요. 나중에 계획과 실적들이 쌓이고 결과들이 눈에 보이기 시작하니까 재미도 생기고 연차가 거듭할수록 진가가 나타나더라고요."

"멋지네! 나도 가끔은 상황을 반영한 업그레이드를 제대로 하지 않아서 부끄러울 때가 있었는데 나보다도 철저히 관리를 하고 있는 것 같은데."
"다 원장님 덕분입니다. 덕분에 현재의 제가 이렇게 있는 것 같습니다."

멘토는 통찰력 개발의 촉매제다. 선배의 조언 한마디가 트리거가 된다. 경험 많은 선배의 조언과 가르침을 통해 시행착오를 줄이고 더 빠르게 성장할 수 있다. 특히 복잡한 문제 상황에서 멘토의 통찰력은 돌파구를 제시한다. 워런 버핏과 벤저민 그레이엄의 관계가 전설적인 멘토링 사례다. 1951년 컬럼비아 경영대학원에서 그레이엄의 증권분석 수업을 들은 버핏은 졸업 후 그레이엄의 투자회사에서 2년간 일했다. 그레이엄은 버핏에게 가치투자의 원리를 체계적으로 가르쳤다. '주식은 사업의 일부분이고, 시장 변동성을 기회로 활용하라'라는 그레이엄의 철학이 버핏의 투자 DNA가 되었다. 버핏은 '그레이엄이 없었다면 지금의 내가 없었을 것'이라며 멘토의 영향력을 인정했다.

빌 게이츠와 워런 버핏의 관계도 흥미롭다. 1991년 처음 만난 두 사람은 30년 넘게 멘토-멘티 관계를 유지하고 있다. 버핏은 게이츠에게 경영과 투자의 원리를, 게이츠는 버핏에게 기술 트렌드를 가르쳤다. 게이츠 재단의 자선 활동도 버핏의 조언이 큰 영향을 미쳤다. 게이츠는 '버핏에게서 장기적 사고와 본질 추구의 중요성을 배웠다'라고 말했다.

국내에서는 삼성 이건희 회장과 이병철 창업주의 관계가 대표적이다. 이병철 창업주는 아들 이건희에게 경영 철학과 리더십을 체계적으로 전수했다. '사업보국', '인재 제일', '기술 중시'라는 삼성 정신이 그 결과다. 이건희 회장은 1987년 삼성 경영을 물려받은 후에도 아버지의 가르침을 기반으로 '신경영'을 추진했다. '마누라와 자식 빼고 다 바꿔라'라는 혁신 의지도 창업주의 개혁 정신에서 나왔다.

네이버 이해진 의장의 멘토는 카이스트 서정연 교수였다. 1990년대 중반 삼성SDS에서 일하던 이해진은 서 교수로부터 정보검색 이론과 데이터베이스 설계를 배웠다. 서 교수는 이해진에게 '기술의 본질을 이해하라', '사용자 관점에서 생각하라'라는 조언을 했다고 한다. 2000년 네이버 검색엔진 개발도 서 교수의 이론적 기반 위에서 가능했다. 이해진 의장은 '서정연 교수에게서 많은 영감을 받았다'고 전한다. 좋은 멘토를 찾는 핵심은 겸손한 자세와 적극적 학습 의지다. 멘토의 조언을 수동적으로 듣기만 하는 것이 아니라 실제 행동으로 옮기고 결과를 보고하는 것이 중요하다. 또한 일방적으로 받기만 하는 관계가 아니라 멘토에게도 도움이 되는 상호 발전적 관계를 만들어야 한다.

④ 갈라파고스 증후군을 경계하라

"발표도 자꾸 하니까 조금씩 느는 것 같습니다. 대인 발표 울렁증도 좀 가시는 것 같고요."

"오늘 윤 차장 발표는 참 좋았어요. 참석한 국내 많은 전문가들이 감탄을 하셨으니까. 그리고 발표 후 질문하셨던 교수님이 내심 이것은 아직 현장에서는 적용이 안 되었겠지, 하는 뉘앙스로 질문하시던 것 같은데, 그 교수님 기분 나쁘지 않게 잘 대답도 하고요."

"부장님이 잘 봐주시니까 그렇게 말씀하시지 많이 부족합니다. 이번에 세미나 참석하면서 제가 우물 안 개구리였구나 하는 생각을 했습니다. 좀 더 적극적으로 이런 교류를 해서 견문을 넓히도록 하겠습니다."

"오늘 윤 차장 발표 자료는 우리 단체 밴드에 올려서 다른 분들도 참고할 수 있도록 합시다. 이런 국내 권위 있는 세미나에서 발표하는 것을 보는 것도 좋은 경험이 될 테니까요."

독불장군들은 많이 봤다. 똑똑한 사람들이다. 그러나 하나같이 조직 내에서 수명이 짧았다. 덜 똑똑한 것이다. 갈라파고스 증후군은 조직이나 개인이 외부와 단절된 채 독자적 발전을 추구하다가 결국 경쟁력을 잃는 현상을 말한다. 아무리 뛰어난 역량을 가져도 외부 세계와 교류하지 않으면 시대에 뒤처지고 만다. 통찰력 개발에서도 지속적인 외부 교류가 필수다.

일본의 휴대폰 산업을 보자. 1990년대 말 일본은 세계 최고 수준의 휴대폰 기술을 보유하고 있었다. 도코모의 i-mode, 소프트뱅크의 3G 서비스, 샤프의 카메라폰 등이 세계를 앞서갔다. 하지만 일본 업체들은 자국 시장에만 집중하며 글로벌 표준을 무시했다. 2007년 아이폰이 출시되자 일본 휴대폰 업체들은 순식간에 몰락했다. 소니, 파나소닉, NEC 등이 모두 휴대폰 사업에서 철수했다. 내부 기술력은 뛰어났지만, 글로벌 트렌드를 놓친 결과였다.

코닥은 어땠는가? 1975년 세계 최초로 디지털카메라를 개발한 코닥은 이 기술을 숨겨두었다. 필름 사업에 미칠 영향을 우려했기 때문이다. 내부적으로는 디지털 기술을 계속 발전시켰지만, 상용화는 미뤘다. 2000년대 들어 캐논, 니콘, 소니 등이 디지털카메라 시장을 주도하자 코닥은 급격히 쇠퇴했다. 2012년 결국 파산했다. 뛰어난 기술력을 가지고도 외부 변화를 무시한 대가였다.

삼성전자는 갈라파고스 증후군을 성공적으로 극복했다. 1990년대 초 삼성은 일본식 수직계열화 모델을 따랐다. 모든 부품을 자체 생산하고 독자 기술을 고집했다. 하지만 1997년 외환위기를 겪으며 글로벌 표준의 중요성을 깨달았다. 이건희 회장은 '세계 최고가 되려면 글로벌 파트너와 협력해야 한다'라며 개방 정책을 추진했다. ARM 프로세서 라이선스 도입, 구글 안드로이드 채택, 퀄컴 칩셋 사용 등이 그것이다. 현재 삼성전자가 글로벌 1위 기업이 된 것은 개방과 협력의 성과다. 현대자동차의 변신도 주목할 만하다. 1990년대 현대차는 일본 미쓰비시 기술에 의존하며 독자 개발을 소홀히 했다. 품질 문제로 해외 시장에서 고전했다. 정몽구 명예회장은 2000년대 들어 글로벌 벤치마킹을 시작했다. 독일 BMW의 디자인 철학, 일본 토요타의 품질 관리, 미국 GM의 마케팅 전략을 적극 도입했다. 현대 투싼이 유럽 올해의 차에 선정되고 제네시스가 독일 프리미엄 시장에서 인정받는 것은 개방적 사고의 결실이다.

네이버의 글로벌 진출도 갈라파고스 증후군 극복 사례라고 할 수 있다. 2000년대 네이버는 한국 시장에서 절대 강자였다. 하지만 이해진 의장은 '한국에서만 1위면 우물 안 개구리'라며 해외 진출을 추진했다. 2011년 라인 서비스를 일본에 출시하며 현지 문화를 철저히 연구했다. 일본인이 선호하는 캐릭터 디자인, 커뮤니케이션 방식, 이모티콘 문화를 반영했다. 결과적으로 라인은 일본에서 가장 사랑받는 메신저가 되었다. 갈라파고스 증후군을 예방하려면 세 가지 노력이 필요하다. 첫째, 정기적으로 외부 세미나와 컨퍼런스에 참석해야 한다. 둘째, 다른 산업과 분야의 동향을 지속적으로 모니터링해야 한다. 셋째, 자신의 생각과 다른 의견에도 열린 자세를 가져야 한다. 이런 노력을 통해 시대 변화에 뒤처지지 않는 통찰력을 기를 수 있다.

전문가그룹은 개인의 한계를 뛰어넘는 집단지성의 플랫폼이다. 혼자서는 절대 도달할 수 없는 통찰력을 여러 전문가의 협력을 통해 얻을 수 있다. 이는 단순한 정보 교환을 넘어서 새로운 지식과 관점을 창조하는 과정이다. 전문가그룹의 첫 번째 가치는 '다각도 분석'이다. 같은 문제라도 각자의 전문 분야에서 보는 시각이 다르다. 이런 다양한 관점이 모이면 문제의 본질을 더 정확히 파악할 수 있다. 둘째, '경험 공유'다. 각자가 겪은 시행착오와 성공 사례를 공유함으로써 학습 효과를 극대화할 수 있다. 셋째, '네트워크 효과'다. 전문가들 간의 연결고리가 확장되면서 필요한 순간에 도움을 받을 수 있는 인적자원이 기하급수적으로 늘어난다. 넷째, '최신 동향 파악'이다. 각 분야의 전문가들이 모이면 자연스럽게 최신 트렌드와 기술 동향을 공유하게 된다. 다섯째, '객관적 검증'이다. 자신의 아이디어나 판단을 다른 전문가들에게 검증받으면서 오류를 줄이고 완성도를 높일 수 있다.

통찰력은 혼자만의 고민으로는 한계가 있다. 다양한 전문가들과 교류하며 집단지성을 활용할 때 진정한 통찰이 가능하다. 사내외 전문가 네트워크에 적극 참여하고, 좋은 멘토를 찾으며, 갈라파고스 증후군을 경계하는 자세가 통찰력 개발의 핵심이다. 이순신 장군이 이순신 장군이 된 것은 집단지성을 잘 활용했기 때문이다. 언제든지 집단지성이 당신을 위해 일해 줄 수 있는 시스템을 구성하라.

II

경험이라는
데이터베이스 구축하기

① 순간적인 메모가 문제해결의 열쇠가 된다

"센터장님! 전번에 저희 사업소 설비 문제 관련해서 도움을 주셔서 감사합니다. 센터장님이 아니었으면, 우리는 바로 설비를 정지시키고 작업을 들어가려고 했는데 때마침 센터장님이 조언을 해주셔서 지금 정상적으로 운전하고 있습니다. 죄송한데 그렇게 조언하신 근거나 기준을 좀 알 수 있겠습니까?"

"본부장님, 전화 주셔서 감사합니다. 처음에 사업소 담당 팀장이 찾아와서 저희 측 전문가들과 토론하는 것을 들었습니다. 얘기를 하는 것을 듣다 보니 옛날에 제가 부서장 때 사업소에서 겪었던 일과 비슷한 상황인 것 같았습니다. 그래서 제가 사업소 담당자에게 정확한 상황을 듣게 되었습니다. 직접 듣고 보니 정말 거의 완벽하게 비슷한 상황이었습니다. 그래서 그때 사고 처리했던 기록들을 찾아보게 되었습니다."

"저희 측에서도 사고 관련한 문서를 찾아보았는데 잘 찾지를 못했는데."

"전문 기관에서 받은 공식적인 문서는 공식 문서로 등록이 안 되어서 아마 찾아도 없으실 것입니다. 저는 마침 그때 메모해 놓은 것이 있어서 자료들을 찾을 수가 있었습니다."

"대단하십니다. 그렇게 바쁜 중에도 꼼꼼하게 메모를 다 하시고, 센터장님의 개인 메모가 저희 사업소를 큰 위기에서 건졌습니다. 감사합니다!"

순간적인 메모는 통찰력의 원료다. 아무리 뛰어난 기억력을 가진 사람도 시간이 지나면 세부 사항을 잊게 된다. 하지만 그때그때 남긴 메모는 수년 후에도 생생한 현장 정보를 제공한다. 이런 축적된 기록이 위기 상황에서 해법을 제시하는 보물 창고가 된다.

레오나르도 다빈치의 노트를 생각해 보자. 그는 평생 13,000페이지가 넘는 노트를 남겼다. 해부학 관찰 기록, 기계 설계도, 물의 흐름 연구, 새의 비행 분석 등 모든 것을 기록했다. 이런 메모들이 나중에 모나리자의 미소, 최후의 만찬의 구도, 헬리콥터와 탱크 설계로 구현되었다. 다빈치는 '작은 관찰이 위대한 발견의 씨앗이 된다'라며 메모의 중요성을 강조했다. 찰스 다윈의 진화론도 메모에서 시작되었다. 1831년 비글호 항해 중 그는 매일 관찰 일지를 작성했다. 갈라파고스 제도에서 본 핀치새의 부리 형태, 암석 지층의 특징, 동식물의 분포 등을 세밀하게 기록했다. 5년간 축적된 이 메모들이 『종의 기원』(1859)의 토대가 되었다. 다윈은 '메모 없이는 어떤 과학적 발견도 불가능하다'라고 회고했다.

일본 토요타 오노 다이이치의 린 생산시스템도 현장 메모에서 나왔다고 알려져 있다. 1950년대부터 그는 공장 현장을 돌며 작업자들의 동선, 재고 위치, 불량 발생 패턴을 손수 기록했다. '현장에서 벗어나면 진실이 보이지 않는다'라며 40년간 현장 노트를 작성했다. 이런 기록들이 저스트 인 타임, 칸반 시스템, 포카요케 등으로 체계화되었다. 토요타가 2021년 기준 세계 1위 자동차 업체가 된 것은 오노의 메모 문화가 조직에 뿌리내린 결과다.

국내에서는 현대중공업 정주영 창업주의 현장 메모가 유명하다. 1970년대 조선소 건설 당시 그는 매일 새벽 5시부터 현장을 돌며 공사 진척 상황을 직접 메모했다. 용접 품질, 철판 두께, 작업자 안전 상태까지 빠짐없이 기록했다. 이런 현장 데이터가 축적되어 현대중공업은 1980년대 세계 1위 조선업체로 성장했다. 정주영 회장은 '메모는 경험을 지식으로 바꾸는 도구'라고 말했다. 메모의 핵심은 일관성과 구체성이다. 매일 같은 시간에, 같은 형식으로, 구체적 사실을 기록해야 한다. 추상적인 느낌보다는 측정할 수 있는 데이터와 관찰 사실을 중심으로 써야 한다. 이런 메모가 쌓이면 패턴을 발견하고 미래를 예측하는 통찰력의 원천이 된다.

② 천재들의 기록법을 모방하자

시스템에 문제가 발생했다. 복구하는 과정에서 의견이 엇갈려 일이 잘 진행이 안 되었다. 엔지니어링팀과 복구팀 간의 의견이 팽팽히 대립되었다. 보는 관점이 다를 뿐이지, 두 팀 의견 모두 맞는 해결책들로 보였다. 그때 본사에서 파견 나온 업무 천재인 김 부장이 나섰다. 작은 노트 하나를 내보여주었다. 시스템 설치 전 설비의 본사에서 교육받을 때 기록한 내용이었다. 엔지니어링팀 의견이나 복구팀 의견 둘 다 부분적으로만 맞았다. 그는 노트를 근거로 두 팀 모두가 놓친 부분을 정확히 짚어내고 시스템의 문제점을 해결했다.

역사상 천재들은 모두 독특한 기록법을 가지고 있었다. 이들의 방법을 연구하고 모방하면 일반인도 뛰어난 통찰력을 기를 수 있다. 천재들의 기록법에는 공통된 원칙이 있다. 아인슈타인의 기록법은 '시각적 메모'였다.

그는 복잡한 물리 현상을 그림과 도표로 기록했다. 상대성이론의 핵심 개념인 시공간 왜곡도 처음에는 손으로 그린 스케치에서 시작되었다. '상상력이 지식보다 중요하다'라는 그의 말처럼 추상적 개념을 구체적 이미지로 변환하는 능력이 뛰어났다. 아인슈타인은 '복잡한 문제일수록 간단한 그림으로 표현하라'라고 조언했다.

토마스 에디슨의 기록법은 '실험 일지' 중심이었다. 그는 평생 3,500권의 실험 노트를 남겼다. 백열전구 개발 과정에서만 1,000가지 필라멘트 실험을 기록했다. 실패한 실험도 빠짐없이 기록해 '1,000가지 작동하지 않는 방법을 발견했다'라는 유명한 말을 남겼다. 1,093개 특허의 뒤에는 수만 번의 실험 기록이 있었다. 워런 버핏의 투자 기록법은 '원칙 중심'이다. 1950년대부터 그는 모든 투자 결정을 A4 용지 한 장으로 요약했다. 투자 이유 3가지, 위험 요소 3가지, 목표 수익률, 보유 기간을 명확히 적었다. 60년간 이런 방식으로 투자 기록을 남겨 연평균 20% 수익률을 달성했다. 버핏은 '기록하지 않은 판단은 반성할 수 없다'라며 기록의 중요성을 강조했다.

마이크로소프트 빌 게이츠의 기록법은 '연결형 사고'다. 그는 서로 다른 분야의 지식을 연결하는 메모를 즐겨 썼다. 컴퓨터 기술과 경영 전략, 소프트웨어와 사회 변화를 연결하는 통찰을 기록했다. 1975년 '모든 가정에 컴퓨터를'이라는 비전도 이런 연결형 사고에서 나왔다. 게이츠는 '혁신은 기존 지식의 새로운 조합'이라고 정의했다. 스티브 잡스의 기록법은 '본질 추구형'이었다. 그는 복잡한 기술을 단순한 언어로 정리하는 능력이 뛰어났다. 아이폰 개발 과정에서 '전화기 + 아이팟 + 인터넷 소통 도구'라는 간단한 메모로 핵심 개념을 정리했다. '단순함은 복잡함보다 어렵다'라는 그의 철학이 기록에도 반영되었다. 이들 기록법의 공통점은 세 가지다. 첫째, 매일 일정한 시간에 기록한다. 둘째, 자신만의 일관된 형식을 유지한다. 셋째, 실패와 성공을 모두 솔직하게 기록한다. 이런 원칙을 따르면 누구나 통찰력을 기르는 개인 데이터베이스를 구축할 수 있다.

③ '애인 업무일지'를 쓰자

"내가 좋아하는 친구 중에 한 사람이 기록의 달인이었어."

"기록의 달인이요? 좀 생소한데요."

"그 친구는 사전같이 두꺼운 노트에다가 하루하루 자기가 하는 업무를 꼼꼼히 기록을 해. 가령 설비에 문제가 있어서 부품을 교체했다고 하면, 몇 월 며칠 몇 시에 어떤 설비에 어떤 문제가 있어서 어떤 부품을 교체했는데 누가 어떤 방법으로 했다는 식으로, 구체적으로 자기만 볼 수 있게 기록을 하는 거지."

"우리는 안 잊어먹으려고 메모를 하거나 일기를 쓰는 정도인데, 그 친구는 그렇게 매사를 기록하더라고. 『난중일기』나 『징비록』과는 다른 느낌이지만. 그런데 시간이 지나니까 위급할 때 그것이 아주 유용하게 쓰이더라고. 보물처럼."

업무일지는 통찰력 개발의 핵심 도구다. 하지만 대부분의 사람이 쓰는 업무일지는 형식적이고 피상적이다. 진정한 통찰력을 기르려면 애인을 대하듯 세심하고 애정 어린 시선으로 업무를 관찰하고 기록해야 한다. 그래서 '애인 업무일지'라고 부른다. 삼성전자 창업자 이병철 회장의 일기가 대표적이다. 그는 1938년부터 1987년까지 50년간 매일 일기를 썼다고 한다.

단순한 업무 기록이 아니라 경영 철학, 시장 분석, 직원 평가까지 세세하게 기록했다. 특히 실패한 사업에 대해서도 솔직하게 반성하며 교훈을 정리했다. 이 일기들이 나중에 『호암자전』의 토대가 되었다. 이 회장은 '기록하지 않은 경험은 경험이 아니다'라고 말했다. 혼다 소이치로 혼다자동차 창업주도 비슷했다. 1946년 창업부터 1973년 은퇴까지 27년간 매일 '혼다 다이어리'를 작성했다. 오토바이 엔진 개발 과정, 직원들과의 대화, 고객 불만 처리 과정까지 빠짐없이 기록했다. 이런 기록들이 CVCC 엔진, VTEC 기술, 아시모 로봇 개발의 밑거름이 되었다. 혼다는 '세상의 모든 것이 선생님이다. 배우는 자세로 기록하라'라고 강조했다.

국내에서는 LG 구자경 명예회장의 업무일지가 유명하다. 1973년 LG화학 입사부터 2003년 그룹 회장 은퇴까지 30년간 업무 일지를 작성했다. 화학 공정 개선 아이디어, 해외 출장 중 관찰한 기술 트렌드, 직원 면담 내용 등을 상세히 기록했다. 이런 축적된 지식이 LG화학을 2023년 기준 매출 50조 원의 글로벌 기업으로 성장시킨 원동력이었다.

그렇다면 효과적인 애인 업무일지 작성 방법은 무엇일까? 첫째, 매일 같은 시간에 쓰는 것이다. 하루 마무리 시간을 정해두고 반드시 지킨다. 둘째, 감정도 함께 기록하는 것이다. 단순한 사실뿐만 아니라 그때의 기분과 느낌도 써둔다. 셋째, 구체적인 수치와 데이터를 포함한다. '많이', '조금' 같은 모호한 표현 대신 정확한 수치를 기록한다. 넷째, 실패와 실수도 솔직하게 쓴다. 성공 사례만큼 실패 사례에서도 배울 점이 많다. 다섯째, 주기적으로 읽어보며 패턴을 찾는다. 월말이나 분기 말에 지난 기록들을 정리하며 통찰을 도출한다. 애인 업무일지의 핵심은 '사랑'이다. 자신의 일을 사랑하고, 동료를 사랑하고, 회사를 사랑하는 마음으로 기록해야 한다. 그래야만 피상적 기록이 아니라 깊이 있는 통찰이 담긴 소중한 자산이 된다.

④ 실패 노트가 성공을 부른다

"이 실패 자료 어디서 찾으셨어요? 저는 아무리 찾아도 없던데."

"내가 복사해서 별도로 보관하고 있던 자료야. 나는 내가 회사 생활하면서 실패했던 자료들을 관리하고 있거든. 사실 이건 나의 흑역사라고 해도 돼."

"그때 내가 담당부장이었잖아. 이 실패한 사건 때문에 고생도 많이 했고, 배우기도 많이 배웠지."

"맞아요! 그때 유명한 일화가 있잖아요! 센터장님 그때 맹장 수술했는데 수술 부위가 다 낫기도 전에 현장에서 작업을 하다가 그만 수술 부위가 터져서 병원에 실려 간 사건."

"실려 간 것은 아니고 걸어갔지. 그때 참 어렵게 작업했지. 위기의 순간이기도 했고."

실패는 성공의 어머니라는 말이 있지만, 대부분의 사람은 실패 경험을 숨기거나 잊으려 한다. 하지만 진정한 통찰력은 실패에서 나온다. 실패를 체계적으로 기록하고 분석하는 사람만이 같은 실수를 반복하지 않고 더 큰 성공을 이룰 수 있다. 제임스 다이슨의 실패 기록이 대표적이다. 그는 혁신적인 사이클론 청소기를 개발하기까지 5,126번의 실패를 경험했다. 하지만 그는 모든 실패를 상세히 기록했다. 어떤 부분이 왜 작동하지 않았는지, 무엇을 개선해야 하는지를 체계적으로 정리했다. 이런 실패 데이터베이스가 결국 혁신적인 청소기 개발로 이어졌다. 다이슨은 '실패는 성공으로 가는 가장 빠른 길'이라고 말했다.

　아마존 제프 베조스도 실패를 적극 활용했다. 1990년대 말 아마존은 온라인 경매 사이트 진출, 온라인 약국 사업 등에서 연이어 실패했다. 하지만 베조스는 실패 원인을 철저히 분석해 '실패 보고서'를 작성했다. 고객 니즈 파악 부족, 시장 진입 타이밍 오류, 경쟁사 분석 미흡 등을 구체적으로 정리했다. 이런 실패 경험이 AWS, 킨들, 알렉사 같은 혁신 서비스 개발에 반영되었다.

　포드자동차 헨리 포드도 실패를 통해 성장했다고 한다. 1899년 첫 번째 자동차 회사는 품질 문제로 망했고, 1901년 두 번째 회사는 파트너와의 갈등으로 실패했다. 하지만 포드는 각 실패 경험을 면밀히 분석했다. 덕분에 품질관리의 중요성, 파트너십 관리의 필요성을 깨달았다. 1903년 세 번째 도전에서 포드자동차를 성공시킨 것은 이전 실패들에서 얻은 교훈 덕분이었다.

　국내에서는 현대그룹 정주영 창업주의 실패 경험이 유명하다. 1950년대 자동차 정비업을 시작했지만 여러 가지 이유로 초기에는 실패를 거듭했다. 하지만 정 창업주는 실패할 때마다 원인을 정확히 파악하고 기록으로 남겼다. 기술력 부족, 자금 조달 실패, 인력 관리 미숙 등을 솔직하게 인정했다. 이런 자기반성이 1967년 현대자동차 창립과 1970년대 고속 성장의 토대가 되었다. 실패 노트 작성의 핵심은 객관성과 구체성이다. 감정적 반응보다는 사실에 기반한 분석이 중요하다. '운이 나빴다', '남 탓이다' 같은 변명 대신 자신의 판단과 행동에서 개선점을 찾아야 한다. 또한 실패의 패턴을 발견하는 그것도 중요하다. 비슷한 실수를 반복한다면 근본 원인이 무엇인지 깊이 성찰해야 한다.

⑤ 공식적인 기록에는 한계가 있다

"부장님 혹시 그때 그 프로젝트 진행 자료 가지고 계셔요?"

"자료는 다 문서로 보관되어 있잖아? 설마 그 문서가 없지는 않겠지?"

"그 공식 문서로 되어 있는 것은 다 찾았는데요. 이번에 성공 사례로 발표를 하려다 보니 비하인드 스토리나 더 디테일한 게 좀 필요한데 그런 자료를 가지고 있는 사람이 없어서요. 평상시 부장님께서는 그런 자료를 잘 관리를 하시는 것 같아서 여쭈어보았습니다."

"그렇다면 내가 도와주어야지. 그때 내가 담당이었으니까. 아마 찾아보면 있을 거야."

"감사합니다. 역시 부장님은 대단하십니다. 정리왕 아니, 정리의 신이십니다."

"뭐래? 실패한 것은 실패한 대로, 성공한 것은 성공한 대로 다 나중에 교훈이 되고 참고가 될 수 있으니까, 관리를 하는 것인데."

공식 문서는 완벽해 보이지만 실제로는 많은 한계가 있다. 정치적 고려, 책임 회피, 형식적 절차 등으로 인해 진실의 일부만 담기는 경우가 많다. 진정한 통찰력을 얻으려면 공식 기록 너머의 숨겨진 진실을 찾아야 한다. 공식 기록의 첫 번째 한계는 '편집된 진실'이다. 조직의 체면이나 개인의 이해관계 때문에 불편한 사실들이 생략되거나 왜곡된다. 둘째 한계는 '형식주의의 함정'이다. 정해진 양식과 절차에 맞추다 보면 핵심 내용이 묻히는 경우가 많다. 셋째 한계는 '시간의 압박'이다. 공식 문서를 작성할 시간적 여유가 부족해 피상적으로 정리되는 경우가 흔하다.

워터게이트 사건이 대표적 사례다. 1972년 사건 발생 당시 공식 보고서들은 '단순한 침입 사건'으로 기록되었다. 하지만 워싱턴포스트 기자 우드워드와 번스타인이 비공식 증언과 개인 메모들을 추적한 결과 닉슨 대통령까지 연루된 국가적 스캔들임이 밝혀졌다. 진실은 공식 기록이 아니라 개인들의 은밀한 기록에 숨어 있었다.

체르노빌 원전 사고(1986)도 마찬가지다. 소련 정부의 공식 발표는 '경미한 기술적 문제'였다. 하지만 현장 기술자들의 개인 일기와 메모에는 전혀 다른 진실이 기록되어 있었다. 원자로 설계 결함, 안전 규정 위반, 은폐 지시 등이 생생하게 담겨 있었다. 이런 비공식 기록들이 나중에 사고 원인 규명과 재발 방지 대책 수립에 결정적 역할을 했다. 국내에서도 비슷한 사례들이 많다. 1995년 삼풍백화점 붕괴 사고 당시 공식 보고서는 '예측 불가능한 구조적 문제'로 결론지었다. 하지만 현장 기술자들의 개인 기록에는 이미 수개월 전부터 균열과 진동 문제가 지속적으로 제기되었다는 사실이 담겨 있었다. 이런 비공식 증거들이 진상 규명의 핵심이 되었다. 개인 차원에서도 마찬가지다. 회사의 공식 회의록은 대부분 '건설적 논의 후 합의'로 정리되지만, 실제로는 치열한 논쟁과 갈등이 있었을 수 있다. 이런 생생한 현장의 진실을 개인 기록으로 남겨두면 나중에 소중한 학습 자료가 된다.

개인의 경험 데이터베이스는 그 사람만의 독특한 통찰력을 만드는 원천이다. 아무리 뛰어난 AI나 검색엔진이 있어도 개인이 직접 경험하고 기록한 데이터의 가치는 대체할 수 없다. 이는 단순한 정보 저장을 넘어선 지혜의 축적 과정이기 때문이다. 경험 데이터베이스의 첫 번째 가치는 '맥락 보존'이다. 단순한 사실뿐만 아니라 그 당시의 상황, 감정, 분위기까지 함께 기록되어 있어 더 풍부한 해석이 가능하다.

둘째는 '패턴 발견'이다. 오랜 기간 축적된 기록을 통해 개인만이 발견할 수 있는 독특한 패턴과 트렌드를 찾을 수 있다. 셋째는 '직관 개발'이다. 수많은 경험이 축적되면 논리적 분석을 거치지 않고도 올바른 판단을 내리는 직관력이 생긴다. 넷째는 '창의성 증진'이다. 서로 다른 시기와 분야의 경험들이 새롭게 조합되면서 혁신적 아이디어가 탄생한다. 다섯째는 '위기 대응력'이다. 과거 비슷한 상황에서의 경험이 기록되어 있으면 예상치 못한 문제 상황에서도 빠르게 해결책을 찾을 수 있다. 결국 경험 데이터베이스는 개인만의 고유한 지식 자산이다. 순간적인 메모, 체계적인 기록, 실패 경험의 정리, 비공식적 관찰까지 모든 것이 통찰력이라는 보석을 만드는 원석이 된다. 지금부터라도 자신만의 경험 데이터베이스 구축을 시작해야 한다. 기억력에만 의존하지 마라. 메모하고 메모하라. 메모는 당신의 기억력을 더욱 빛나게 할 것이다.

5

배움에
경계는 없다

① 전문 서적은 읽고 또 읽어야 제 것이 된다

"부장님 책상에 보면 항상 펼쳐져 있는 책이 있던데, 부장님이 특별히 그 책을 즐겨 찾는 이유가 있습니까?"

"내가 보기에는, 이 책은 내게 있어서 내 전문 분야의 바이블과 같은 책이야. 교회 다니는 사람들이 성경을 매일 아침저녁으로 읽고 묵상하는 것 같이 나는 이 책을 그렇게 보고 있어. 볼수록 새로운 맛이 있어."

"그렇군요. 그 책이 훌륭한 것은 맞지만 그 뒤로도 새로운 책들이 많이 나왔는데, 제가 새로운 버전을 하나 구해다 드리겠습니다."

"나도 새로운 버전을 알고 읽어보았어. 그런데 나에게는 이 책만 한 그런 맛이 다른 책에서는 안 느껴져. 내가 이 책을 통으로 암기하고 씨름을 해서 그러는지 몰라도 각별한 애정이 가. 그렇다고 이 차장도 알다시피 내가 다른 책을 터부시하는 것은 아니잖아."

성경책 다음으로 많이 보는 전문 서적이 있다. 다른 좋은 책도 많이 있지만, 최종적으로는 그 책의 내용과 비교해 본다. 빌 게이츠는 매년 같은 책들을 다시 읽는 것으로 유명하다. 특히 『비즈니스 어드벤처』를 30년 넘게 반복해서 읽고 있다. 1991년 워런 버핏에게 추천받은 이 책을 지금까지 50

번 이상 읽었다고 한다. 그는 '나이가 들고 경험이 쌓일수록 같은 문장에서 다른 의미를 발견한다'라고 말했다. 마이크로소프트 CEO 시절과 은퇴 후 자선사업가로서 읽을 때 완전히 다른 통찰을 얻는다는 것이다. 피터 드러커는 마키아벨리의 『군주론』을 평생 300번 이상 읽었다. 경영학의 아버지로 불리는 그가 500년 전 정치 철학서에 천착한 이유는 무엇일까? '조직과 권력의 본질은 시대가 변해도 같다'라는 것이 그의 답이었다. 1954년 『경영의 실제』를 쓸 때도, 1973년 『매니지먼트』를 집필할 때도 군주론에서 영감을 얻었다. 같은 텍스트를 다른 시대적 맥락에서 재해석하며 경영학의 토대를 만들어낸 것이다.

앤디 그로브 인텔 전 CEO는 클라우제비츠의 『전쟁론』을 100번 넘게 읽었다. 반도체 전쟁의 최전선에서 싸우던 그에게 19세기 프로이센 장군의 전쟁 이론은 최고의 전략서였다. '기술은 전술이고, 시장은 전략이다'라는 그의 경영 철학도 전쟁론에서 나왔다. 1985년 메모리 사업 철수 결정, 1990년대 펜티엄 프로세서 집중 전략 모두 전쟁론의 '결정적 지점' 이론을 적용한 것이었다.

찰리 멍거는 다윈의 『종의 기원』을 200번 이상 읽었다고 한다. 투자의 대가가 생물학 책에 빠진 이유는? '시장도 진화한다'라는 깨달음 때문이었다. 적자생존, 자연선택, 돌연변이 같은 진화론 개념을 투자에 적용했다. 2008년 금융위기 때 '약한 기업이 도태되는 것은 자연스러운 현상'이라며 위기를 기회로 바꾼 것도 이런 통찰 덕분이었다. 반복 읽기의 힘은 단순한 암기가 아니다. 매번 다른 관점에서 접근하고, 새로운 경험의 렌즈로 재해석하는 과정이다. 한 권의 책을 완전히 자기 것으로 만들 때, 그 책은 평생의 멘토가 되고 통찰의 원천이 된다. 고수들이 특정 책을 수백 번 읽는 이유가 바로 여기에 있다.

② **자기 분야를 자기 관점으로 체계화하라**
"이 부장! 이 노트는 무엇인가?"
"아, 전무님, 그것은 제가 전공을 틈틈이 공부하면서 제 나름대로 기록한 노트입니다. 다른 사람들이 설명한 말이 아닌 제가 이해한 말로 정리를 한 것들입니다."
"왜 그렇게 하지? 이미 충분히 이해하고 알고 있는 내용들 아닌가?"
"맞습니다! 이미 익히 알고 있는 이론들이고 이해한 것들이지만 그것들을 제 언어로 기록을 하는 것은 또 다른 이해의 폭을 저에게 주었습니다. 무어라고 할까요. 공학 이론들이 물리적으로 해석이 된다고나 할까요."

나는 회사에서 12권의 전문 서적을 만들었다. 대부분은 사내 전문가들과 함께 만들었다. 책을 만들면서 내 전문지식이 더 체계화되었다. 리처드 파인만의 노트는 과학계의 전설이다. 그는 모든 물리 법칙을 자신만의 방식으로 유도하고 증명했다. 남의 논문을 인용하지 않고 처음부터 끝까지 스스로 도출했다. 1965년 노벨상을 받은 양자전기역학 이론도 기존 이론을 공부한 것이 아니라 자기 방식으로 재구성한 결과였다. '남의 언어로는 깊이 이해할 수 없다'라는 것이 그의 신념이었다.

레오나르도 다빈치는 13,000페이지가 넘는 노트를 남겼다. 모든 관찰과 실험을 거울 문자로 기록했는데, 단순히 비밀을 지키려는 것이 아니었다. '거꾸로 쓰면서 생각도 거꾸로 해본다'라는 독특한 사고 훈련이었다고 한다. 해부학, 기계공학, 광학, 수력학 모든 분야를 자기만의 체계로 정리했다. 헬리콥터 설계도, 낙하산 구상도 이런 독창적 체계화의 산물이었다. 토머스 에디슨은 3,500권의 노트를 남겼다. 매일 50페이지씩 실험 과정과 아이디어를 기록했다. 특이한 점은 실패한 실험을 더 자세히 기록했다는 것이다. '실패는 성공만큼 중요한 데이터'라며 왜 실패했는지를 자신의 언어로 분석했다. 전구를 발명하기까지 1,000번의 실패했지만, 그는 '1,000가지 안 되는 방법을 발견한 것'이라고 했다. 이 체계적 기록이 1,093개의 특허를 만들어낸 원동력이었다.

다윈은 『종의 기원』을 쓰기 전 20년간 개인 노트를 작성했다. 'M 노트북' 'N 노트북' 등으로 분류된 16권의 노트에는 진화론으로 가는 모든 사고 과정이 담겨 있다. 기존 창조론을 그대로 받아들이지 않고, 자신이 관찰한 것을 자기 언어로 재정의했다. '종은 불변한다'라는 통념을 '종은 변한다'로 바꾸는 데 20년이 걸렸지만, 그 과정에서 과학 혁명이 일어났다. 마쓰시타 고노스케는 초등학교 중퇴 학력이었지만 독자적인 경영 철학을 만들었다. 'PHP 노트'라 불리는 그의 경영 일지는 50년간 매일 작성되었다. 학문적 용어 대신 현장의 언어로, 이론 대신 경험으로 경영을 체계화했다. '수도 철학', '댐 경영' 같은 독특한 개념들이 여기서 탄생했다. 파나소닉이 세계적 기업이 된 것은 이런 독창적 체계화 덕분이었다. 자기 관점으로 체계화한다는 것은 지식을 완전히 소화해 자기 것으로 만드는 과정이다. 남의 언어를 내 언어로, 남의 체계를 내 체계로 바꿀 때 진정한 이해가 시작된다. 그리고 이런 재구성 과정에서 독창적 통찰이 탄생한다.

③ 인문 고전 읽기로 깊이를 더하라

"부장님은 고전을 많이 좋아하시는 것 같습니다. 항상 보면 고전을 읽고 계시던데, 그런데 고전을 원문으로 읽은 이유가 있습니까?"

"영문이 원문이 아닌 것들이 많이 있으니까, 원문이라고 할 수는 없는데, 나름대로 맛이 다르다고나 할까? 의역된 책을 읽는 것하고 원문에 가까운 것을 읽는 것하고는. 마치 영문 성경을 읽는 것하고 개혁 한글판 성경을 읽는 것하고의 차이라고나 할까."

"저는 아직 젊어서 그러는지 고전의 묘미를 잘 모르겠습니다."

"나도 다 안다고는 할 수 없고, 고(故) 이병철 회장이 평생 곁에 두고 읽었던 책이 무슨 책인 줄 아는가?"

"『논어』였다고 어디서 본 것 같습니다."

"손을 뻗으면 천하의 어떤 책이라도 구해서 읽을 수 있었던 그분이 평생 손에서 놓지 않고 읽으면서 그 속의 뜻들을 헤아리려고 했다면?"

이병철 삼성 창업주는 『논어』를 평생 읽었다. 그는 기업 경영의 원칙을 『논어』에서 찾았다. '신용을 잃으면 모든 것을 잃는다'라는 삼성의 창업 이념도 논어의 '인무신불립(人無信不立)'에서 나왔다. 1987년 반도체 투자 결정 때도 '군자불기(君子不器), 군자는 하나의 용도로만 쓰이는 그릇이 되지 않는다'라는 구절을 인용하며 사업 다각화의 정당성을 설명했다.

스티브 잡스는 동양 철학에 심취했다. 특히 『선과 모터사이클 관리술』을 수십 번 읽으며 제품 철학을 정립했다. '기술과 인문학의 교차점'이라는 애플의 핵심 가치도 여기서 나왔다. 인도 여행, 선불교 수행은 그의 미니멀리즘 디자인 철학으로 이어졌다. 아이폰의 단순함은 기술적 선택이 아니라 철학적 결정이었다. 제프 베조스는 『남아 있는 나날』을 경영 바이블로 삼았다. 가즈오 이시구로의 이 소설에서 그는 '완벽한 서비스'의 의미를 깨달았다. 집사가 주인을 위해 헌신하듯, 기업은 고객을 위해 존재한다는 아마존의 고객 중심주의가 여기서 비롯됐다. 문학 작품에서 경영 철학을 발견한 독특한 사례다.

마윈은 김용의 무협 소설을 경영 교과서로 활용했다고 한다. 알리바바 임원들에게 무협 소설 읽기를 의무화하고, 사내 호칭도 무협 캐릭터 이름을 사용했다. 그 자신은 '풍청양'이었다. '비즈니스는 무림과 같다. 정파와 사파가 있고, 각자의 무공이 있다'라며 동양적 경영 철학을 구축했다. 서구 MBA 이론과는 완전히 다른 접근이었다.

워런 버핏은 애덤 스미스의 『국부론』과 『도덕 감정론』을 투자 철학의 기초로 삼았다. 특히 『도덕 감정론』의 '공정한 관찰자' 개념을 투자 판단에 적용했다. 시장의 광기에 휩쓸리지 않고 객관적 시각을 유지하는 비결이었다. 250년 전 도덕 철학이 21세기 투자 전략이 된 것이다. 인문 고전의 가치는 시간을 초월한 지혜에 있다. 기술은 5년이면 구식이 되지만, 인간 본성에 대한 통찰은 1,000년이 지나도 유효하다. 경영도, 투자도, 혁신도 결국 사람이 하는 일이다. 인문 고전을 읽는 것은 인간을 이해하는 것이고, 그것이 모든 분야에서 통찰력의 근원이 된다.

④ 신문을 읽자

"사장님은 매일 왜 이렇게 신문을 세 종류나 읽으십니까?"
"첫 번째 이유는 고(故) 정주영 회장의 방법을 따라 하려고 해. 그분이 아침마다 신문을 읽으면서 세상 돌아가는 것을 파악하셨다고 했으니까, 신문을 읽으면서 세상 돌아가는 것을 파악하는 거지. 두 번째 이유는 신문은 팩트도 있지만 신문사에 따라서 그 신문사의 사견들이 있으니까, 팩트는 팩트대로, 사견은 사견대로 따로 보는 거지. 보수나 진보나 그들 나름대로의 주장을 보는 거야. 그리고 내가 알고 싶은 경제적인 부분은 별도로 깊이 다루는 신문을 보고."

"저는 인터넷 신문으로 대충 기사 내용만 훑고 지나가는데."

"사실도 중요하지만, 사실이 생기게 되는 전후좌우의 배경과 역사를 알고 미래를 보려고 나는 아직도 종이신문을 고집하지. 옳고 그름을 떠나서 나는 이 방법이 좋아. 나한테 맞는 것 같아. 행간의 여백은 내 생각의 공간이 되거든."

정주영 현대그룹 창업주는 매일 새벽 신문 5개를 정독했다고 전해진다. 국졸이었던 그는 독학으로 끊임없이 공부하며 신문을 교과서 삼았다. 나는 대한민국에서 그분만큼 창의적이고 통찰력 있는 분을 아직 만나보지 못했다. '신문은 살아있는 경제 교과서'라며 기사를 오려 스크랩북을 만들었다. 1970년대 중동 진출도 신문에서 오일쇼크 기사를 보고 결정했다고 한다. 남들이 위기라고 할 때 그는 기회를 봤다. 워런 버핏은 하루 5~6시간을 신문과 기업 보고서 읽기에 할애한다. 월스트리트저널, 파이낸셜타임스, 뉴욕타임스를 매일 정독한다. '투자 아이디어의 90%는 신문에서 나온다'라는 것이 그의 지론이다. 2008년 금융위기 때 골드만삭스에 50억 달러를 투자한 것도 신문 기사들을 종합 분석한 결과였다.

루퍼트 머독은 매일 전 세계 신문 30개를 읽는다. 미디어 제국을 운영하는 그에게 신문은 세계를 보는 창이다. 그는 '같은 사건을 30개 시각으로 보면 진실이 보인다'라고 했다. 타임스, 월스트리트저널, 폭스뉴스를 인수한 것도 다양한 관점을 소유하기 위해서였다. 94세인 올해에도 여전히 매일 신문을 읽는다. 손정의는 신문 스크랩을 데이터베이스화했다. 매일 읽은 기사를 주제별로 분류하고 태그를 달아 저장한다. '점을 모으면 선이 되고, 선을 모으면 면이 된다'라며 개별 정보를 연결해 큰 그림을 그린다. 알리바바 투자도 중국 신문의 작은 기사에서 시작됐다. 1999년 항저우 지역 신문에 실린 마윈 인터뷰를 보고 가능성을 발견한 것이다.

제프 베조스는 매일 아침 신문 읽기로 하루를 시작한다. 특이한 점은 10년 전 신문도 함께 읽는다는 것이다. '과거를 보면 미래가 보인다'며 역사적 패턴을 찾는다. 1997년 전자상거래 관련 기사와 2007년 스마트폰 출시 기사를 비교하며 모바일 커머스의 미래를 예측했다. 아마존의 장기 전략은 이런 역사적 통찰에서 나온다. 신문 읽기는 단순한 정보 수집이 아니다. 세상의 흐름을 읽고, 다양한 관점을 비교하고, 숨은 의미를 파악하는 사고 훈련이다. 매일 반복되는 이 훈련이 축적되면 남들이 보지 못하는 패턴이 보이기 시작한다. 그것이 바로 통찰력이다.

고수들의 공부법에는 공통된 특징이 있다. 깊이 파고들고, 자기화하고, 확장하고, 일상화한다. 전문 서적을 수백 번 읽는 깊이, 자기 언어로 재정리하는 체계화, 인문 고전으로 사고를 확장하는 융합, 매일 신문을 읽는 습관화. 이 네 가지가 시너지를 일으킬 때 진정한 통찰력이 탄생한다. 통찰력은 특별한 재능이 아니라 올바른 공부 습관의 결과다. 빌 게이츠가 30년간 같은 책을 읽고, 파인만이 모든 이론을 자기 방식으로 유도하고, 이병철이

『논어』에서 경영 철학을 찾고, 정주영이 매일 신문을 읽으며 기회를 포착한 것. 이 모든 것이 체계적이고 지속적인 학습의 산물이다.

중요한 것은 양이 아니라 질이다. 책 100권을 대충 읽는 것보다 1권을 100번 읽는 것이 낫다. 남의 정리를 베끼는 것보다 서툴더라도 자기 언어로 정리하는 것이 중요하다. 최신 트렌드만 좇는 것보다 오래된 지혜를 현재에 적용하는 것이 가치 있다. 뉴스를 스치듯 보는 것보다 신문을 정독하며 맥락을 읽는 것이 필요하다. 고수가 되는 길은 멀고 험하다. 하지만 그 과정 자체가 통찰력을 기르는 여정이다. 매일 조금씩, 꾸준히, 자기만의 방식으로 공부할 때, 어느 순간 세상이 다르게 보이기 시작한다. 그때 당신은 진정한 고수가 되어 있을 것이다. 잠자리의 눈을 보자. 잠자리의 눈은 약 30,000개의 개별 단위인 오마티디아(ommatidia)로 구성되어, 작은 렌즈로부터 수천 개의 이미지를 받아들여 360도에 가까운 시야를 확보한다고 한다. 한 개의 눈으로 보지 않는다. 바라볼 수 있는 눈들을 모아라.

3장

통찰력의 첫 발걸음

1

관찰,
그리고 또 관찰

① **보고 있다고 보는 것은 아니다**

"사람들이 많이 모여서 서로 소통하는 것은 중요하다고 생각을 하지만, 서로 얘기만 한다고 다 되는 것은 아니라는 것은 우리 모두 경험했잖아요?"

"맞아요! 그때 우리 미팅룸에 전 간부들이 다 그 현장에 있었고, 컨트롤룸에 부장님들이 다 지켜보고 있었지만, 시스템 램프가 계속해서 깜빡이고 있었는데도 아무도 눈치채지 못하고 그냥 넘기고 연속해서 같은 사고를 3번이나 당했죠."

"얼마나 많은 사람들이 모였냐가 중요한 게 아니었어요."

"다 그 신호를 보았었는데 왜 아무도 그것을 생각 못 했을까요?"

나는 이 일만 생각하면 아직도 얼굴이 화끈거린다. 왜 우리는 눈앞의 것을 제대로 보지 못하는가? 2003년 2월 1일 컬럼비아 우주왕복선이 지구로 귀환하던 중 공중분해가 되는 사고가 발생했다. NASA 엔지니어들은 발사 당시 외부 연료탱크에서 떨어진 폼 조각이 왕복선 날개를 강타하는 영상을 보았다. 82초간의 영상을 수십 명이 검토했지만, 아무도 위험성을 인지하지 못했다. 16일 후 대기권 재진입 과정에서 왕복선은 폭발했고 7명의 우주비행사가 사망했다. 사고 조사위원회는 충격적인 결론을 내렸다. "그들은 보았지만 관찰하지 않았다." 단순히 눈으로 보는 것과 의미를 파악하는 관찰은 완전히 다른 차원의 행위였다.

NASA는 이전에도 폼 조각이 떨어지는 일이 있었지만, 그 당시 별문제가 없었다는 경험에 갇혀 있었다. 선입견이 관찰을 방해한 것이다. 셜록 홈즈의 창조자 아서 코난 도일은 실제로 의사였다. 그의 스승 조셉 벨 박사는 환자가 진료실에 들어오는 순간부터 관찰을 시작했다. 걸음걸이, 옷의 주름, 손톱 밑 먼지까지 놓치지 않았다. 한번은 환자가 들어오자마자 '스코틀랜드 하이랜드 연대 출신 군인이시군요. 최근 바베이도스에서 제대하셨고요'라고 말했다. 놀란 환자에게 벨 박사는 설명했다. "모자를 벗을 때 군인식 경례를 했고, 피부 태닝 정도가 열대 지방을 나타내며, 상 열병 흔적이 서인도제도를 가리킵니다."

토요타 생산방식의 창시자 오노 다이이치는 '현장에 서서 5분간 아무 말 없이 관찰하라'라는 원칙을 세웠다. 이를 '오노 서클'이라 부른다. 바닥에 원을 그리고 그 안에 서서 작업 현장을 관찰하는 것이다. 처음 1분은 전체를 본다. 다음 1분은 사람의 동작을 본다. 3분째는 물건의 흐름을 본다. 4분째는 낭비를 찾는다. 마지막 1분은 개선점을 생각한다. 이 단순한 관찰법이 세계 최고의 생산시스템을 만들어냈다.

제임스 다이슨은 청소기 개발 과정에서 5,126번 실패했다. 그는 매번 실패할 때마다 먼지가 어떻게 움직이는지 관찰했다. 투명한 플라스틱으로 시제품을 만들어 먼지의 동선을 눈으로 확인했다. '남들은 청소기를 봤지만, 나는 먼지를 봤다'라고 그는 말했다. 결국 사이클론 원리를 발견해 먼지봉투 없는 청소기를 만들었다. 관찰의 핵심은 '보는 것'이 아니라 '알아차리는 것'이다. 수백 명이 같은 것을 봐도 단 한 명만이 의미를 발견하는 이유가 여기에 있다. 진정한 관찰은 선입견을 버리고, 호기심을 갖고, 다른 각도에서 바라보는 것에서 시작된다. 그것이 통찰력의 첫걸음이다.

② 관찰하고 연구하고 대비하라

"정말 죄송합니다. 결과가 이렇게 될 줄은 꿈에도 몰랐습니다. 그런데 센터장님은 언제 이렇게 다 준비를 하고 계셨어요?"

"나도 나름대로 그것을 계속 주시하고 있었는데, 장 차장님이 너무나 자신 있게 주장하고 '다른 원인은 결단코 없다'라고 하니까 일단은 수용은 했어요. 그렇지만 난 내 나름대로 생각이 있었던 거야. 그리고 원인이 그게 아니었을 때 만회할 수 있는가? 없는가를 계산했고."

"센터장님의 예리한 통찰력은 이미 알고 있었지만, 이 건도 이렇게 통찰하고 계셨을 줄은 생각을 못 했습니다. 좁은 소견으로 고집을 부려서 거듭 죄송합니다."

"관찰이 몸에 습관화되면 나름대로 노하우가 쌓이는 것도 있으니까. 대신 이번 건은 너무 개의치 말고, 그리고 앞으로는 너무 자기주장만 하는 것은 조심하고."

관찰하면 보인다. 앤디 그로브 인텔 CEO는 '전략적 변곡점'이라는 개념을 만들었다. 기업의 운명이 바뀌는 결정적 순간을 미리 감지하는 것이다. 1985년 일본 기업들이 메모리 반도체 시장을 장악하고 있을 때, 그는 미묘한 신호를 포착했다. PC 시장이 폭발적으로 성장하면서 마이크로프로세서 수요가 급증하고 있었다. 그는 즉시 메모리 사업을 포기하고 CPU에 올인했다. 이 결정이 인텔을 30년간 반도체 왕좌에 올려놓았다.

워런 버핏은 2007년 서브프라임 모기지 위기를 1년 전에 예측했다. 어떻게 가능했을까? 그는 주택 가격 상승률과 소득 증가율의 괴리를 관찰했다. "집값은 연 15% 오르는데 소득은 3%만 오른다. 이건 지속 불가능하다." 대부분 투자자가 호황에 취해 있을 때, 그는 파생상품을 '금융 대량살상무기'라고 부르며 투자를 중단했다. 1년 후 리먼브라더스가 파산하고 글로벌 금융위기가 터졌다.

빌 게이츠는 1995년 '인터넷 타이들 웨이브' 메모를 마이크로소프트 전 직원에게 보냈다. 넷스케이프가 등장하고 웹이 확산되는 것을 관찰한 결과였다. '우리가 인터넷을 놓치면 마이크로소프트는 5년 안에 망한다'라고 경고했다. 즉시 인터넷 익스플로러 개발에 착수했고, 윈도우 95에 통합시켰다. 늦은 출발이었지만 빠른 대응으로 브라우저 전쟁에서 승리할 수 있었다.

레이 달리오는 2008년 금융위기를 정확히 예측한 몇 안 되는 투자자다. 그의 비결은 '경제 기계'라는 독특한 관찰 프레임워크였다. 부채 사이클, 생산성 성장, 중앙은행 정책을 종합적으로 관찰했다. 2007년 말 '부채 거품이 임계점에 도달했다'라고 판단하고 공매도 포지션을 잡았다. 브리지워터 펀드는 금융위기 속에서 12% 수익을 올렸다. 관찰은 단순히 보는 것이 아니라 패턴을 읽는 것이다. 그리고 그 패턴이 가리키는 미래를 예측하고 대비하는 것이다. 센터장의 말처럼 '관찰이 몸에 습관화'될 때, 남들이 놓치는 신호를 포착할 수 있다. 그것이 진정한 통찰력이다.

③ 관찰하고 관찰한 것을 그림으로 표현해라

"부장님 이게 무엇입니까? 무슨 그림 같은데요?"

직원이 부장의 책상 위에 놓인 종이를 보며 호기심 어린 목소리로 물었다. 종이에는 복잡한 선들과 기호들이 어우러진 그림이 그려져 있었다.

"무엇 같아 보이는가요?"

"이것은 우리 회사 굴뚝 같아 보이는데요. 굴뚝에 연기가 나오는 모습 같은데. 아~! 날짜별, 시간별, 대기 온도, 대기압력. 언제 이렇게 다 그리셨어요?"

직원의 눈이 커졌다. 단순해 보이던 그림이 사실은 매우 체계적이고 상세한 관찰 기록이었다.

"관찰하면서 그림으로 그려본 거예요. 스토커 방정식이 있지만 그런 수식보다는 이렇게 그려보면서, 때로는 연기의 입장에서, 때로는 바람의 입장에서, 주변 새들의 입장에서, 생각을 해보고 느끼다 보면 그때마다 새롭게 느껴져요. 그리고 무언가 새로운 해답이 나올 것만 같은데 조금만 더 기다려봐요. 내가 멋진 작품 하나 만들 테니까."

레오나르도 다빈치는 인류 역사상 가장 위대한 관찰자다. 그는 물의 흐름을 15년간 그렸다. 단순한 스케치가 아니라 120가지 다른 패턴으로 분류했다. 소용돌이, 파동, 충돌, 분기 등 각각의 움직임을 세밀하게 기록했다. 이 관찰이 후에 유체역학의 기초가 되었고, 500년 후 과학자들은 그의 그림이 난류 이론과 정확히 일치한다는 것을 발견했다.

찰스 다윈은 갈라파고스 제도에서 핀치새를 관찰하며 상세한 그림을 그렸다. 부리의 크기와 모양을 밀리미터 단위로 기록했다. 섬마다 다른 부리 형태를 그림으로 비교하면서 진화의 원리를 발견했다. '말로는 설명할 수 없는 것이 그림으로는 명확해진다'라고 그는 일기에 썼다. 『종의 기원』에 실린 그의 스케치들은 진화론을 시각적으로 증명하는 결정적 증거가 되었다. 리처드 파인만은 복잡한 양자역학을 간단한 다이어그램으로 표현했다. '파인만 다이어그램'으로 불리는 이 그림들은 입자들의 상호작용을 직관적으로 보여준다. 수십 페이지의 수식을 한 장의 그림으로 압축한 것이다. 그는 '그림으로 그릴 수 없다면 이해한 것이 아니다'라고 말했다. 이 다이어그램으로 그는 1965년 노벨물리학상을 받았다.

스티브 잡스는 제품 디자인 과정에서 수천 장의 스케치를 그렸다. 아이폰 개발 때는 모서리 곡률을 0.1mm 단위로 조정하며 그림을 그렸다. '완벽한 곡선을 찾을 때까지 그린다'며 디자이너들과 함께 밤을 새웠다. 조너선 아이브는 '잡스는 그림으로 생각하는 사람이었다'라고 회고했다. 그 집착적인 시각화가 애플의 혁신적 디자인을 만들어냈다. 토마스 에디슨은 40,000페이지가 넘는 스케치를 남겼다. 전구를 발명할 때만 3,000장의 그림을 그렸다. 필라멘트의 재료, 두께, 감는 방식을 모두 그림으로 기록했다. '아이디어는 그림으로 그릴 때 비로소 현실이 된다'라는 것이 그의 신념이었다. 실패한 실험도 모두 그림으로 남겨 같은 실수를 반복하지 않았다. 관찰한 것을 그림으로 표현하는 것은 생각을 구체화하는 과정이다. 막연한 관념이 선과 도형이 되면서 명확해진다. 부장이 연기를 그리며 다양한 관점에서 사고하듯, 그림은 우리에게 새로운 시각을 제공한다. 통찰력은 종종 이런 시각화 과정에서 탄생한다.

④ 좋은 점은 관찰하고 배워라

"전무님은 말씀을 설득력 있게 참 잘하시는 것 같아요. 듣고 있으면 쏘옥 빨려 들어간다니까요. 비결이 있으실 것 같은데요?"

"칭찬이지? 기분 좋은데. 그렇게 말해주니 고맙고. 비결이라고 할 것은 없고, 나는 말하기 전에 무슨 내용을 말할까? 미리 생각을 하고 메모하는 습관이 있어. 내가 건망증 때문에 자꾸 말할 내용을 잊어먹기 때문에 안 잊어먹으려고. 그리고 상대편의 말을 할 때도 들으면서 메모를 하거든. 메모를 하다 보면 상대방이 말하는 도중에 끼어들게 되는 일이 줄어들게 되고 정리도 되더라고."

"저도 상대편 말을 들으려고는 하는데 듣는 도중에 할 말이 생각이 나면 그 말을 잊어버리기 전에 해야겠다는 생각에, 잊지 말아야겠다는 생각에 조금씩 끼어들게 되는 나쁜 버릇이 있는데 전무님처럼 메모를 해보아야 할 것 같아요. 좋은 팁입니다. 감사합니다."

"그것도 조금은 연습이 필요한 것 같아. 그런데 자꾸 생각들을 글로 정리를 하다 보면 나름대로의 체계가 잡힌다고나 할까. 그리고 메모를 하게 되면 나중에 그 상황을 스스로 피드백해볼 때도 도움이 되고."

샘 월턴은 월마트를 세계 최대 유통기업으로 만든 비결을 '경쟁사 관찰'이라고 했다. 그는 매주 토요일 경쟁사 매장을 방문했다. K마트, 타겟, 시어스 등을 돌며 좋은 점을 메모했다. 한번은 브라질 까르푸에서 창고형 매장을 보고 감탄했다. 즉시 샘스클럽을 만들었다. '내 아이디어의 90%는 남의 것을 개선한 것'이라고 솔직히 인정했다.

하워드 슐츠는 이탈리아 출장에서 에스프레소 바를 관찰했다. 1983년 밀라노와 베로나의 카페를 돌며 이탈리아인들의 커피 문화를 연구했다. 바리스타와 손님의 대화, 서서 마시는 문화, 커피 향이 가득한 공간. 모든 것을 노트에 기록했다. 미국으로 돌아와 스타벅스를 '제3의 공간'으로 재탄생시켰다. 단순한 커피숍이 아닌 문화 공간으로 만든 것이다.

마쓰시타 고노스케는 '1등 기업의 제품을 분해하라'라는 원칙을 세웠다. 소니 제품이 나오면 즉시 구매해 완전히 분해했다. 부품 하나하나를 분석하고 원가를 계산했다. '그들이 왜 이렇게 설계했을까'를 끊임없이 질문했다. 이런 벤치마킹으로 파나소닉은 일본 최고의 가전기업이 되었다.

제프 베조스는 코스트코를 아마존의 롤모델로 삼았다. 제임스 시네갈 코스트코 CEO를 멘토로 모시고 정기적으로 조언을 구했다. 회원제 시스템, 박리다매 전략, 고객 우선주의를 배웠다. 아마존 프라임 서비스가 바로 코스트코 멤버십을 벤치마킹한 것이다. '훌륭한 기업을 관찰하고 그들의 장점을 우리 방식으로 재해석한다.'라는 것이 베조스의 철학이다.

손정의는 '타임머신 경영'이라는 독특한 전략을 구사한다. 미국에서 성공한 비즈니스 모델을 관찰하고 일본과 아시아에 적용하는 것이다. 야후, 알리바바, 우버 등에 투자한 것도 이런 관찰의 결과다. '미국의 현재는 아시아의 미래'라며 시차를 활용한 투자를 한다. 남의 성공을 관찰하고 배워서 더 크게 성공시키는 전략이다. 좋은 점을 관찰하고 배우는 것은 겸손함에서 시작된다. 아무리 뛰어난 사람도 모든 것을 알 수는 없다. 전무의 메모 습관처럼 작은 것이라도 배울 점이 있다면 즉시 받아들이는 자세가 중요하다. 그것이 지속적으로 성장하는 비결이고, 통찰력을 기르는 지름길이다.

⑤ 칭찬도 관찰에서 시작될 때 빛난다

"야곱이 형 에서를 피해서 혈혈단신으로 자기 삼촌 집으로 피난을 갔다가 나올 때는 대가족과 거부가 되어서 나왔듯이, 저도 홀몸 빈손으로 왔다가 이렇게 되어서 이곳을 떠나게 되었습니다. 그동안 도와주시고 아껴주셔서 감사드립니다. 다른 곳에서도 그동안 여러분들의 도움과 격려와 감사를 잊지 않겠습니다."

"우리 박사님은 이곳에서도 멋지게 살았으니까 다른 어떤 곳에 가시더라도 그곳에 가서도 잘 사실 겁니다. 나는 김 박사님을 보면 가끔씩 고 정주영 회장이 생각나요. 지폐 한 장 달랑 들고 영국 버클리 은장을 찾아가서 세계적인 선박회사를 만들었잖아요. 우리 박사님도 생각 하나를 붙잡고 온 사람, 그리고 그 생각을 현실로 만드는 사람입니다."

데일 카네기는 『인간관계론』에서 '진정한 칭찬은 세심한 관찰에서 나온다'라고 썼다. 그는 록펠러를 만났을 때 '당신의 비서가 당신을 대하는 태도를 보니 당신이 얼마나 훌륭한 상사인지 알 수 있었습니다'라고 말했다. 록펠러는 이 한마디에 깊이 감동했다. 아무도 주목하지 않는 세부 사항을 관찰한 칭찬이었기 때문이다. 켄 블랜차드는 『1분 매니저』에서 '칭찬할 거리를 찾기 위해 돌아다녀라'라고 조언했다. 그는 직원들의 작은 성취도 놓치지 않고 관찰했다. '오늘 고객 응대할 때 목소리 톤이 완벽했어요', '보고서 3페이지 차트가 정말 명확하네요' 같이 구체적으로 칭찬했다. 막연한 '잘했어요'가 아닌, 관찰에 기반한 칭찬이 직원들의 행동을 바꿨다.

잭 웰치는 GE CEO 시절 '칭찬 메모'로 유명했다. 전 세계 30만 직원 중 누군가의 성과를 관찰하면 즉시 손 편지를 썼다. 인도 공장 엔지니어가 불량률을 0.1% 줄인 것을 알아차리고 축하 편지를 보냈다. 중국 영업사원이 어려운 거래를 성사시킨 것을 듣고 직접 전화했다. 'CEO가 나를 지켜보고 있다'라는 느낌이 직원들의 열정을 끌어올렸다.

하워드 가드너는 다중지능 이론에서 '각자의 강점을 발견하려면 세밀한 관찰이 필요하다'라고 강조했다. 그는 학생들을 8가지 지능 영역에서 관찰했다. 수학을 못 하는 학생이 음악적 지능이 뛰어난 것을 발견하고, 운동을 못 하는 학생이 대인관계 지능이 높은 것을 찾아냈다. 약점이 아닌 강점을 관찰하고 칭찬할 때 아이들이 변화했다. 정주영 회장은 현장 순시 때 직원들의 작은 개선 활동도 놓치지 않았다. 울산 조선소에서 용접공이 작업 자세를 바꿔 효율을 높인 것을 보고 '자네가 우리 회사의 진짜 기술자야'라고 칭찬했다고 한다. 그 용접공은 후에 현대중공업 기술 이사가 되었다. 회장의 관찰과 칭찬이 한 사람의 인생을 바꾼 것이다. 진정한 칭찬은 상대를 깊이 관찰할 때 가능하다. 박사를 정주영 회장에 비유한 것처럼, 그 사람만의 특별함을 발견하고 인정하는 것이다. 형식적인 칭찬이 아닌, 관찰에서 우러나온 칭찬이 사람의 마음을 움직인다. 그것이 진정한 리더십이고, 깊은 통찰력의 표현이다.

관찰은 통찰력의 어머니다. 보고도 보지 못하는 것에서 시작해, 미래를 예측하고 대비하며, 생각을 그림으로 구체화하고, 타인의 장점을 배우며, 진심 어린 칭찬으로 마무리되는 관찰의 여정. 이 모든 과정이 우리를 통찰력으로 이끈다. 위대한 혁신가들의 공통점은 탁월한 관찰력이다. 다빈치가 물의 흐름을 15년간 그리고, 다윈이 핀치새 부리를 밀리미터 단위로 측정하고, 오노 다이이치가 5분간 현장을 응시한 것. 이들은 모두 같은 것을 다르게 보는 능력을 갖췄다. 관찰은 단순히 눈을 뜨고 있는 것이 아니라, 의미를 발견하고 패턴을 읽으며 본질을 꿰뚫는 적극적 행위다.

관찰력은 훈련으로 기를 수 있다. 그런데 관찰 훈련은 말처럼 쉽지는 않다. 꾸준하고 끈질긴 노력이 필요하다. 실천이 필요하다. 매일 5분씩 한 가지 대상을 집중하여 관찰해 보자. 처음엔 전체를, 다음엔 부분을, 마지막엔 관계를 보자. 본 것을 그림으로 그리고 글로 기록하자. 작은 실천이 쌓여 깊은 통찰력이 된다. 신호는 항상 있었다. 단지 우리가 보지 못했을 뿐이다. 기회도, 위기도, 혁신의 씨앗도 모두 우리 눈앞에 있다. 관찰하는 자만이 그것을 발견한다. 통찰력의 첫걸음은 눈을 뜨는 것이 아니라 마음을 여는 것이다. 더 이상 보고도 보지 못한 일을 없애자. 그것은 기회일 수도 있다. 그것은 사고 예방의 씨앗일 수도 있다. 인류 미래의 먹거리일 수도 있다.

2
현상 너머의 본질 포착하기

① 환경보다 본질이 우선이다

"아무리 정비업체에서 그렇게 얘기를 해도 담당자가 아니라고 생각하고 의심이 들면 다시 검토를 해보고 일을 처리했어야지, 이제 와 그때 저는 이렇게 생각 안 했는데 저 사람들이 그렇게 하자고 해서 했더니 이렇게 되었다고 말을 하면 책임 회피고 우리 조직은 무엇을 했다는 말입니까? 그 당시 그 결정의 지휘 계통은 어떻게 된 거죠?"

"나보다는 훨씬 경험이 많고 이 분야의 최고 전문가들이 하는 의견이어서 의심이 가지만 믿을 수밖에 없었습니다. 그들이 이런 게 아니면 말고 식으로 나올지는 몰랐습니다."

"주변에서 이러쿵저러쿵 조언을 해줄 수 있지만, 결론은 담당자가 내려야 하고, 모든 결과에 대한 책임도 우리 담당자가 질 수밖에 없잖아요. 항상 정확한 판단을 내릴 수 있도록 현상을 걷어내고 현상 속 감추어져 있는 근본 원인이 무엇인지를 찾아내는 습관을 길러야 합니다."

본질을 놓치고 현상에 파묻힌 적이 있다. 현상을 잡고 본질로 착각한 적도 많았다. 2011년 후쿠시마 원전 사고는 본질을 놓친 사례로 알려져 있다. 도쿄전력은 쓰나미 대비 방벽을 5.7미터로 설계했다. 전문가들이 15미터 쓰나미 가능성을 경고했지만, '지난 100년간 그런 일은 없었다'라며 무시했다. 2011년 3월 11일, 14미터 쓰나미가 덮쳤고 멜트다운(Meltdown)이 일어났다. 조사위원회는 '인재였다'라고 결론지었다. 과거 데이터라는 현상에 갇혀 본질적 위험을 외면한 결과였다.

  엔론의 몰락도 비슷하다. 2000년 매출 1,000억 달러, 포춘 선정 '가장 혁신적인 기업' 6년 연속 1위. 화려한 수치에 모두가 열광했다. 하지만 맥킨지 컨설턴트 출신 베서니 맥린은 다른 것을 봤다. '엔론은 도대체 어떻게 돈을 버는가' 단순한 질문이었지만 아무도 답할 수 없었다. 복잡한 회계 트릭으로 손실을 숨기고 있었다. 1년 후 엔론은 파산했다. 노키아의 추락은 더 극적이다. 2007년 휴대폰 시장점유율 40%, 영업이익률 25%. 숫자는 완벽했다. CEO 칼라스부오는 '우리 위치는 견고하다'라고 자신했다. 같은 해 스티브 잡스가 아이폰을 발표했다. 노키아 임원들은 '너무 비싸고 배터리가 약하다'라며 조롱했다. 하지만 본질을 놓쳤다. 아이폰은 전화기가 아니라 컴퓨터였다. 5년 후 노키아는 마이크로소프트에 헐값에 매각됐다.

  코닥의 디지털카메라 거부도 같은 맥락이다. 1975년 코닥 엔지니어 스티브 새슨이 세계 최초 디지털카메라를 발명했다. 경영진은 '필름 사업을 해칠 것'이라며 개발을 중단시켰다. 필름 매출이라는 현상에 갇혀 디지털이라는 본질을 거부한 것이다. 2012년 코닥은 파산했고, 같은 해 인스타그램은 10억 달러에 페이스북에 인수됐다. 본질을 보려면 용기가 필요하다. 전문가의 의견, 과거의 성공, 현재의 안정. 이 모든 것이 우리 눈을 가린다. 하지만 진정한 리더는 불편한 진실을 직시한다. 담당자의 말처럼 '현상을 걷어내고 근본 원인을 찾아내는' 것. 그것이 통찰력의 시작이다. 쉽지 않다. 본질을 본다는 것은 쉬운 일이 아니다.

② 화려한 현상에 속지 마라

"또 정지야 정지! 메탈 온도가 계속 제한치를 초과하여 정지되고 있는데, 도대체 이 많은 전문가가 모여서도 그 원인을 못 찾고 계속해서 정지를 시킨다는 것이 말이 됩니까? 완전히 셧다운시키고 원인을 찾아야 하는 거 아닙니까?"

"수급 비상 기간이라 그러기에는 너무 파장이 클 것 같습니다. 일단 비상 수단으로 트랩 소스를 빼고 다음 상황을 진행하는 것이 어떻겠습니까?"

"그러다가 메탈이 다 녹아서 대형 사고가 나면 어떻게 하려고요? 누가 책임집니까? 설비 담당부장님! 그렇게 할까요?"

"안 됩니다! 그렇게 하기엔 너무 위험부담이 큽니다. 이번 한 번만 더 진행을 시켜보면서 원인을 찾아보시면 어떻겠습니까?"

상기 예화는 이 책에서 여러 가지 각도에서 소개되고 있다. 그만큼 이 사건은 내게는 큰 아픔이고 충격이었다. 다시는 되풀이하고 싶지 않은 흑역사다. 1986년 4월 26일 오전 1시 23분 체르노빌 발전소의 원자로 4호기가 비정상적인 핵반응으로 발생한 열이 냉각수를 열분해시키고, 그로 인해 발생한 수소가 원자로가 원자로 내부에서 폭발함으로써 원전이 폭발했다.

그날, 비상 전원이 들어오기 전까지 터빈의 관성력으로 얼마만큼 발전이 가능한지를 실험하는 아주 위험한 시험이 진행되고 있었다. 이 시험이 얼마나 위험한지 관련 지식이 있는 사람들은 알 것이다. 4호기 원자로 출력이 불안정했다. 그러나 실험을 계속했다. 부소장 아나톨리 댜틀로프는 '계획대로 진행하라'라고 명령했다. 운전원들이 위험 신호를 보고했지만 묵살됐다. 새벽 1시 23분, 원자로가 폭발했다. 31명이 즉사했고 수십만 명이 방사능에 노출됐다. 실험 성공이라는 현상에 집착해 안전이라는 본질을 무시한 대가였다.

2019년 보잉 737 맥스 추락 사고는 어떠했는가? 2018년 10월 29일 인도네시아 라이온 에티오피아 항공 여객기 추락사고(탑승객 189명 사망)에 이어 두 번째였다. 원인은 MCAS라는 자동 시스템 오류였다. 보잉은 이미 문제를 알고 있었다. 하지만 '경쟁사 에어버스 A320 NEO를 빨리 따라잡아야 한다'라는 압박에 시달렸다. 테스트를 축소하고 조종사 교육을 생략했다. 빠른 출시라는 현상이 안전이라는 본질을 압도한 것으로 알려져 있다.

폭스바겐 디젤게이트 스캔들은 어떤가? 2015년 미국 환경청은 폭스바겐이 배출가스 조작 소프트웨어를 설치했다고 발표했다. 실제 도로에서는 기준치의 40배 질소산화물을 배출하면서도 테스트에서는 통과했다. '클린 디젤'이라는 마케팅에 집착한 나머지 1천1백만 대에 조작 장치를 달았다. 그 결과 430억 달러 벌금과 신뢰 추락이라는 대가를 치렀다.

테라노스의 엘리자베스 홈즈는 '혈액 한 방울로 200가지 검사'를 약속했다. 엘리자베스 홈즈가 누군가? 그녀는 한때 '여성 스티브 잡스'라는 찬사를 받았던 인물이 아닌가? 투자자들은 90억 달러 가치를 인정했다. 하지만 월스트리트저널 기자 존 캐리루는 의문을 가졌다. '물리적으로 불가능하다'라는 전문가 의견을 추적했다. 결국 거짓으로 밝혀졌다. 홈즈는 사기죄로 11년 형을 선고받았다. 화려한 비전에 속아 과학적 본질을 무시한 투자자들은 실패했다. 화려한 현상 뒤에는 언제나 추악한 본질이 숨어 있을 수 있다. 실적 압박, 경쟁 심리, 체면 유지. 이런 현상들이 판단을 흐린다. 하지만 진짜 전문가는 '완전히 셧다운시키고 원인을 찾는' 용기를 낸다. 당장의 손실보다 본질적 문제해결이 중요하다는 것을 아는 사람. 그것이 진정한 리더다.

③ 본질도 상황과 시대에 따라 변한다

진시황의 뒤를 이어 황제가 된 호해 앞에 간신인 조고가 꽃사슴을 끌고 왔다. 진나라 대신들이 도열해 있었다.

"폐하! 제가 좋은 말 한 필을 끌고 왔습니다."

황제 호해는 어이가 없었다. 분명 꽃사슴인데 말이라고 하는 것이었다.

"정말 멋진 말입니다!"

신하들도 이구동성으로 조고가 끌고 온 꽃사슴을 보고 말이라고 했다. 거기에 모인 대신들 대부분이 말이라고 하는 것을 들은 황제 호해는 기가 막혔다. 호해 황제는 신하들이 황제인 자신보다 조고를 더 두려워하고 있다는 것을 몰랐다. 조고의 농간에 빠진 황제는 끝내는 조고가 보낸 자객들 앞에서 자결하였다.

지록위마(指鹿爲馬) 고사가 주는 교훈은 명확하다. 권력이 진실을 왜곡할 때 본질은 사라진다. 많은 사람들이 위의 고사는 자신과 상관없다고 한다. 과연 그럴까? 우리는 주변 사람들의 주관적인 판단에 의한 정보에 노출되어 있다. 각종 매스미디어의 편협한 시각으로 전달된 정보에 세뇌된다. 팩트와 견해의 구분의 모호한 비빔밥에 속아 넘어가서 견해를 팩트로 받아들이고 있지 않는가? 현대 기업에서도 이런 일은 반복된다.

2001년 엔론 CEO 제프 스킬링은 분석가 회의에서 비판적 질문을 한 리처드 그럽먼을 '멍청이'라고 공개 모욕했다. 임직원들은 CEO의 비위를 맞추느라 분식회계를 묵인했다. 6개월 후 엔론은 파산했다. 블록버스터의 몰락도 시대 변화를 읽지 못한 사례다. 2000년 넷플릭스는 블록버스터에게 5천만 달러 인수 제안을 했다. 블록버스터 CEO 존 안티오코는 비웃었다. "온라인 스트리밍? 그게 뭐가 대단한가?" 비디오 대여점이 본질이라고 믿었다. 하지만 시대의 본질은 '접근성'으로 바뀌고 있었다. 2010년 블록버스터는 파산했고, 넷플릭스는 시가총액 2,400억 달러 기업이 됐다.

IBM의 변신은 본질 변화를 읽은 좋은 본보기다. 1990년대 초 PC 사업 적자에 시달렸다. 루 거스너 CEO는 과감한 결정을 내렸다. "하드웨어는 더 이상 본질이 아니다. 서비스와 소프트웨어가 미래다." 2005년 PC 사업을 레노버에 매각하고 컨설팅과 클라우드에 집중했다. 시대가 요구하는 본질을 재정의한 것이다. 마이크로소프트의 사티아 나델라도 비슷한 변화를 이끌었다. 2014년 CEO 취임 후 선언했다. "윈도우 중심에서 클라우드 중심으로"라고. 전임 CEO 스티브 발머가 고집한 '윈도우가 모든 것'이라는 본질을 버렸다. 애저 클라우드는 AWS에 이어 2위가 됐고, 시가총액은 3조 달러를 돌파했다. 시대의 본질 변화를 정확히 포착한 결과다. 본질은 영원불변이 아니다. 사슴이 말이 되는 것은 거짓이지만, 시대에 따라 비디오테이프가 스트리밍되고, PC가 클라우드가 되는 것은 진화다. 중요한 것은 권력이나 관성에 의한 왜곡과 시대적 변화를 구분하는 눈이다. 그것이 진정한 통찰력이다.

④ 내가 본 본질을 의심해 보라

"우수 중소기업 판매개척 지원을 위해서 구매 상담을 개최하려고 이번에는 다른 세미나와 연계해서 컨퍼런스 개념으로 하고 규모를 키워서 해볼까 합니다. 적당한 장소 섭외가 가능할 것 같습니다."

"그거 헛방입니다! 매년 구매상담회를 해보는데도 상담회를 기획하고 추진하는 우리만 힘들지 효과도 없는 것 같고, 참석하는 사람도 많지 않아 괜한 시간 낭비일 뿐입니다."

"당장 눈에 띄는 가시적인 효과가 없을 수도 있지만 지금 어려움을 겪고 있는 중소기업인들에게는 조그마한 힘이 될 수도 있고, 현장에서 고객들의 니즈를 파악할 수도 있는 기회가 되니까 꼭 그렇게 실패라고 볼 일은 아닐 것 같습니다. 작년에는 제가 그 프로젝트를 추진했는데 현장에서 구매 상담도 여러 건 있었고 무엇보다도 중소기업업체 관계자분들이 너무 좋아하셨습니다. 경험에 비추어 보건대 단순한 구매상담회보다는 컨퍼런스 식으로 추진하면 더 효과가 있을 것으로 기대됩니다."

"언 발에 오줌 누기일 뿐입니다. 실질적으로는 도움이 안 됩니다."

같은 일도 사람에게 따라 다르게 해석한다. 다르게 본다. 같은 구매상담회를 놓고 두 사람이 완전히 다른 본질을 봤다. 한 사람은 '시간 낭비, 언 발에 오줌 누기'를, 한 사람은 '중소기업 지원, 성과 창출의 장'을 본다. 누가 맞을까? 모두가 부분적으로는 옳다. 문제는 자신이 본 것만이 유일한 진실이라고 믿는 순간 발생한다.

코닥의 경영진들이 그랬다. 1975년 자사 엔지니어가 세계 최초 디지털카메라를 발명했을 때, 그들이 본 본질은 '필름 사업을 위협하는 기술'이었다.

그 때문에 개발을 중단시켰다. 하지만 시장이 본 본질은 달랐다. '사진 촬영과 공유의 혁명'이었다. 2012년 코닥은 파산했고, 같은 해 인스타그램은 10억 달러에 팔렸다. 자신들이 본 본질에 갇혀 진짜 본질을 놓친 것이다. 블록버스터도 마찬가지였다. 2000년 넷플릭스가 5천만 달러에 인수 제안을 했을 때 비웃었다. 그들이 본 넷플릭스의 본질은 '작은 우편 DVD 대여업'이었다. 하지만 넷플릭스가 추구한 본질은 '편의성과 선택의 자유'였다. 10년 후 블록버스터는 사라졌고 넷플릭스는 글로벌 스트리밍 제왕이 되었다.

노키아 임원들은 2007년 아이폰을 보고 조롱했다. '배터리도 약하고 비싸기만 한 장난감'이라고 봤다. 그들에게 휴대폰의 본질은 '통화 품질과 내구성'이었다. 하지만 애플이 제시한 본질은 '손 안의 컴퓨터'였다. 5년 후 노키아는 마이크로소프트에 헐값에 매각됐다. 왜 똑똑한 사람들이 본질을 놓칠까? 경험의 함정 때문이다. 과거의 성공 경험이 새로운 본질을 보는 눈을 가린다. 확증편향도 작용한다. 자신의 믿음을 지지하는 정보만 선택적으로 받아들인다. 구매상담회가 '헛방'이라고 믿는 사람은 실패 사례만 기억하고 성공 사례는 예외로 치부한다. 자신이 본 본질을 의심하려면 먼저 입장을 바꿔 생각해 봐야 한다. 구매상담회를 기획하는 입장이 아니라 참석하는 중소기업 대표 입장에서 보면 어떨까? 시간 낭비가 아니라 소중한 기회일 수 있다. 토요타의 '5 Why' 기법도 도움이 된다. 왜 헛방인가? 왜 효과가 없는가? 왜 참석자가 적은가? 계속 파고들면 숨겨진 진짜 원인이 드러난다.

소수 의견에도 귀를 기울여야 한다. '작년에 좋아하셨다'라는 한 사람의 경험이 다수의 편견보다 정확할 수 있다. 즉각적 판단도 경계해야 한다. 시간을 두고 다시 보면 다른 각도가 보인다. 오늘의 '헛방'이 내일의 '대박 아이템'이 될 수 있다. 우리가 본 본질은 언제나 부분적 진실이다. 시각장애인이 코끼리를 만지듯 각자 다른 부분을 만지고, 전체라고 착각한다. 구매상담회를 놓고 벌어지는 네 가지 해석이 그 증거다. 중요한 것은 내 관점이 유일한 정답이 아님을 인정하는 것이다. 내가 본 본질을 의심해 보라. 이것이 진정한 통찰의 시작이다. 현상과 본질의 구분은 통찰력의 핵심이다. 전문가의 의견이라는 환경, 화려한 성과라는 현상, 시대 변화라는 맥락, 그리고 자기 자신이라는 한계. 이 모든 것이 본질을 가리는 장막이다. 하지만 진정한 통찰은 이 장막을 걷어내고 진실을 직시하는 데서 시작된다.

역사는 본질을 놓친 대가가 얼마나 참혹한지 보여준다. 후쿠시마, 엔론, 노키아, 체르노빌. 모두 현상에 취해 본질을 외면한 결과다. 반대로 IBM, 마이크로소프트, 구글, 아마존은 본질을 꿰뚫어 시대를 이끌었다. 차이는 무엇인가? 불편한 진실을 받아들이는 용기, 기존 관념을 버리는 결단, 끊임없는 자기 의심이다. 본질을 보는 방법은 의외로 단순하다. '왜'라고 묻는 것이다. 토요타의 5 Why처럼 계속 파고들면 진실이 드러난다. 하지만 더 중요한 것은 그 진실을 받아들이는 용기다. 조고의 사슴을 말이라 부르는 것이 편할 수 있다. 하지만 그 순간 우리는 본질을 잃는다. 현상을 걷어내고 현상 속 감추어져 있는 근본 원인을 찾아내라. 통찰력은 특별한 능력이 아니다. 현상 속에 갇혀 있는 본질을 보는 것이다. 현상으로 위장된 본질을 보는 것이다. 현상의 조각으로 위장된 본질을 보는 것이다. 현상 너머를 보려는 의지, 본질을 찾으려는 노력, 진실을 대면하는 용기. 이것이 통찰력의 첫걸음이다.

3

창조적 모방의
기술

① 먼저 모방의 천재가 돼라

"박 차장은 다른 동기들에 비해서 업무처리 속도가 빠르고 퀄리티도 확실히 뛰어난 것 같아. 특별한 비결이라도 있는가?"

"감사합니다! 다 부장님께 배웠던 것들입니다."

"사람도 싱겁게. 누가 들으면 진짜인 줄 알겠네. 뭔가 있긴 있구만."

"진짜입니다. 부장님을 옆에서 보니까 부장님은 업무별로 일정한 템플릿을 관리하고 활용하시더라고요. 그래서 저도 나름 템플릿을 만들고, 기존 회사 자료나 제가 필요해 외부에서 취합한 자료들을 각 아이템별로 정리를 하고 틈나는 대로 자료를 숙지를 하다가, 어떤 일을 할 때 이 일은 이 템플릿에 이 자료를 참조하고…. 뭐 이런 식으로 합니다. 기존에 다 있는 자료를 활용해서 조금 가공하고 새로운 자료를 조금 더한 것뿐입니다."

나는 업무를 잘 한다고 알려진 사람의 기획서나 보고서를 템플릿으로 만들었다. 그리고 그것을 응용해서 내 기획서나 보고서를 만들었다. 시간도 절약되고 내용도 알찼다. 당연히 일 잘한다고 소문도 났다. 그런 내 보고서나 기획서도 후배들이 모방했다. 피카소는 '훌륭한 예술가는 모방하고, 위대한 예술가는 훔친다'라고 하지 않았는가? 실제로 그는 아프리카 가면에서 입체파(CUBISM)의 영감을 얻었다. 1907년 파리 트로카데로 민속지학 박물관에서 본 아프리카 조각품들이 〈아비뇽의 처녀들〉로 탄생했다. 단순한 복사가 아니라 본질을 훔쳐 재창조한 것이다. 이것이 20세기 미술사를 바꾼 혁명이 되었다.

스티브 잡스는 이 말을 자주 인용했다. 그리고 실천했다. 1979년 제록스 팰로앨토 연구소를 방문했을 때 GUI(그래픽 사용자 인터페이스)를 보고 충격받았다. '이것이 미래다!'고 생각하고 즉시 애플에 적용했다. 매킨토시가 탄생했다. 제록스는 기술은 있지만 상품화하지 못했다. 잡스는 그 가능성을 훔쳐 혁명을 일으켰다. 샘 월턴은 월마트를 세계 최대 유통기업으로 만들기 전 K마트에서 일했다. 매일 경쟁사 매장을 돌며 좋은 점을 메모했다. '내 아이디어의 대부분은 남의 것을 개선한 것'이라고 솔직히 인정했다. 브라질 까르푸의 창고형 매장을 보고 샘스클럽을 만들었고, 일본 세븐일레븐의 재고관리 시스템을 벤치마킹해 월마트 시스템을 구축했다.

하워드 슐츠는 이탈리아 출장에서 에스프레소 바 문화를 목격했다. 1983년 밀라노의 작은 카페에서 바리스타와 손님이 대화하는 모습, 서서 커피를 마시는 문화, 커피 향이 가득한 공간. 모든 것을 세밀하게 관찰하고 기록했다. 미국으로 돌아와 스타벅스를 '제3의 공간'으로 재탄생시켰다. 이탈리아 카페 문화를 미국식으로 재해석한 것이다.

토요타는 포드의 대량생산 시스템을 모방했다가 완전히 다른 것을 만들어냈다. 1950년 에이지 토요다와 쇼이치 오노가 디트로이트 포드 공장을 견학했다. 대량생산의 위력을 봤지만 재고 문제도 발견했다. 일본으로 돌아와 정반대 개념인 JIT(Just In Time)를 개발했다. 모방에서 시작해 혁신으로 끝났다. 박 차장의 성공 비결도 똑같다. 부장의 템플릿 활용법을 관찰하고 모방했다. 하지만 거기서 끝나지 않고 자신만의 방식으로 발전시켰다. 외부 자료를 추가하고, 아이템별로 재분류하고, 지속적으로 업데이트했다. 단순한 복사가 아니라 창조적 모방이었다. 이것이 진정한 모방의 천재가 되는 길이다.

② 성공한 사람 따라 하면 성공한다

"본부장님! 본부장님! 저하고 인증샷 한번 찍어요. 야! 야! 이분이 내가 제일 존경하는 본부장님이셔. 내가 직원일 때 우리 부장님이셨어."

"박 팀장! 오랜만이네. 잘 지냈지? 기분 좋게 술 한잔했나 보네."

"본부장님 덕분에 잘 지내고 있습니다. 저희 부장님이실 때 본부장님에게 일을 잘 배웠고, 그때 보고 배운 것을 습관화했더니 본사에도 왔고, 또 본사에서도 인정받고 있습니다. 그때 작은 일 하나하나를 잘 끼워 맞춘 것이 이렇게 될 줄은 몰랐습니다. 본부장님이 모자이크 말씀을 많이 하셨는데 그때는 실감을 못 했습니다. 그때 저희 부서에서 같이 근무했던 직원들이 지금 본사에 많이 와 있습니다."

반갑기도 했지만 약간 당황스럽기도 했다. 평상시는 약간 수줍음을 타는 것 같이 말수도 적은 후배였다. 그런데 이 날따라 굉장히 적극적이었다. 기분은 좋았다. 워런 버핏은 벤저민 그레이엄을 평생 스승으로 모셨다. 컬럼비아 대학원에서 그레이엄의 수업을 들으며 가치 투자를 배웠다고 한다. 졸업 후 그레이엄의 회사에서 2년간 무급으로 일했다. 이후, '그에게서 투자 철학뿐 아니라 인생 철학을 배웠다'라고 회고했다. 그레이엄의 『현명한 투자자』를 수백 번 읽으며 완전히 체화했다. 스승의 가르침을 따라 버크셔 해서웨이를 시가총액 8,000억 달러 기업으로 만들었다.

손정의는 덴 후지타를 롤모델로 삼았다. 일본 맥도날드를 성공시킨 후지타를 16살에 찾아가 조언을 구했다. '컴퓨터를 공부하라'는 한마디에 미국 유학을 결심했다. UC 버클리에서 컴퓨터 사이언스를 전공하고 소프트뱅크를 창업했다. 후지타의 '시대를 앞서가라'라는 가르침을 평생 실천했다. 알리바바, ARM, 우버 등에 선제 투자한 것도 이 철학의 연장선이었다. 마윈은 손정의를 멘토로 삼았다. 1999년 첫 만남에서 6분 만에 2,000만 달러 투자를 받았다. 이후 손정의의 경영 철학을 배웠다. '300년 기업을 만들라'라는 조언에 따라 알리바바의 102년 비전을 세웠다. 중소기업을 돕는 플랫폼이라는 개념도 손정의와의 대화에서 나왔다. 멘토를 따라 하며 중국 최대 전자상거래 기업을 만들었다.

일론 머스크는 토머스 에디슨을 롤모델로 삼았다. 에디슨처럼 여러 분야에서 동시에 혁신을 추구했다. 전기차(테슬라), 우주(스페이스X), 에너지(솔라시티), 교통(하이퍼루프) 등 다양한 영역에 도전했다. 에디슨의 '천재는 1%의 영감과 99%의 노력'이라는 말을 실천하며 주 100시간을 일했다. 실패를 두려워하지 않는 자세도 에디슨에게서 배웠다.

이나모리 가즈오는 교세라와 KDDI를 창업하고 JAL을 회생시킨 경영의 신이다. 그의 성공 비결은 마쓰시타 고노스케를 철저히 연구한 것이었다. 고노스케의 경영 철학서를 모두 읽고, 강연을 찾아다니며 들었다. '경영은 이타심'이라는 철학도 고노스케에게서 배웠다. 스승을 따라 하되 자신만의 색깔을 더해 '아메바 경영'이라는 독창적 시스템을 만들었다. 박 팀장의 성공도 같은 맥락이다. 본부장의 일하는 방식을 관찰하고 모방했다. 작은 습관 하나하나를 따라 했더니 어느새 본사에서 인정받는 인재가 되었다. '모자이크'라는 본부장의 가르침도 나중에야 이해했다. 성공한 사람을 따라 하는 것, 그것이 성공의 지름길이다.

③ 위대한 통찰자도 훔친다

임진왜란의 포화 속에서도 이순신 장군은 손에서 책을 놓지 않았다. 『난중일기』를 보면 치열한 전투가 벌어지는 중에도 틈틈이 독서했다는 기록이 나온다. '새벽에 일어나 병서를 읽었다, 저녁에 『소학』을 읽었다, 밤에 『중용』을 공부했다'라는 내용들이 일기 곳곳에 등장한다. 왜 그는 무시무시한 전쟁 중에도 책을 손에서 놓지 않았을까? 그것은 선인들의 지혜를 '훔치기' 위해서였다. 손자병법의 전술, 제갈량의 지략, 성현들의 철학을 자신의 것으로 만들기 위해 끊임없이 학습했다. 그는 자신의 경험만으로는 부족하다는 것을 알고 있었다. 수천 년간 축적된 인류의 지혜를 훔쳐 와야 진정한 명장이 될 수 있다는 것을 깨달았다. 명량대첩에서 13척으로 330척을 물리친 기적도 이런 지혜의 '훔침'이 있었기에 가능했다. 선인들의 지혜를 훔쳐서 자신만의 통찰력으로 발전시킨 결과였다. 그의 위대함은 단순히 용감해서가 아니라 합법적인 훔침에 부지런했기 때문이었다.

세상에서 거인의 어깨 위에 올라타지 않은 사람은 아무도 없다. 이순신 장군도 마찬가지였다. 아인슈타인도 거인의 어깨 위에 올라섰다. 훔쳤다. 상대성이론을 발표하기 전 맥스웰의 전자기학, 로렌츠의 변환식, 푸앵카레의 상대성 원리를 깊이 연구했다. '나는 뉴턴과 맥스웰이라는 거인의 어깨 위에 서 있었기에 더 멀리 볼 수 있었다'라고 겸손하게 인정했다. 하지만 단순히 선배들의 이론을 조합한 것이 아니었다. 시공간이라는 혁명적 개념으로 재해석했다. 훔친 것을 완전히 새로운 것으로 만들어낸 것이다. 밥 딜런은 2016년 노벨문학상을 받았다. 하지만 초기 작품들은 거의 표절 수준이었다. 우디 거스리의 멜로디를 그대로 쓰고, 랭보의 시구를 차용했다. 본인도 인정했다. "나는 모든 것을 훔쳤다. 그리고 그것을 내 것으로 만들었다." 중요한 것은 훔친 후의 변화였다. 포크송에 록을 결합하고, 시적 가사로 대중음악의 수준을 높였다. 훔침이 창조가 된 것이다. 셰익스피어의 작품 37편 중 36편이 기존 이야기를 각색한 것이다. 『로미오와 줄리엣』은 이탈리아 설화, 『햄릿』은 덴마크 전설을 바탕으로 했다. 하지만 누구도 표절이라 하지 않는다. 평범한 이야기를 불멸의 걸작으로 승화시켰기 때문이다. 인간 심리에 대한 통찰을 더해 원작을 뛰어넘었다.

비틀즈도 처음엔 척 베리와 리틀 리처드를 모방한 것으로 알려져 있다. 폴 매카트니는 '우리의 첫 앨범은 거의 커버 곡이었다'라고 인정했다. 하지만 곧 자신들만의 색깔을 찾았다. 록에 클래식을 결합하고, 인도 음악을 도입했다. 〈Sgt. Pepper's〉는 대중음악사의 혁명이 되었다. 모방에서 시작해 창조로 나아간 것이다. 위대한 통찰자들도 훔친다. 다만 그들은 훔친 것을 자신의 것으로 완전히 소화한다. 이순신이 병법을 읽으며 조선 해전에 맞게 재해석했듯, 아인슈타인이 선배들의 이론을 시공간 개념으로 통합했듯. 모방과 훔침은 인간의 본성이다. 훔침은 부끄러운 것이 아니라 창조의 첫걸음이다. 중요한 것은 어떻게 자신만의 것으로 만드느냐다.

④ 모방은 때와 장소가 있는 것은 아니다

"안 될 사람은 뒤로 넘어져도 코가 깨지고 되는 사람은 넘어져도 금가락지를 문다고 하더니 만 장 사장은 진짜 복 많은 사람이야."

"전번에 우리 일 꼼꼼하게 했던 정비업체 장 사장 말씀하시는 겁니까?"

"그래, 그 사람은 다니던 회사에서 사고가 나서 본인이 책임을 지고 퇴사를 했다고 했잖아. 무엇을 해서 먹고 살까? 고민하다가 그래도 한 우물을 파라는 말이 생각나서 본인이 했던 분야의 일을, 정비업체를 차려서 일을 했는데 일 꼼꼼하고 성실하게 한다는 소문이 나서, 고객층이 두껍게 생기고 그러다 보니 직원이 많이 필요해서 또 직원용 사택을 지었대."

"사택까지 지을 정도면 엄청난데요."

"거기까지라면 재수 좋다고까지는 안 하지, 그 지은 사택이 좀 외진 곳이라 직원들이 안 들어가려고 했다고 하더군."

"그런데요? 그게 무슨 대박?"

"직원들이 안 들어가니 고민을 하고 있었는데, 하루는 장 사장님 사모가 신문을 보다가 '우리도 여기를 커피와 빵을 파는 곳으로 개조해서 쓰면 어떨까?' 하더란 거야. 마땅히 다른 것을 하기에도 그래서 그렇게 했는데, 그게 아주 큰 대박이 난거지. 지금 그곳 매출이 장 사장 회사 매출보다 더 많다고 하던데."

아이디어는 '나 들어갑니다. 나 여기 있어요.' 하면서 찾아오지 않는다. 우연히 떠오른다. 하워드 슐츠가 스타벅스 아이디어를 얻은 것도 우연이었다. 1983년 이탈리아 출장 중 베로나의 작은 카페에 들렀다. 에스프레소를 마시며 깨달았다. "커피는 음료가 아니라 경험이구나!" 미국으로 돌아와 스타벅스를 '제3의 공간'으로 만들었다. 출장이라는 일상에서 모방의 기회를 포착한 것이다. 레고는 1932년 목수였던 올레 키르크 크리스티안센이 창업했다. 대공황으로 가구가 안 팔리자 아이들 장난감을 만들기 시작했다. 1947년 영국 장난감 박람회에서 플라스틱 조립 블록을 보고 영감을 얻었다. 1958년 특허를 낸 '스터드 앤 튜브' 결합 시스템은 지금도 레고의 핵심이다. 위기의 순간, 전혀 다른 분야에서 해답을 찾은 것이다.

맥도날드 형제는 자동차 조립라인을 햄버거 가게에 적용했다. 1948년 포드 공장을 견학한 후 '주방도 조립라인처럼 만들 수 있다'라고 생각했다. 스피디 시스템을 개발해 30초 만에 햄버거를 만들었다. 레이 크록이 이를 프랜차이즈화해 세계 최대 패스트푸드 체인이 됐다. 내 친구 장 사장 부부도 마찬가지다. 실패한 사택을 카페로 바꾸는 아이디어는 신문에서 나왔다. 위기의 순간에 전혀 다른 업종의 성공 사례를 모방한 것이다. 정비업체와 카페는 아무 관련이 없어 보이지만, '공간 활용'이라는 본질은 같았다. 모방에는 때와 장소가 없다. 중요한 것은 열린 눈과 유연한 사고다.

모방은 창조의 어머니다. 피카소가 아프리카 가면에서 입체파를 만들고, 잡스가 제록스에서 GUI를 훔치고, 이순신이 병법서에서 전술을 배운 것. 모든 혁신은 모방에서 시작됐다. 하지만 단순한 복사가 아니라 창조적 재해석이었다. 성공한 사람을 따라 하는 것은 성공의 지름길이다. 성공에도 공식이 있기 때문이다. 버핏이 그레이엄을, 손정의가 후지타를, 머스크가 에디슨을 롤모델로 삼은 이유다. 하지만 맹목적 추종이 아니라 선택적 수용이었다. 스승의 가르침을 바탕으로 자신만의 길을 개척했다.

위대한 통찰자도 훔친다. 아인슈타인도, 셰익스피어도, 비틀즈도 선배들의 어깨 위에 올라섰다. 차이는 훔친 것을 완전히 자신의 것으로 만들었다는 점이다. 소화하고, 재해석하고, 새로운 가치를 더했다. 모방의 기회는 어디에나 있다. 스타벅스는 이탈리아 카페에서, 레고는 장난감 박람회에서, 포스트잇은 교회에서 탄생했다. 열린 마음으로 관찰하면 전혀 다른 분야에서도 영감을 얻을 수 있다. '기존에 다 있는 자료를 활용해서 조금 가공하고 새로운 자료를 조금 더한 것뿐입니다' 박 차장의 이 말은 어떤가? 있는 것을 활용하되 자신만의 것을 더하는 것. 그것이 모방을 통한 창조이고, 진정한 통찰력의 시작이다.

실패에도 공식이 있다. 실패의 공식 중에 제1공식은 성공 공식을 모방하지 않는 것이다.

II

연결의
마법

① 현상과 경험을 연결하자

"왜 굳이 그걸 전체를 다 국산화하려고 하지? 지금 전체를 국산화하려고 하다 보니 설치 공간도 안 나오고 기존 설비와 연계도 문제가 되잖아? 그렇다고 외산을 쓰자니 제작사가 이미 단종을 해버렸고, 그러니 부분적으로 국산화를 하면 어떨까 하는데. 내가 비슷한 경험을 한 적이 있거든."

"부분적인 국산화요?"

"프레임은 아직 건전하니까 그대로 쓰고 안에 내용물만 국산 제품을 쓰는 거지."

"국산 제품들은 다 사이즈가 커서 그 프레임에 수용되는 것이 없을 것 같은데요."

"그럴 수도 있는데 우리 제품도 요즘은 컴팩트하게 나온 것도 있으니까 한번 찾아서 시도해 보는 게 어때? 내 생각에는 그게 제일 나을 것 같은데."

방법이 없었다. 설비는 노후화하여 고장은 자주 발생하는데, 20년도 지난 제품이었기에, 제품을 납품한 외국 제작사는 제품을 단종시킨 상태였다. 국산품은 크기가 너무 커서 그대로는 자리에 설치할 수 없었다. 그렇다고 다른 곳에 설치하기엔 제약 조건이 너무 많았다. 그러나 의외로 답은 쉬웠다. 제임스 다이슨이 청소기를 발명한 과정을 보자. 1978년 제재소를 방문했을 때 거대한 사이클론 집진기를 봤다. 톱밥을 공기로부터 분리하는 원리였다. "이걸 소형화하면 청소기에 쓸 수 있겠다!" 전혀 다른 산업의 기술을 가정용 제품에 연결한 것이다. 5,126번의 실패 끝에 먼지봉투 없는 청소기가 탄생했다.

스티브 잡스는 서예 수업과 컴퓨터를 연결했다. 리드 대학 중퇴 후 청강생으로 들은 서예 수업. 당시엔 쓸모없어 보였다. 하지만 10년 후 매킨토시를 개발하며 떠올렸다. "아름다운 글꼴이 필요하다!" 세계 최초로 다양한 폰트를 지원하는 개인용 컴퓨터가 됐다. 인문학과 기술의 연결이 혁명을 만든 것이다. 조지 드 메스트랄은 1941년 사냥 후 개와 자신의 옷에 달라붙은 도꼬마리를 현미경으로 관찰했다. 작은 갈고리가 옷감의 고리에 걸리는 원리였다. "이걸 인공적으로 만들 수 있을까?" 8년간의 연구 끝에 벨크로를 발명했다. 자연 현상과 일상 불편을 연결한 통찰이었다.

페덱스 창업자 프레드 스미스는 베트남전 경험과 물류를 연결했다. 해병대 장교로 복무하며 군수물자 보급 시스템을 체험했다. "중앙 집중식 허브 시스템이 가장 효율적이다." 전역 후 이 원리를 택배 사업에 적용했다. 멤피스를 허브로 하는 혁신적 물류 시스템이 탄생했다. 전쟁 경험이 비즈니스 혁신으로 연결된 것이다.

넷플릭스 창업자 리드 헤이스팅스는 비디오 연체료 경험과 헬스클럽 요금제를 연결했다. 블록버스터에 40달러 연체료를 낸 후 생각했다. "헬스클럽처럼 월정액제로 무제한 대여하면 어떨까?" 1997년 DVD 우편 배송으로 시작해 스트리밍 서비스의 제왕이 됐다. 서로 무관해 보이는 두 경험을 연결한 혁신이었다. 부분적 국산화라는 해법도 같은 맥락이다. 전체 교체라는 고정관념을 깨고, 과거 경험과 현재 상황을 연결했다. 프레임은 유지하고 내용물만 바꾸는 절충안. 이런 유연한 사고가 문제해결의 실마리가 된다. 통찰력은 서로 다른 것들을 연결하는 능력에서 나온다.

② 거인과 현재를 연결하라

"사장님은 이번 하계 휴가 때 어떻게 보내실 계획이십니까?"

"나이를 먹으니까, 사람 북적거리는 바다나 계곡보다는 조용하고 시원한 호텔에서 쉬면서 책 읽고 여유롭게 시간을 보내는 것이 더 좋더라고, 그래서 이번에도 호텔 하나 잡아서 거기서 쉬려고 마음먹고 있어."

"아! 그랬습니까? 책이라고 하면 혹시 저에게 권하고 싶은 책이 있으시면 딱 하나 추천해 주실 수 있으십니까?"

"글쎄. 삼성의 고(故) 이병철 회장은 평생 논어를 즐겨 읽으셨다고 하던데, 나는 성경하고 『손자병법』을 주로 읽어. 성경에는 인간의 창조 비밀과 과거, 현재, 미래까지 다 기록되어 있으니까. 그리고 『손자병법』은 이성적인 사람들의 세상 사는 이치가 나와 있어서 재미있잖아. 거인의 어깨 위에 올라탄 난쟁이라고 했던 것 같던데, 어떤 사람은 그 거인이 옛 선인 한 사람일 수도 있고, 또 어떤 사람은 그 거인이 엄청나게 많은 사람의 모임일 수도 있잖아."

"맞습니다! 현재를 살고 있는 그 누구도 옛 선인들의 지혜와 지식의 혜택을 받지 않은 사람은 아무도 없잖아요."

뉴턴이 '거인의 어깨 위에 서 있었기에 더 멀리 볼 수 있었다'라고 말한 것은 겸손이 아니라 사실이었다. 그는 갈릴레이의 관성 법칙, 케플러의 행성 운동 법칙, 데카르트의 해석기하학을 통합했다. 선배들의 업적을 연결해 만유인력의 법칙을 발견한 것이다. 과거와 현재를 연결하는 통찰이 과학 혁명을 일으켰다. 워런 버핏은 벤저민 그레이엄의 가치투자와 필립 피셔의 성장 투자를 연결했다. 그레이엄에게서 '싸게 사라'를, 피셔에게서 '좋은 기업을 사라'를 배웠다. 두 스승의 가르침을 융합해 '좋은 기업을 적정 가격에 사라'는 자신만의 투자 철학을 만들었다. 버크셔 해서웨이를 8,000억 달러 기업으로 만든 비결이다. 레이 달리오는 경제사와 현재를 연결해 미래를 예측했다. 500년간의 경제 데이터를 분석해 '부채 사이클' 이론을 만들었다. 1930년대 대공황과 2008년 금융위기의 패턴이 같다는 것을 발견했다. '역사는 반복되지 않지만 운율은 맞춘다'라는 마크 트웨인의 말처럼, 과거 패턴으로 미래를 읽었다. 2008년 위기를 정확히 예측해 12% 수익을 올렸다.

일론 머스크는 100년 전 니콜라 테슬라의 꿈과 현재 기술을 연결했다. 테슬라가 구상한 무선 전력 전송, 전기 자동차, 지속가능 에너지 등의 기술은 당시엔 불가능한 일이었다. 하지만 21세기 기술로는 가능했다. 회사 이름을 '테슬라'로 정한 것도 이 때문이다. 과거의 비전과 현재의 기술을 연결해 미래를 만들고 있다. 마윈은 중국 고전 『수호지』와 현대 경영을 연결했다. 108명의 영웅이 모여 의를 실현하는 이야기에서 알리바바의 조직 문화를 만들었다. '고객이 첫째, 직원이 둘째, 주주가 셋째'라는 철학도 여기서 나왔다. 동양 고전의 가치관과 서구 비즈니스 모델을 융합한 독특한 경영 철학이다. 사장님의 독서 습관도 시사하는 바가 크다. 성경과 손자병법이라는 수천 년 전 텍스트를 현재에 적용한다. 이병철 회장이 『논어』를 평생 읽은 것도 같은 맥락이다. 거인들의 지혜는 시대를 초월한다. 중요한 것은 그것을 현재와 어떻게 연결하느냐다. 그것이 통찰력의 핵심이다.

③ 속단해서 잘못 연결하지 마라

"그럴 줄 알았다! 척 보면 감이 온다니까? 그렇게 값비싼 외국제 대신에 값싼 국산품으로 대체하고 그 돈을 쓱싹한 거잖아. 지금 당장 외국 제품으로 했을 때의 금액과 국산으로 했을 때 금액을 비교해서 가져와요. 난 그동안에 조사 보고서 쓰고 있을 테니까요."

"감사관님, 이 건은 턴키방식으로 시행사에서 설치해서 저희에게 납품한 것이라 저희가 개입할 여지가 없습니다."

"이 서류들을 봐요. 이 서류. 당신들이 어프로브(승인) 사인을 다 했으면서 무슨 소리야. 헌 소리 마시고 빨리 금액이나 뽑아 와요."

"저 나중에 보시면 아시겠지만, 국산품으로 사용해서 한 금액이 외국산보다 많이 높습니다. 그렇게 할 이유가 없습니다."

정말 어이가 없었다. 억울했다. 그러나 방법이 없었다. 한번 그렇게 판단한 감사관은 아무리 설명해도 생각을 바꾸지 않았다. 데이터를 보여주기 전까지는 믿지 않았다. 속단은 통찰력의 가장 큰 적이다. 첫인상이나 표면적 현상만 보고 성급하게 결론을 내리는 순간, 진실은 왜곡되고 기회는 사라진다. 진정한 통찰력은 의심하고, 확인하고, 다른 각도에서 바라보는 인내심에서 나온다. '국산품이 외국산보다 싸다'라는 고정관념으로 부정 의혹을 제기했지만, 실제로는 국산품이 더 비쌌다. 선입견이 판단을 흐린 것이다. 이런 속단은 개인뿐만 아니라 기업과 국가 차원에서도 큰 손실을 준다.

구글 창립자들이 처음 야후에 검색엔진을 팔려고 했을 때의 일화가 유명하다. 1997년 래리 페이지와 세르게이 브린이 야후를 찾아가 100만 달러에 구글을 팔겠다고 제안했다. 당시 야후 경영진은 '검색은 미래가 없다. 포털이 대세다'라며 거절했다. 25년 후 구글의 시가총액은 1조 8,000억 달러가 되었다. 야후는 2017년 48억 달러에 버라이즌에 매각되었다. 성급한 판단이 역사상 최악의 비즈니스 실수 중 하나가 된 것이다.

넷플릭스를 거절한 블록버스터를 보자. 2000년 넷플릭스 창립자 리드 헤이스팅스가 블록버스터에 회사를 5,000만 달러에 매각하겠다고 제안했다. 블록버스터 경영진은 코웃음을 쳤다. "온라인 비디오 대여? 사람들이 집에서 영화를 고르겠어?" 10년 후 블록버스터는 파산했고, 넷플릭스는 글로벌 스트리밍 제왕이 되었다.

테슬라에 대한 자동차 업계의 반응도 마찬가지였다. 2008년 테슬라가 첫 전기차 로드스터를 출시했을 때 기존 자동차 업체들은 '전기차는 틈새시장'이라며 무시했다. GM 부회장 밥 루츠는 '전기차로는 돈을 벌 수 없다'라고 단언했다. 하지만 일론 머스크는 다른 미래를 보고 있었다. 2023년 테슬라는 세계에서 가장 가치 있는 자동차 회사가 되었다. 시가총액 8,000억 달러로 토요타, 폭스바겐, GM을 모두 합친 것보다 크다.

카카오톡이 처음 등장했을 때 기존 통신사들은 '무료 메신저가 무슨 수익을 내겠나?'라며 대수롭지 않게 여겼다. 하지만 김범수 의장의 예상은 달랐다. 2010년 출시 후 13년간 카카오는 한국 최고의 인터넷 기업 중 하나로 성장했다. 2021년 최고점 시가총액은 60조 원에 달했다. 배달의민족에 대한 초기 반응도 마찬가지였다. 2010년 김봉진 대표가 배달 주문 서비스를 시작했을 때 많은 이들이 '배달은 전화로 하는 거 아냐?'라며 의구심을 표했다. 하지만 스마트폰 보급과 1인 가구 증가라는 트렌드를 정확히 읽었다. 2021년 독일 딜리버리히어로에 4조 7,000억 원에 매각되었다. 쿠팡에 대한 시각도 비슷했다. 2013년 김범석 대표가 '새벽 배송'을 발표했을 때 물류업계는 '미친 짓'이라고 했다. 새벽에 배송한다는 게 말이 되느냐는 것이었다. 하지만 쿠팡은 로켓배송이라는 혁신적 물류 시스템을 구축했다. 2021년 뉴욕증시 상장 당시 기업가치는 109조 원으로 평가받았다.

우리는 어떻게 하면 속단을 피할 수 있을까? 첫째, 다각도로 검증해야 한다. 한 가지 정보나 관점만으로 판단하지 말고 여러 각도에서 살펴봐야 한다. 둘째, 시간을 두고 관찰해야 한다. 성급한 결론보다는 충분한 시간을 두고 추이를 지켜보는 것이 중요하다. 셋째, 반대 의견을 경청해야 한다. 자신과 다른 시각을 가진 사람들의 의견을 적극적으로 들어야 한다.

속단은 편리하다. 복잡한 상황을 단순화하고, 빠른 결정을 내릴 수 있게 해준다. 하지만 그 대가는 크다. 진실을 놓치고, 기회를 잃고, 때로는 돌이킬 수 없는 실수를 저지른다. 조사관의 성급한 의혹 제기처럼, 겉으로 드러난 현상만 보고 판단하는 순간 통찰력은 사라진다. 진정한 통찰력은 의심하되 확인하고, 추측하되 검증하는 신중함에서 나온다.

④ 낯선 것의 연결에 과감하라

"새로 설치한 설비가 통수가 안 된다면 상식적으로 어딘가 막혔다는 애기가 되는데, 설비를 조립하면서 이물질이 들어간 것이 아닐까?"

"완전히 막힌 것도 아니고 막혔다가 뚫렸다가 하는 것 같은 느낌입니다. 철저하게 관리를 했으니 막혔을 리는 없는데 이상합니다. 작업용 걸레나 헝겊이 같은 것이 들어가면 조금씩 흐르다가 완전히 막혔지, 지금 같은 상황은 아니었습니다."

"휴지가 내부로 들어가면 어떻게 될까요? 휴지는 물속에 들어가면 풀어지잖아요. 그것이 압력을 받아 조각조각 흩어져서 작은 조각들이 돌아다니면서 좁은 공간을 막기도 하고 통과하기도 한다면?"

"휴지는 저희가 이 현장에서 작업용으로 사용하지는 않습니다."

작업 시간은 무한정 주어지지 않는다. 시간이 돈이기 때문이다. 시간에 쫓기는 상황인데 작업 중에 하자가 발생하면 큰일이다. 더욱이 원인이 밝혀지지 않고 시간만 자주 흘러가는 문제가 발생할 때면 피가 마른다. 그런데 그렇게 보이지 않던 원인은 찾고 보면 의외로 가까이에 있었다. 우연까지 겹치는 경우가 많았다.

페니실린 발견은 곰팡이와 항생제를 연결한 우연이었다. 1928년 알렉산더 플레밍이 휴가를 다녀온 후 실험실에서 발견했다. 포도상구균 배양 접시에 푸른곰팡이가 자라고 있었고, 그 주변 세균이 죽어 있었다. "곰팡이가 세균을 죽인다!" 더러운 실험실이 인류를 구한 약을 만들었다. 전혀 예상치 못한 연결이었다.

마이크로파 오븐은 레이더와 초콜릿을 연결한 발견이다. 1945년 레이시온사의 퍼시 스펜서가 레이더 실험 중 주머니의 초콜릿이 녹은 것을 발견했다. "마이크로파가 음식을 가열한다!" 팝콘으로 실험하고, 달걀로 확인했다. 군사 기술이 주방 혁명이 된 것이다. 낯선 현상을 놓치지 않은 통찰이었다. 테플론은 냉매 개발과 미끄러운 표면을 연결한 우연이다. 1938년 듀폰의 로이 플런켓이 새로운 냉매를 개발하다 실패했다. 가스통에서 하얀 가루가 나왔다. 분석해 보니 세상에서 가장 미끄러운 물질이었다. 프라이팬 코팅에서 우주복까지, 실패가 혁신 소재가 됐다. 예상 밖의 결과를 버리지 않은 결과다.

X선 발견도 낯선 현상을 파고든 결과다. 1895년 뢴트겐이 음극선관 실험 중 이상한 현상을 발견했다. 검은 종이로 덮은 형광판이 빛났다. "눈에 보이지 않는 광선이 있다!" 아내의 손을 찍어 뼈를 본 순간, 의학의 혁명이 시작됐다. 설명할 수 없는 현상을 무시하지 않은 통찰이었다. 비아그라는 심장약과 부작용을 연결한 사례다. 화이자가 협심증 치료제로 개발했지만, 효과가 미미했다. 그런데 임상시험 참가자들이 약을 반납하지 않았다. 예상치 못한 부작용이 있었다. 1998년 발기부전 치료제로 승인받아 연 20억 달러 매출을 올렸다. 실패한 약이 블록버스터가 된 것이다. 휴지가 설비를 막을 수 있다는 발상도 같은 맥락이다. 상식적으로는 말이 안 되지만, 물에 풀어지는 휴지의 특성을 생각하면 가능하다. 작은 조각들이 간헐적으로 막힘을 일으킬 수 있다. 낯선 가능성을 배제하지 않는 열린 사고. 그것이 문제해결의 실마리가 된다.

거미줄은 가느다란 실이지만 강철보다 강하다. 비결은 연결에 있다. 방사상 실과 나선형 실이 교차하며 충격을 분산시킨다. 통찰력도 마찬가지다. 서로 다른 지식과 경험을 연결할 때 강력한 힘을 발휘한다. 현상과 경험의 연결, 과거와 현재의 연결, 거인과 난쟁이의 연결, 낯선 것들의 연결. 이 모든 연결이 통찰의 그물망을 만든다. 다이슨이 제재소에서 청소기를 떠올리고, 버핏이 두 스승의 가르침을 융합하고, 플레밍이 곰팡이에서 페니실린을 발견한 것. 모두 연결의 힘이다.

연결에는 두 가지 능력이 필요하다. 첫째, 열린 관찰이다. 선입견 없이 현상을 보는 것. 둘째, 과감한 상상력이다. 불가능해 보이는 것도 연결해 보는 용기. 휴지가 설비를 막을 수 있다는 발상처럼, 상식을 뛰어넘는 연결이 혁신을 만든다. '거인의 어깨 위에 올라탄 난쟁이'라는 표현이 연결의 본질을 담고 있다. 우리는 모두 과거의 지혜와 연결되어 있다. 중요한 것은 그것을 현재와 어떻게 연결하느냐다. 성경과 『손자병법』을 현대 경영에 적용하듯, 시공을 초월한 연결이 통찰을 낳는다. 거미줄처럼 연결하라. 가느다란 실 하나는 약하지만, 촘촘히 엮인 그물은 강하다. 지식도, 경험도, 관찰도 모두 연결될 때 비로소 통찰이 된다. 그것이 혁신의 시작이다.

5
고정관념
깨기

① 하루는 24시간이 아니다

"무얼 새삼스럽게 그래. 하루가 24시간이 아니라는 것은 다 아는 사실이 잖아. 시간 단위로 봤을 때 24시간은 맞지만, 미세시간으로 본다면 실제 하루는 23.93447시간이고, 그 옛날에는 더 짧은 날도 있었다는데, 공룡 시대 후기에 살았던 고대 조개의 껍데기를 분석한 결과를 보면, 7,000만 년 전에는 1년이 372일이었고, 하루가 23.5시간에 불과했다는 자료를 보았어. 게다가 4억 3,000만 년 전에는 21시간인 하루도 있었고."

"내 말은 그런 물리적인 시간을 얘기한 것이 아니잖아. 사용 효용성 측면에서 하루를 24시간으로 쓰는 사람이 있는가 하면 48시간으로 쓰는 사람도 있다고 얘기하는 것인데 갑자기 하루가 21시간이었다는 얘기를 하고 그래."

"여튼 시간이 심리적 효용성 측면에서도 24시간이 절대적이 아니라 고무줄처럼 늘어날 수도 있지만, 물리적으로도 가변적이라는 것을 얘기하고 싶어서."

우리는 항상 시간과 싸운다. 시간이 없을 때도 시간과 싸운다. 시간이 남아도는 것 같을 때도 시간과의 치열한 싸움은 멈추지 않는다. 지나온 시간으로 단 1초라도 되돌아갈 수가 있는가? 열심히 달리면 다른 사람보다 1초라도 먼저 미래에 도달할 수 있는가? 토머스 에디슨은 '시간은 발명품'이라고 했다. 그는 하루를 여러 개의 짧은 낮잠으로 나눴다. 20분씩 6번, 총 2시간만 자고 22시간을 일했다. 다상수면(polyphasic sleep)이라 불리는 이 방법으로 하루를 효율적으로 늘렸다. 1,093개의 특허가 이렇게 탄생했다. 시간은 절대적이지 않다는 것을 몸소 증명한 것이다.

일론 머스크는 시간을 5분 단위로 쪼갠다. 아침 7시부터 자정까지 17시간을 5분 블록 204개로 나눈다. 테슬라 CEO, 스페이스X CEO, 뉴럴링크 창업자 역할을 동시에 수행한다. '시간은 가장 희소한 자원'이라며 극도의 효율성을 추구한다. 하루 24시간이 120시간처럼 쓰이는 비결이다. 벤저민 프랭클린은 하루를 삼등분했다. 8시간 일하고, 8시간 자고, 8시간 자기 계발했다. '시간은 돈'이라는 명언을 남긴 그는 매일 아침 '오늘 무슨 선한 일을 할까'로 시작해 저녁에 '오늘 무슨 선한 일을 했나'로 마무리했다. 시간에 의미를 부여하니 밀도가 달라졌다. 과학자, 정치가, 외교관, 발명가로 동시에 활약할 수 있었다.

파블로 피카소는 시간의 상대성을 예술로 표현했다. 〈아비뇽의 처녀들〉은 한순간을 여러 시점에서 동시에 그렸다. 정면, 측면, 후면이 한 화면에 공존한다. '나는 4차원을 그린다'라고 했다. 시간과 공간의 경계를 허문 것이다. 그는 91년 생애 동안 5만 점을 그렸다. 하루가 남들의 일주일이었던 셈이다. 아인슈타인의 상대성이론은 시간 고정관념을 과학적으로 깼다. 빛의 속도로 여행하면 시간이 느려진다. 중력이 강하면 시간이 천천히 흐른다. GPS 위성은 지상보다 하루 38마이크로초 빠르게 간다. 이를 보정하지 않으면 하루 10킬로미터씩 오차가 생긴다.

시간은 절대적이지 않다는 것이 일상에서도 증명되고 있다. 시간은 고정된 틀이 아니라 유연한 자원이다. 에디슨처럼 수면 패턴을 바꾸고, 머스크처럼 5분 단위로 관리하고, 프랭클린처럼 의미를 부여하면 하루는 늘어난다. '하루는 24시간'이라는 고정관념을 깨면 새로운 가능성이 열린다. 그것이 통찰력의 시작이다. 지금 당신의 시간을 재설계하고 재평가하라. 시간 활용에 창의성을 불어 넣어라. 한번 가버리면 영원히 되돌릴 수 없는 소중한 내 시간이 나와 상관없이 흘러 가버리게 두지 말자.

② **틀을 깬 사람들의 사고를 벤치마킹하라**

"이번에 우리 처의 운영부가 전사의 혁신 프로젝트 수행실적 평가에서 최우수상을 받았는데 축하합니다. 김 부장님! 정말 수고 많으셨습니다."

"저희가 노력한 것도 있지만 저희 부서에서는 다들 본부장님의 아이디어가 화룡점정이었다고들 합니다. 단순 열거식이 아닌 스토리텔링으로 접근에 역발상의 컨셉까지 더하니까, 평가하는 사람들이 저희 프로젝트 실적보고서를 보면서 재미있고 감동적인 한편의 에피소드를 읽는 것 같았다고들 했습니다."

"우리가 처음에 기획했던 것같이 단순히 인원도 부족하고 일도 많고 예산도 적었는데 이런 일을 했다고만 했으면 이런 결과는 나오지 않았을 것입니다."

우리는 해냈다. 단위 사업소에서 한 번도 이루지 못한 일을 해냈다. 다들 포기했다. 그러나 우리는 했고, 해냈다. 의외로 구슬은 많았다. 연결하여 팔찌를 만들지, 목걸이를 만들지 결정만 하면 됐다. 사우스웨스트 항공의 허브 켈러허는 항공업계 상식을 모두 깼다. 1971년 창업 당시 모두가 불가능하다고 했다. 기내식 없음, 좌석 지정 없음, 허브 공항 이용 안 함. 대신 25분 턴어라운드(착륙에서 이륙까지), 한 기종만 운영(보잉 737), 직항 노선만 운영. 결과는 어땠을까? 50년간 흑자, 미국 국내선 1위였다. 틀을 깬 사고가 업계를 뒤흔든 것이다.

이케아의 잉바르 캄프라드는 가구 업계 관행을 뒤집었다. 완제품이 아닌 조립식, 매장이 아닌 창고형, 배송이 아닌 직접 운반. 1943년 17세에 창업해 세계 최대 가구 기업을 만들었다. '왜 고객이 조립해야 하나'라는 비판을 '고객이 참여하는 재미'로 바꿨다. 고정관념을 깬 역발상이 혁신이 됐다. 에어비앤비의 브라이언 체스키는 숙박업 개념을 바꿨다. 호텔도 없고 객실도 없는 숙박업. 2008년 금융위기로 집세를 못 내던 청년이 에어매트리스를 빌려주며 사업을 시작했다. 처음 시작했을 때, '남의 집에서 누가 자겠어'라는 조롱을 받았다. 하지만 에어비앤비는 15년 후 시가총액 130조 원, 전 세계 400만 호스트의 대기업이 됐다. 소유에서 공유로 패러다임을 바꾼 것이다.

스포티파이의 다니엘 에크는 음악 산업을 재정의했다. CD도 없고 다운로드도 없는 음악 서비스. 2006년 불법 다운로드가 횡행할 때 '스트리밍으로 돈을 벌 수 있다'라고 주장했다. 음반 업계는 비웃었다. 하지만 2024년 기준 6억 명 사용자, 음악 산업의 중심이 됐다. 소유에서 접근으로 개념을 바꾼 것이다.

테슬라의 일론 머스크는 자동차 판매 방식을 혁신했다. 딜러 없음, 광고 없음, 모델 최소화. 온라인으로만 판매하고 소프트웨어 업데이트로 성능 개선. 100년 된 자동차 산업의 룰을 모두 무시했다. 그 결과, 2024년, 시가총액 1,000조 원, 전기차 시장을 선도하는 기업이 됐다. 제조업을 IT 산업으로 바꾼 것이다. 스토리텔링으로 실적 보고서를 바꾼 것도 같은 맥락이다. 숫자 나열이 아닌 이야기로, 문제 호소가 아닌 해결 과정으로. 틀을 깬 접근이 최우수상을 받았다. 혁신은 거창한 것이 아니다. 일상의 고정관념을 하나씩 깨는 것이다.

③ 의도적으로 비논리적 상상을 해보자

"현재까지 환경팀 이 팀장님과 팀원들이 고생하셔서 이번 프로젝트가 무사히 잘 진행되고 있는 것 같은데, 혹시 예상되는 문제점이나 염려되는 부분이 있나요?"

"자재 수급이나 설치공사 설계의 문제는 계획대로 잘 진행되고 있습니다. 그런데 지금 염려되는 것이 공기입니다. 이 시스템을 현장에 설치하기 위해서는 절대 공기만 해도 우리가 승인받은 한 달이 거의 다 소요될 것으로 봅니다. 기존 설비의 프레임을 그대로 둔 상태에서 설치를 해야 되니까 생각보다 공기가 많이 소요됩니다."

"기존 프레임 때문에 공기가 문제 되면 기존 프레임을 제거하였다가 다시 붙이면 어떻게 되나요?"

이 아이디어 하나로 공기를 40일 단축할 수 있었다. 공기 때문에 포기할 수밖에 없는 프로젝트를 다시 추진할 수 있었다. 리처드 브랜슨은 '불가능해 보이는 것부터 시작하라'라고 했다. 버진 갤럭틱으로 우주 관광을 시작한 이유다. 2004년 발표 당시 모두가 비웃었다. 민간 우주여행? 말도 안 된다고 했다. 하지만 2021년 본인이 직접 우주에 다녀왔다. 비논리적 상상이 현실이 된 것이다.

구글의 '20% 룰'도 비논리적 발상이었다. 근무 시간의 20%를 자유 프로젝트에 쓰라는 것. 회사 차원에서는 생산성 20% 손실이다. 하지만 지메일, 구글 뉴스, 애드센스가 여기서 나왔다. 전체 수익의 50%가 20% 시간에서 탄생했다. 비효율이 최고의 효율이 된 것이다. 다이슨은 '실패를 즐겨라'라고 했다. 5,126번 실패 후 성공한 경험에서 나온 철학이다. 다이슨 본사에는 실패 박물관이 있다. 실패한 프로토타입을 전시한다. '실패는 데이터'라는 문구와 함께. 실패를 자산으로 보는 역발상이다. 2023년 매출 8조 원, 실패가 만든 성공이다.

아마존의 제프 베조스는 'Day 1' 철학을 유지한다. 창업 첫날의 마음을 잊지 않는다는 뜻이다. 사무실 이름도 'Day 1'이다. 시가총액 2,000조 원이 넘는 거대 기업이 스타트업처럼 사고한다. 'Day 2는 정체고, 쇠퇴고, 죽음이다'라고 했다. 성공 기업이 실패를 전제로 경영하는 역설이다. 픽사의 에드 캣멀은 '초기 아이디어는 모두 형편없다'라고 했다. 〈토이 스토리〉도 처음엔 우디가 악역이었다. 〈월-E〉는 쓰레기별에 사는 로봇 이야기로 시작했다. 33번의 스토리 수정 끝에 걸작이 됐다. '나쁜 아이디어를 좋게 만드는 것이 창의성'이라는 역발상이다. 프레임을 제거했다가 다시 붙이자는 제안도 비논리적 상상이다. 더 복잡해 보이지만 오히려 빠를 수 있다. 고정관념에서는 '프레임은 그대로 둬야 한다'라고 생각한다. 하지만 때로는 돌아가는 것이 지름길이다. 비논리적 상상이 혁신적 해법이 되는 이유다. 정답은 모른다. 단지 해결책은 비논리 속에 숨어 있는 경우가 많았다. 꼭 1부터 시작할 필요는 없다.

④ 노력한 천재가 통찰력을 얻는다

"이번 설비 고장은 부장님께서 제일 먼저 발견을 하셨다면서요? 어떻게 그것을 발견하셨어요? 부장님이 이상이 있다고 말씀을 하시면서 점검을 지시하셔서 정비 전문가들이 현장 점검을 했는데도, 그들도 처음에는 문제점을 발견하지 못했다면서요? 비결이 무엇입니까?"

"다른 것은 없어요. 누군가 얘기한 것 같던데, 설비와 대화를 한다고. 나도 매일 아침이면 설비와 대화를 하는 마음으로 설비를 만져보고 소리도 들어보고 눈으로 보기도 하고 그래요. 그래서 매일매일 그들의 사소한 변화들을 읽어내려고, 이상하게 들리겠지만 그들이 말하는 소리를 들으려고 나 한다고 할까요. 그런 행동을 해요. 다르게 본다고나 할까?"

"저 부장님께서 현장에서 그러시는 모습을 본 적이 있어요. 나중에 가서 보면 부장님 손자국이 남아 있는 것도 보았어요. 애정을 갖고 대하다 보니까 남이 보지 못하고 듣지 못한 것들을 보고 듣게 된 거네요."

아침마다 현장을 돌면서 기계를 손으로 만지고 상태를 확인했다. 어느 날 이상한 소리가 들렸다. 분명 전과는 다른 소리였다. 그러나 아무도 그 소리를 듣지 못했다. 난 다른 사람들보다 청력이 좋지 못하다. 한쪽 귀가 소음성 난청이다. 단지 관심을 갖고 꾸준히 들었기에 들렸다. 혼다 소이치로는 '천재는 1%의 재능과 99%의 노력'이라는 에디슨의 말을 실천했다. 매일 새벽 4시 공장에 나가 엔진 소리를 들었다. '엔진이 울고 있다', '엔진이 웃고 있다'라고 표현했다. 손으로 진동을 느끼고 귀로 소리를 구분했다. F1 레이싱 엔진을 최초로 개발한 일본 기업이 된 비결이다.

스티브 잡스는 제품에 집착했다. 아이폰 개발 때 모서리 곡률을 0.1mm

단위로 조정했다. 새벽 3시에 디자이너를 불러 '이 버튼이 3픽셀 왼쪽이어야 한다'고 지적했다. 미친 완벽주의라고 비난받았지만 결과는? 역사상 가장 성공한 제품이 됐다. 노력하는 천재만이 만들 수 있는 통찰이었다. 세르게이 브린과 래리 페이지는 구글 창업 전 2년간 웹페이지를 분석했다. 스탠퍼드 대학원생이던 그들은 전체 웹의 구조를 그래프로 그렸다. 페이지랭크 알고리즘은 이 노력의 결과다. '정보를 체계화한다'라는 단순한 목표가 3조 달러 기업을 만들었다. 천재적 아이디어가 아닌 끈질긴 노력의 산물이다.

제임스 다이슨은 15년간 매일 10시간씩 청소기를 연구했다. 5,126개 프로토타입, 모두 실패작이었다. 하지만 각 실패에서 0.01%씩 개선했다. '나는 천재가 아니다. 단지 포기하지 않았을 뿐'이라고 했다. 2023년 다이슨 매출 8조 원. 노력이 만든 혁신이다. 마이클 조던은 '재능은 경기를 이기게 하지만, 팀워크와 지성은 챔피언십을 이기게 한다'고 했다. 매일 새벽 5시 체육관에서 500개 슛 연습. 은퇴 후 복귀했을 때도 같은 루틴. 6번의 NBA 챔피언. 천재성과 노력이 만난 결과다. 부장님의 설비 대화법도 같은 맥락이다. 매일 만지고, 듣고, 보는 반복. 남들은 미친 짓이라 하지만 그것이 통찰을 만든다. 설비의 미세한 변화를 감지하는 것은 재능이 아니라 노력의 결과다. '애정을 갖고 대하다 보니' 보이지 않던 것이 보인다. 그것이 진정한 통찰력이다.

고정관념은 통찰력의 최대 적이다. 하루는 24시간, 보고서는 숫자 중심, 프레임은 그대로, 천재는 타고난다. 이런 고정 관념들이 우리의 사고를 가둔다. 하지만 진정한 통찰은 이 틀을 깨는 데서 시작한다. 시간을 다르게 쓰는 에디슨과 머스크, 업계 상식을 뒤집은 켈러허와 체스키, 실패를 자산으로 만든 다이슨, 매일 설비와 대화하는 부장. 이들의 공통점은 '당연한 것'을 의심했다는 점이다. 남들이 비웃어도 자신의 방식을 고수했다. 비논리적 상상이 때로는 최고의 논리가 된다. 프레임을 제거했다가 다시 붙이는 것처럼, 돌아가는 것이 지름길일 수 있다. 구글의 20% 룰처럼 비효율이 최고의 효율을 만들기도 한다. 중요한 것은 기존 틀에 갇히지 않는 유연성이다. 노력 없는 천재는 없다. 잡스의 0.1mm 집착, 다이슨의 5,126번 실패, 조던의 매일 500개 슛. 통찰력은 번뜩이는 영감이 아니라 꾸준한 노력의 결과다. 매일 설비를 만지며 대화하는 것처럼, 사소한 반복이 남다른 통찰을 만든다. 고정관념으로는 통찰력 꿈도 꾸지 마라. 틀을 깨고, 상식을 의심하고, 불가능에 도전하라.

4장

통찰력 실전 활용법

1
사고의 깊이를
더하는 법

① 생각은 잉태하고 탄생하고 자란다

"사람들은 침대에 들어가면 바로 잠을 자는 것으로 생각하는데, 나는 달라. 자기 전에 침대에 누워서 그날에 있었던 일들을 하나하나 복기를 해보는 거야. 다 복기하기 전에는 잠을 자지 않아. 일뿐만 아니라 공부했던 것까지 다 복기하니까 그게 복습이었어."

"그게 가능하세요? 하루 일을 복기를 하려면 기억 나는 부분도 있겠지만, 기억이 잘 안 나는 것도 있을 것 같은데, 시간도 많이 걸릴 것 같고요."

"본인이 한 행동인데 왜 기억이 안 나. 그리고 그것도 연습하면 돼. 시간은 30분이나 한 시간이 걸리기도 하지. 그날그날 공부했던 것을 자기 전에 다 복기를 하니까. 학교 다닐 때 시험공부를 별도로 해본 적이 없어."

"좋은 방법인 것 같은데 저도 한번 시도해 보겠습니다."

나는 천재들을 많이 만났다. 시험 기간 중에도 남들처럼 공부하지 않아도, 만점 맞고 1등 하는 친구도 보았다. 10년, 20년 전의 일도 어제 일처럼 또렷이 기억하는 사람도 보았다. 그러나 많은 사람은 자신의 방법대로 노력하는 천재였다. 에비하우스의 망각곡선은 충격적이다. 학습 후 10분이면 42%, 1시간이면 56%, 하루가 지나면 67%를 잊는다. 하지만 복습하면 극적으로 달라진다. 24시간 내 10분 복습으로 기억이 100% 회복된다. 일주일 후 5분, 한 달 후 2~3분이면 충분하다. 침대에서의 복기가 과학적인 이유다.

빌 게이츠는 '생각 주간(Think Week)'을 만들었다. 1년에 두 번 일주일씩 완전히 고립되어 책만 읽고 생각만 한다. 1995년 인터넷 혁명을 예측한 '인터넷 타이들 웨이브' 메모도 이때 나왔다. 외부와 단절된 오두막에서 하루 18시간 읽고 생각한 결과였다. 생각이 잉태되고 자라는 시간이 필요하다는 것을 아는 것이다. 워런 버핏은 일정의 80%를 읽고 생각하는 데 쓴다. 그는 '나는 의자에 앉아 읽고 생각하는 것이 일'이라고 했다. 매일 500페이지를 읽고 6시간을 생각한다. 투자 결정은 단 몇 분이지만, 그 몇 분을 위해 수천 시간을 준비한다. 복리의 마법은 돈에만 적용되는 것이 아니다. 생각도 복리로 자란다.

레이 달리오는 매일 명상으로 하루를 시작한다. 1968년부터 하루도 빠짐없이 20분씩 두 번. '명상은 뇌의 체육관'이라고 했다. 브리지워터를 세계 최대 헤지펀드로 만든 '원칙들'도 40년간 매일 생각을 기록한 결과다. 생각을 기록하고, 패턴을 찾고, 원칙으로 정리했다. 찰스 다윈은 '생각의 산책로'를 만들었다. 다운 하우스 정원에 자갈길을 깔고 매일 걸으며 생각했다. 어려운 문제는 5바퀴, 쉬운 문제는 3바퀴. 진화론의 핵심 아이디어들이 이 길에서 나왔다. 20년간 매일 같은 길을 걸으며 생각을 숙성시켰다. 『종의 기원』은 이렇게 탄생했다.

생각은 씨앗처럼 시간이 필요하다. 뿌리고, 물 주고, 기다려야 한다. 매일 밤 복기하는 습관, 정기적인 생각 시간, 꾸준한 기록과 성찰. 이것이 생각을 잉태하고 키우는 방법이다. 통찰력은 번뜩이는 영감이 아니라 오랜 숙성의 결과다. 생각은 쓸수록 자란다. 생각이 저절로 자라기를 기다리지 마라. 복기해보자. '그때 내가 왜 그렇게 했지? 이렇게 했으면 좋았을 텐데. 아, 그런 의미였구나. 난 그런 의미가 아니었는데 그렇게 해석해서 그런 행동을 했구나' 삶이 풍성해지고, 생각이 자라나게 된다. 자라난 생각을 붙잡고 또 생각해보자. 정주영 회장만 그렇게 하라는 법은 없지 않은가.

② 가설 사고로 사고의 폭을 확장하자

"부장님은 무엇인가를 생각하다가 생각의 벽에 부딪히게 되면 어떻게 하셔요?"

"생각하다가 막힌다면? 이 차장은 어떻게 하는데?"

"저는 그냥 상하좌우 앞뒤를 다 들쑤셔보는데도 벽이면 그냥 생각하는 것을 포기하고 아무 생각도 안 하고 쉬려고 해요. 그러다 보면 의외로 다른 생각이 떠오르기도 하지만요."

"나는 그럴 때면 '만약에~'라는 가정법으로 생각을 해. 우리가 생각에 갇힌 것은 이것은 무엇이다라는 고정관념 때문이 아닐까 해서. 그냥 만약에 이것이 이것이 아니고 저것이라면 하는 생각을 하다 보면 생각이 꼬리를 물고 이어져서 그냥 한없이 생각을 하게 되지. 때로는 엉뚱한 생각을 하기도 하고, 그러다가 문제의 본질에 접근하기도 하고."

"저도 '만약에'라는 가정을 하는 생각을 한번 써 보아야겠네요."

"그런 생각을 하려면 잘하겠지만 생각의 운전대를 잘 잡고 있어야 해. 차가 산으로나 바다로 가지 않게."

가설사고. 쉽지 않다. 그러나 재미있다. 밤을 새워야 할 일이 생길 수도 있다. 아인슈타인의 가설사고 실험이 바로 이것이다. '빛의 속도로 달리면서 거울을 보면 얼굴이 보일까?' 16세 때의 이 질문이 상대성이론으로 이어졌다. '엘리베이터가 자유낙하를 하면 무중력 상태가 될까' 이 가설이 일반상대성이론의 핵심이 됐다. 불가능한 상황을 가정하니 새로운 진리가 보였다.

제프 베조스의 'Day 1' 철학도 가설사고다. '만약 오늘이 창업 첫날이라면' 매일 이 질문으로 시작한다. 시가총액 2조 달러 기업도 스타트업처럼 생각한다. '만약 고객이 우리 서비스를 떠난다면?' 이 가설이 프라임 멤버십을 만들었다. 가정이 혁신을 낳은 것이다. 일론 머스크의 '제1 원리 사고'도 가설에서 출발한다. '만약 로켓을 재사용할 수 있다면' 모두가 불가능하다고 했지만, 스페이스X가 증명했다. '만약 전기차가 스포츠카보다 빠르다면' 테슬라 모델S 플레이드가 시속 100km 도달 시간 1.99초를 기록했다.

피터 틸은 '제로 투 원'에서 반대 가설을 제시한다. '만약 모두가 믿는 것이 틀렸다면'이라 생각하며 1998년 '온라인 결제는 불가능하다'라는 통념에 도전해 페이팔을 만들었다. 그는 고등교육 시스템의 비효율성을 지적하면서 '만약 대학이 필요 없다면' 의문으로 틸 펠로우십으로 대학 중퇴하고 창업을 하는 조건으로 연간 10만 달러, 총 20만 달러를 지원했다. 나는 솔직히 피터 틸은 존경하지 않는다. 찰스 다윈도 가설의 달인이었다. '만약 모든 생물이 공통 조상에서 나왔다면?' 이 대담한 가설이 진화론이 됐다. 갈라파고스 핀치새를 보며 '만약 환경이 종을 바꾼다면?' 자연선택설이 탄생했다. 당시로선 신성모독이었지만 과학 혁명이 됐다. 가설사고는 사고의 감옥을 깨는 열쇠다. '만약에'라는 두 글자가 무한한 가능성을 연다. 현실의 제약을 잠시 잊고 상상의 나래를 펴보라. 때로는 엉뚱해 보이는 가설이 혁신적 통찰이 된다. 다만 부장님 말씀처럼 '운전대를 잘 잡아야' 한다. 상상과 현실의 균형이 중요하다.

③ 치밀하게 생각하자

"저 오늘 김 본부장을 만났어요. 그런데 그분이 센터장님과 친구라는 사실을 알고 있었지만 정말 두 분 친구 맞으세요?"

"또 무슨 말을 하려고. 친구 맞으니까 걱정은 하지 말라고. 그 친구는 우리 중에서 아마 최고의 생각의 달인일 거야."

"생각의 달인이요? 센터장님의 한참 선배님같이 보여서 좀 그랬는데 생각의 달인이라는 말씀은 오늘 처음 듣습니다."

"그 친구와 대화하면서 느낀 점은 없었어?"

"그분은 특이하게 무슨 말씀을 하실 때면 첫째는 어쩌구, 둘째는 저쩌구, 셋째는 어째서 결론은 이렇다는 식으로 말씀을 하시는데 정말 논리적이고 명쾌했습니다."

"그렇지! 그러니까 그렇게 체계적으로 말하려면 얼마나 치밀하게 생각을 했겠어? 생각 나무에 열매를 맺게 하려면 벌레도 잡고, 거름도 주고, 약도 쳐야 하듯이, 생각도 그만큼 치밀하게 가꿔야 좋은 결과를 얻을 수 있었을 텐데, 난 그 친구를 보면 여간 존경스러운 게 아니야."

내 주변에 있던 많은 천재 중에 천재성을 잘 활용하여 성공한 친구도 있지만, 많은 친구들이 그렇지 못했다. 환경의 영향을 극복하지 못한 부분도 있었다. 대부분이 그 천재성을 활용하기 위한 치밀한 생각법을 몰랐다. 맥킨지의 MECE(Mutually Exclusive, Collectively Exhaustive) 원칙이 치밀한 사고의 정수다.

상호 배타적이면서 전체 포괄적. 빠짐없이, 중복 없이 생각을 정리한다. 바바라 민토의 '피라미드 원칙'도 같은 맥락이다. 핵심 메시지를 정점에, 3~4개 근거를 아래 배치. 각 근거는 다시 3~4개 세부 근거로 뒷받침. 이런 구조화가 명쾌한 사고를 만든다.

토요타의 '5 Why' 기법도 마찬가지다. 문제가 생기면 '왜'를 5번 묻는다. "기계가 멈췄다. 왜? 과부하가 걸렸다. 왜? 베어링이 고장 났다. 왜? 윤활유가 부족했다. 왜? 펌프가 막혔다. 왜? 필터를 교체하지 않았다." 표면이 아닌 근본 원인을 찾는 치밀함이다. 레오나르도 다빈치의 노트는 치밀함의 교과서다. 13,000페이지에 걸쳐 모든 관찰과 생각을 기록했다. 인체 해부도만 240장. 근육 하나, 혈관 하나까지 세밀하게 그렸다. 비행 기계 설계도는 새의 날개를 수백 번 관찰한 결과다. 500년 후에도 그가 경이로운 이유는 이런 치밀함 때문이다.

셜록 홈즈의 추리법을 보자. 치밀한 관찰과 논리가 있다. "당신은 아프가니스탄에서 돌아온 군의관이군요." 왓슨을 처음 만나 한 말이다. 피부색(열대 지방), 왼팔 부상(군인), 의학 가방(의사), 군인다운 태도를 종합한 추론이다. 작가 코난 도일은 의대 교수 조셉 벨의 진료 방식을 모델로 했다. 실제 의학도 이런 치밀한 관찰과 추론이다.

이순신 장군의 『난중일기』도 치밀함의 기록이다. 7년간 매일 날씨, 조류, 적의 동향, 아군 상태를 빠짐없이 기록했다. '맑음. 동남풍. 적선 13척 발견.' 단순해 보이지만 패턴 분석의 자료가 됐다. 명량해전의 승리도 조류 변화를 정확히 계산한 결과다. 치밀한 기록이 기적 같은 승리를 만들었다. 김 본부장처럼 '첫째, 둘째, 셋째'로 말하려면 먼저 생각을 구조화해야 한다. 무작정 떠오르는 대로 말하지 않고 논리적 순서를 만든다. 중요도, 시간 순서, 인과관계로 정리한다. 이런 치밀함이 설득력을 만든다. 생각도 가꾸기 나름이다. 이 땅에 많은 천재들이 왜 평범한 삶을 살고 있을까? 왜 많은 평범한 사람들이 천재로 살고 있을까?

④ 통찰은 질문으로 커간다

"부장님! 심각한 문제가 발생했습니다. 지금 진행 중인 프로젝트가 파이널 테스트에서 에러가 발생했습니다. 통과가 안 되면 불합격 처리됩니다. 처음부터 다시 시작하기엔 다른 모든 일정을 다 연기해야 하니 피해가 큽니다. 어떻게 하면 좋겠습니까?"

"정확히 제품의 에러인가요? 제품의 에러는 아니지 않나요? 제품의 에러가 아니라면 테스트 방법을 바꾸면 되겠네요. 테스트 방법이 그 방법밖에 없나요?"

"다른 방법으로는 음파를 이용한 방법이 있는데 아직 시험해본 사례가 없는 것으로 알고 있습니다. 정확히 그 방법을 누가 할 수 있는지도 모르고요."

"그래요? J 연구소 김 소장님에게 문의해보세요. 제가 부탁한다고 하시고요."

문제는 보는 사람의 마음에 따라 크기가 변한다. 문제를 크게 보는 사람이 있고, 문제를 작게 보는 사람이 있다. 누가 더 문제를 쉽게 해결할까? 문제를 크게 보는 사람은 문제 앞에 겁을 낸다. 그러나 문제를 작게 보는 사람은 문제 앞에 질문을 한다. 우리 인생 앞에 쉬운 문제는 없다. 『손자병법』에서 손자는 '고승병(故勝兵) 약이일칭수(若以鎰稱銖), 패병(敗兵) 약이수칭일

⁽若以鉄稱鎰⁾'이라고 말했다. 복잡한 현실을 어떻게 일목요연하게 바라볼 수 있을까?

소크라테스를 보자. '너 자신을 알라'는 명제는 질문에서 시작했다. 제자들에게 답을 주지 않고 계속 질문했다. "정의란 무엇인가?", "용기란 무엇인가?" 질문이 질문을 낳고, 결국 진리에 도달했다. 2,400년이 지난 지금도 이 방법은 유효하다. 피터 드러커는 '가장 위험한 것은 잘못된 답이 아니라 잘못된 질문'이라고 했다. 그의 유명한 5가지 질문이다. "우리의 사명은 무엇인가?", "우리의 고객은 누구인가?", "고객이 가치 있게 여기는 것은?", "우리의 결과는?", "우리의 계획은?" 단순하지만 본질을 꿰뚫는 질문들이다. 올바른 질문이 혁신 이론을 만들었다.

일론 머스크의 질문법은 도발적이다. "왜 로켓을 버려야 하나?", "왜 전기차는 못생겨야 하나?", "왜 화성에 못 가나?" 당연하다고 여기는 것에 '왜'를 붙인다. 이 질문들이 스페이스X, 테슬라, 스페이스X를 만들었다. 5세 아이는 하루 400개 질문을 한다고 한다. 성인은 40개. 10분의 1로 줄어든다. 호기심이 죽은 것이다. 레오나르도 다빈치는 평생 아이처럼 질문했다. "왜 하늘은 파란가?", "새는 어떻게 나는가?" 67세에도 '심장은 어떻게 뛰는가' 물었다. 질문이 르네상스를 만들었다. 위의 예화에서처럼 연쇄 질문으로 해법을 찾아갔다. "제품 에러인가?" → "테스트 방법은?" → "다른 방법은?" 질문이 사고를 확장시킨다. 막힌 곳을 돌아가게 만든다. 통찰은 답이 아니라 질문에서 자란다. 질문을 하다 보면 문제가 저절로 풀리는 경우가 많다. 학문⁽學問⁾이라는 한자의 의미는 지식을 배우는 것이 아니라 물음⁽問⁾을 배우⁽學⁾는 것, 즉 질문하는 법을 배우는 것이라고 한다. 학문에서 위대한 업적을 이룬 성인들은 남들이 보지 못했던 질문을 던진 사람들이다. 오늘 당신은 어떤 질문을 하는가?

⑤ 통찰은 기획된다

"어제 정말 대단했습니다. 꼭 무슨 열렬한 종교단체 집회 같았습니다."

"현장 간부들의 니즈를 우리가 정확히 파악해서 콘텐츠를 만들었고, 내용 또한 기가 막히게 알차고 좋다 보니까, 참석자들이 여태 어느 세미나에 참석했던 것보다 더 만족했을 겁니다. 거기다가 전체적인 연출도 부드럽고 매끈하다 보니 빠져들 수밖에 없었을 거고. 우리도 그렇고 그분들도 그렇고. 굶주렸던 머리와 마음에 정말 필요한 알맹이를 제공한 셈이지요."

"참석하셨던 박 부장은 내 생애 이런 교육은 처음이라고 극찬을 했잖아요. 또 일회성에 그치지 말고 정례화시키고 범위도 확대하자고 난리였어요."

"무엇보다도 내용이 알차다 보니, 주변의 모든 것들도 다 좋아 보였던 것 같아요. 준비하시느라 고생 많이 하셨어요. 우리 사업처의 저력을 보여주었던 멋진 프로젝트였던 것 같아요. 여러모로 모든 분들께 감사드립니다."

우리가 한 프로젝트 중에 대중적으로 가장 크게 호응받은 것 중의 하나가 되었다. 그것은 철저한 시장분석과 기획과 준비의 산물이었다. 준비하는 사람들은 준비로 바빴지만, 전체를 보고 기획하는 사람은 고민이 많았다. 스티브 잡스의 프레젠테이션은 기획의 정수다. 2007년 아이폰 발표, 9개월 준비, 5일간 리허설, '오늘 우리는 역사를 다시 쓴다'로 시작. 전화, 아이팟, 인터넷 기기를 따로 소개하다가 '이 세 개가 하나의 기기'라고 반전. 청중은 열광했다. 즉흥이 아닌 철저한 기획이었다.

빌 게이츠가 말라리아 강연에서 모기를 풀어놓은 것도 계산된 연출이었다. "부자 나라 사람들은 모기를 경험해본 적이 없다." 충격 요법이 메시지를 각인시켰다. 맥킨지의 보고서도 기획의 예술이다. 상황-복잡성-해결의 3단계 구조. 1페이지 요약, 3개 핵심 메시지, 데이터 시각화. 'So What? (그래서 뭐?)' 테스트를 거친다. 모든 슬라이드가 명확한 목적을 가진다. 통찰도 이렇게 체계적으로 전달될 때 힘을 발휘한다.

아마존의 6페이지 메모도 기획된 통찰이다. 파워포인트 금지, 내러티브 형식 강제. 회의 시작 30분은 묵독. 베조스는 '좋은 메모는 일주일이 걸린다'라고 했다. 생각을 구조화하고, 논리를 다듬고, 스토리를 만든다. 통찰이 기획될 때 설득력을 갖는다. 성공한 세미나도 우연이 아니다. 니즈 파악, 콘텐츠 개발, 연출 기획. 모든 것이 계산됐다. '굶주렸던 머리와 마음에 알맹이를 제공'했다는 표현이 핵심이다. 통찰은 번뜩임이 아니라 체계적 준비의 결과다. 같은 일이라도 어떻게 기획하느냐에 따라서 결과가 달라진다. 같은 수박이라도 어떻게 자르고 언제 어떻게 먹느냐에 따라서 맛이 달라진다.

기획은 별거 아니다. 언제 자르고 언제 어떻게 먹느냐를 좀 체계를 잡아서 기록하는 것이다. 그런데 그런 체계적인 노력이 놀라운 결과를 만들어낸다. 기획하라. 그러면 통찰도 따라온다. 생각은 씨앗이다. 매일 밤 복기하며 물을 주고, 가설로 햇빛을 쬐고, 치밀하게 가지를 치고, 질문으로 거름을 주고, 기획으로 열매를 맺는다. 이 과정이 통찰력을 만든다. 복기의 힘은 에비하우스 망각곡선이 증명한다. 빌 게이츠의 Think Week, 버핏의 읽기와 생각하기, 다윈의 산책로. 모두 생각을 잉태하고 키우는 시간이다.

통찰은 순간이 아니라 과정이다. '만약에'라는 가설로 사고를 확장하라. 아인슈타인의 사고 실험, 베조스의 Day 1, 머스크의 제1 원리. 현실의 제약을 벗어난 상상이 혁신을 만든다. 때로는 엉뚱함이 답이 된다. 치밀함이 생각을 단단하게 만든다. 다빈치의 노트. 구조화되고 체계화된 사고가 설득력을 만든다. '첫째, 둘째, 셋째'로 말하는 것도 훈련이다. 문제를 크게 보지 마라. 문제 앞에 기죽지 마라. 질문해봐라. 질문이 통찰을 키운다. 머스크의 '왜'. 올바른 질문이 올바른 답으로 인도한다. 5세 아이처럼 400개의 질문을 던져라. 통찰은 기획될 수 있다. 잡스의 프레젠테이션, TED 강연, 픽사의 스토리텔링. 체계적 준비가 감동을 만든다. 즉흥처럼 보이는 것도 사실은 철저한 기획이다. 생각하고 생각하고 생각하라. 단순한 반복이 아니라 체계적 사고의 반복이 중요하다. 그것이 평범한 일상을 비범한 통찰로 바꾼다.

2

AI와 함께하는
24시간 통찰 시스템

① **나만의 프롬프트 구조를 만들어라**

"AI야, 우리 회사 매출 향상 방안을 알려줘."

"마케팅 전략을 세우고 싶은데 도움을 줄 수 있나?"

"CHAT GPT에 물어봤는데 뻔한 답만 나와요. 다들 똑같은 결과물을 내니까 차별화가 안 돼요."

나도 요즘 AI를 자주 활용한다. 처음에는 AI에게 끌려다녔다. 많이 속았다. 속았다기보다는 잘했거니 하고 확인을 하지 않아 틀린 것을 발견하지 못한 것이었다. 그러나 요즘은 나만의 프롬프트를 만들어서 잘 활용하고 있다. 2023년 OpenAI의 샘 알트만은 '프롬프트 엔지니어링이 미래의 핵심 기술'이라고 했다. 맥킨지는 2024년 보고서에서 'AI 활용 능력의 80%는 질문 능력에 달려있다'라고 분석했다.

같은 AI를 써도 결과가 천차만별인 이유는 프롬프트, 즉 질문의 구조 때문이다. 앤드루 응 스탠퍼드 교수는 CRISP 프롬프트 프레임워크를 제안했다. Context(맥락), Role(역할), Instruction(지시), Style(스타일), Parameter(매개변수)가 그것이다. "당신은 20년 경력의 마케팅 전문가입니다(Role). 스타트업의 제한된 예산 상황에서(Context), 3개월 내 매출 30% 향상 전략을 수립하세요(Instruction). MBA 케이스 스터디 형식으로(Style), 5페이지 분량으로 (Parameter)." 이렇게 구조화하면 AI의 답변 품질이 극적으로 향상된다. 구글 딥마인드의 데미스 하사비스는 'Chain of Thought' 기법을 활용한다. "이 문제를 단계별로 생각해보자. 첫째는 현재 상황을 분석하면…. 둘째는 핵심 이슈를 파악하면…. 셋째는 가능한 해결책은…." AI에게 사고 과정을 요구하면 논리적 일관성이 높아진다. 단순 답변이 아닌 추론 과정을 얻을 수 있다. AI도 우리가 아는 만큼 그 문제로 우리를 이끈다.

마이크로소프트의 사티아 나델라는 '프롬프트는 새로운 프로그래밍 언어'라고 했다. GitHub Copilot 개발 과정에서 발견한 것은, 구체적일수록 정확도가 높다는 점이다. '코드 작성해줘'가 아니라 'Python 3.9로, pandas를 사용해, CSV 파일에서 중복 데이터를 제거하고, 결과를 JSON으로 저장하는 함수를 작성해줘'라고 명확한 요구를 해야만 명확한 결과를 도출한다.

리드 호프만 Linkedin 창업자는 자신만의 '5W1H 프롬프트 템플릿'을 공개했다. Who(대상), What(목적), Where(환경), When(시점), Why(이유), How(방법)가 그것이다. "신입사원을 위한(Who), 온보딩 프로그램을(What), 원격근무 환경에서(Where), 입사 첫 주에(When), 빠른 적응을 위해(Why), 체크리스트 형태로(How) 만들어줘." 체계적 질문이 체계적 답변을 이끌어 낸다. 일본 소프트뱅크의 손정의는 AI와의 대화를 '지적 스파링'이라 부른다. 같은 질문을 다른 각도로 반복한다. "이 아이디어의 장점은?", "반대 관점에서 본다면?", "5년 후 시장은?", "최악의 시나리오는?" 다각도 질문으로 사각지대를 없앤다. AI를 단순 도구가 아닌 사고의 파트너로 활용하는 것이다.

② 검색형 사고에서 설계형 사고로 넘어가자

"팀장님, 시장 동향 분석 보고서 준비가 완료되었습니다. 업계 선두기업 5곳의 전략을 벤치마킹하고, 성공 사례 20가지를 정리했습니다. 또한 관련 논문 15편과 시장조사 데이터를 종합하여…."

"잠깐! 그래서 우리는 뭘 해야 한다는 건가?"

"네? 그게…. 자료는 충분히 수집했는데…."

"자료 수집은 이제 AI가 더 잘한다네. 자네가 해야 할 일은 이 데이터로 무엇을 '만들어 낼' 것인가를 생각하는 거야."

2024년 MIT 미디어랩 연구에 따르면, GPT-4는 인간보다 3,000배 빠르게 정보를 검색하고 요약한다. 하지만 'So What?(그래서 뭐?)'에는 답하지 못한다. 정보를 지식으로, 지식을 통찰로 바꾸는 것은 여전히 인간의 영역이다. 에릭 슈미트 전 구글 CEO는 '검색의 시대는 끝났다. 이제는 합성의 시대'라고 선언했다. 구글이 Gemini를 개발하며 깨달은 것은, 사용자가 원하는 것이 정보가 아니라 해결책이라는 점이다. '날씨 어때?'가 아니라 '오늘 같은 날씨에 입을 옷 추천해줘'를 원한다.

팀 쿡 애플 CEO는 'AI는 증강 지능(Augmented Intelligence)'이라고 정의한다. 인간을 대체하는 것이 아니라 확장한다. 애플이 Siri를 개발하며 발견한 것은, 사용자들이 검색보다 창조를 원한다는 점이다. '레시피 찾아줘'에서 '냉장고에 있는 재료로 요리 만들어줘'로 진화했다. 엔비디아의 젠슨 황은 'AI 시대의 핵심은 큐레이션'이라고 했다. 정보의 홍수 속에서 의미를 찾는 능력. 자사 엔지니어들에게 요구하는 것은 '데이터 마이닝'이 아니라 '인사이트 디자인'이다. 1TB의 데이터에서 1페이지 전략을 뽑아내는 능력이다.

넷플릭스의 리드 헤이스팅스는 추천 알고리즘 개발 과정에서 깨달았다. "사용자는 자신이 뭘 원하는지 모른다. 우리가 제안해야 한다." AI가 1억 개 콘텐츠를 검색해도, 사용자에게 의미 있는 10개를 고르는 것은 인간의 통찰이다. 검색이 아닌 설계, 수집이 아닌 창조가 핵심이다.

테슬라의 일론 머스크는 'First Principles Thinking'을 AI에 적용한다. '전기차 배터리 비용 데이터 찾아줘'가 아니라 '배터리를 원소 단위로 분해하면 실제 원가는 얼마일까?'라는 검색형 질문이 아닌 설계형 질문. 이것이 혁신의 시작이다.

③ 생각을 끌어내는 도구를 활용하라

"이거 진짜 신기하네요. ChatGPT한테 물어봤더니 제가 3일 동안 고민하던 문제를 5분 만에 정리해주더라고요."

최근 한 후배가 흥분된 목소리로 전화를 걸어왔다. 신규 사업 기획안을 작성하다 막혔는데, AI와 대화하며 생각을 정리하니 막혔던 부분이 술술 풀렸다는 것이다. 그런데 더 흥미로운 것은 그다음 말이었다.

"근데 더 놀라운 건, AI가 준 답이 아니라 AI한테 질문하면서 제 생각이 정리됐다는 거예요. 질문을 만들다 보니 제가 뭘 모르는지 알게 됐어요."

AI를 사용하면서 내 생각이 정리되고 깊어진 것을 느낄 수 있었다. 생각의 방향이 잡혔다. 생각의 결과를 쉽게 확인할 수 있어 생각의 폭이 넓어졌다. 2024년 하버드 비즈니스 스쿨 연구는 흥미로운 결과를 발표했다. 컨설턴트 100명을 두 그룹으로 나눠, 한 그룹은 AI 없이, 다른 그룹은 AI와 함께 프로젝트를 수행했다. 놀랍게도 AI 그룹이 40% 더 창의적 해결책을 제시했다. 하지만 더 중요한 발견은, AI가 답을 준 것이 아니라 '더 나은 질문을 하게 만들었다'라는 점이다.

OpenAI의 일리야 수츠케버는 'AI는 사고의 스파링 파트너'라고 했다. 복서가 샌드백을 치며 기술을 연마하듯, 인간은 AI와 대화하며 사고를 단련한다. '이 아이디어 어때'라고 물으면 AI가 10가지 관점을 제시한다. 그중 9개가 틀려도 1개가 새로운 영감을 준다. 앤스로픽의 다리오 아모데이는 '소크라테스식 AI'를 개발했다. Claude가 답을 주는 것이 아니라 질문을 던진다. '그 가정이 맞는다면 어떤 결과가 나올까요? 반대 입장에서 보면 어떨까요? 5년 전이라면 같은 결론일까요?'라는 대화를 통해 사용자 스스로 답을 찾도록 유도한다.

딥러닝의 아버지 제프리 힌튼은 'AI는 지적 망원경'이라고 비유한다. 망원경이 먼 곳을 보게 하듯, AI는 생각의 한계를 확장한다. "이 문제를 다른 산업에 적용하면?", "100년 후 관점에서 보면?", "문화가 다른 나라에서는?" AI가 던지는 다양한 시각이 사고의 지평을 넓힌다. 메타의 얀 르쿤은 'AI와의 브레인스토밍'을 일상화했다. 매일 아침 30분, AI와 자유롭게 대화한다. "오늘 해결할 문제는…", "어제 막혔던 부분은…", "새로운 접근법은…." AI는 판단하지 않는 동료다. 어떤 엉뚱한 아이디어도 진지하게 검토해준다. 이 과정에서 예상치 못한 통찰이 나온다.

④ **AI가 대답해줄 수 없는 것을 묻는 사람이 되어야 한다**

"선생님! 이 환자의 CT 결과를 AI로 분석했는데 폐렴 소견이 95% 확률로 나왔습니다."

"음!! 그런데 이상하네! 환자가 기침도 없고 열도 없어. 혈액검사 수치도 정상이고."

"하지만 AI 판독이 95%라고 하는데요?"

"AI는 영상만 보지, 환자는 보지 못해. 이 환자 직업이 뭐지?"

"용접공입니다!"

"아! 그럼 진폐증 가능성을 먼저 봐야겠어. AI는 CT 영상의 패턴은 읽지만, 환자의 삶의 맥락은 읽지 못하거든."

2024년 JAMA 연구에 따르면, AI의 의료 영상 판독 정확도는 96%다. 하지만 오진의 70%는 '맥락 부재' 때문이었다. AI는 픽셀은 분석하지만, 사람은 보지 못한다. 직업, 생활 환경, 가족력, 스트레스. 이런 맥락을 묻는 것은 인간 의사의 영역이다. 노벨 경제학상 수상자 대니얼 카너먼은 'AI는 System 1 사고의 극대화'라고 했다. 빠르고 직관적인 판단. 하지만 System 2, 즉 느리고 신중한 사고는 인간의 몫이다. "왜 이 시점에?", "누가 이익을 보는가?", "숨겨진 가정은?" 이런 질문은 AI가 답할 수 없다. 하버드 철학과 마이클 샌델 교수는 'AI는 'What'에 답하지만 'Why'는 답하지 못한다'라고 지적한다. 자율주행차의 트롤리 딜레마. 5명을 살리기 위해 1명을 희생시킬 것인가? AI는 확률을 계산하지만, 윤리적 판단은 못 한다. 정의란 무엇인가? 공정이란 무엇인가? 이것은 영원히 인간의 질문이다.

MIT의 셰리 터클 교수는 'AI 시대일수록 인간적 질문이 중요하다'라고 강조한다. '이것이 효율적인가?'가 아니라 '이것이 옳은가?', '수익이 늘어나는가?'가 아니라 '사람이 행복해지는가?' 기술이 답할 수 없는 가치의 문제. 이것을 묻는 사람이 미래를 이끈다. 유발 하라리는 『21세기를 위한 21가지 제언』에서 경고했다. "AI가 모든 답을 아는 시대, 질문하는 능력이 가장 중요한 기술이 된다." AI는 과거 데이터로 미래를 예측하지만, 인간은 없던 미래를 상상한다. "달에 가면 어떨까?", "죽음을 정복하면?", "AI가 의식을 갖는다면?" 불가능한 질문이 가능한 미래를 만든다. 스티브 잡스는 생전에 했던 말을 다시 상기해 보자. "소비자는 자신이 원하는 것을 모른다. 우리가 보여주기 전까지는." AI도 마찬가지다. AI는 존재하는 것을 조합하지만, 인간은 존재하지 않는 것을 상상한다. 아이폰도, 페이스북도, 테슬라도 AI가 예측하지 못했다. 인간이 꿈꾸고 질문했기에 탄생했다.

AI는 인류 역사상 가장 강력한 지적 도구다. 하지만 도구는 도구일 뿐이다. 망치가 아무리 좋아도 무엇을 만들지는 목수가 결정한다. AI 시대의 통찰력은 AI를 '어떻게' 쓰느냐가 아니라 '무엇을' 묻느냐에 달려있다. 프롬프트 구조화는 새로운 리터러시(문해력)를 필요로 한다. 체계적 질문이 체계적 답변을 만든다. 하지만 더 중요한 것은 질문 뒤의 의도다. 무엇을 알고 싶은가? 무엇을 만들고 싶은가? AI가 1초에 100만 개 데이터를 검색해도, 의미 있는 1개를 고르는 것은 인간이다. 정보를 지식으로, 지식을 지혜로, 지혜를 통찰로 바꾸는 연금술. 그것이 인간만의 능력이다.

AI는 사고의 스파링 파트너다. 소크라테스식 대화, 브레인스토밍, 다각도 검증. AI와의 대화가 오히려 인간의 사고를 깊게 만든다. AI가 모든 것을 아는 시대, 무엇을 물어야 할지 아는 사람이 진정한 통찰자다. AI는 비서일 뿐, CEO는 당신이다. 그 비서를 유능하게 하는 것은 각자 사용자 자신의 몫이다. 다른 사람에게 유능한 비서라도 나에게는 맞지 않을 수 있다. 방향을 정하고, 가치를 판단하고, 미래를 그리는 것. 그것은 영원히 인간의 몫이다.

3

세렌디피티
: 우연을 필연으로

① 유레카를 놓치지 말자

"운전하면서 출근하는데 차 안에서 갑자기 그 건을 해결할 방법이 번개처럼 스치고 지나갔는데, 운전 중이라 기록할 수도 없고 바로 회사 가서 처리해야지 했는데, 오다가 차가 막혀서 그것에 신경을 쓰다 보니까 까맣게 잊어버렸어. 아무리 생각을 해보아도 생각이 나지 않아."

"핸드폰에라도 녹음해 놓지, 그랬어?"

"내가 길치라, 핸드폰 내비가 없으면 운전을 못 해서, 내비 켜놓다 보니 그 생각을 못 했어. 조금 신경 썼더라면 거기에라도 녹음하는 건데."

"나도 그런 적 있어. 나는 진짜 생각이 안 나면 그 장소를 다시 간다니까."

"나 지금 그러고 싶어. 차 타고 다시 거기로 가고 싶어."

이런 안타까운 순간들이 얼마나 많은가? 기가 막힌 생각들이 예고도 없이 시도 때도 없이 떠올라서는 바람처럼 사라져 버린다. 성경 요한복음 3장 8절에서 '바람이 임의로 불매 네가 그 소리를 들어도 어디서 오며 어디로 가는지 알지 못하나니'라고 말했던 것 같이 바람처럼 임의로 떠오르는 유레카에 그야말로 속수무책으로 당하곤 했다. 지금은 항상 몸에 필기구를 지니고 다닌다. 핸드폰이 있지만, 항상 준비한다.

아르키메데스의 '유레카!'는 목욕탕에서 나왔다. 그때 그런 일이 있으리라고 생각이나 했겠나? 너무 기뻐서 벌거벗은 채 거리로 뛰쳐나갔다는 일화는 유명하다. 하지만 만약 그가 그 순간을 기록하지 않았다면? 목욕 후 일상으로 돌아가 잊어버렸다면? 인류는 많은 것을 놓쳤을 것이다. 리처드 브랜슨은 '아이디어 포켓북'을 항상 가지고 다닌다. 침대 옆, 화장실, 차 안, 주머니. 어디든 메모장과 펜이 있다. '좋은 아이디어의 수명은 37초'라는 것이 그의 지론이다. 버진 애틀랜틱 항공도 비행기 안에서 떠오른 아이디어를 냅킨에 적은 것에서 시작했다. 그 냅킨은 지금도 버진 본사에 액자로 걸려있다. 3M의 포스트잇도 우연한 발견을 놓치지 않은 결과다. 스펜서 실버가 약한 접착제를 실패작으로 버릴 뻔했다. 하지만 동료 아트 프라이가 교회 성가대에서 책갈피가 떨어지는 것을 보고 연결했다. "실버의 접착제를 여기 쓰면!" 6년 전의 실패작이 연 매출 10억 달러 제품이 됐다. 기록하고 기억했기에 가능했다.

폴 매카트니는 〈Yesterday〉 멜로디를 꿈에서 들었다. 잠에서 깨자마자 피아노로 달려가 연주했다. '너무 완벽해서 누군가의 곡을 표절한 것 같았다'라고 회고했다. 한 달간 주변 음악인들에게 물어봤지만 아무도 모르는 곡이었다. 꿈에서 들은 멜로디를 즉시 기록한 덕분에 팝 역사상 가장 많이 커버된 곡이 탄생했다. 제임스 와트는 주전자 뚜껑이 들썩이는 것을 보고 증기기관을 떠올렸다. 하지만 실제로는 수년간의 연구 끝에 산책 중 갑자기 떠오른 개선 아이디어였다. "글래스고 그린 파크를 걷다가 갑자기 실린더를 분리하면 된다는 생각이 번쩍 들었다. 즉시 집으로 뛰어가 도면을 그렸다." 그 도면이 산업혁명을 일으켰다. 에디슨은 침대 옆에 노트를 두고 잤다. 낮잠을 잘 때는 손에 쇠 구슬을 들고 잤다. 잠들면 구슬이 떨어지는 소리에 깨어나 꿈과 현실 사이에서 떠오른 아이디어를 적었다. '천재는 1%의 영감과 99%의 노력'이라 했지만, 그 1%를 놓치지 않기 위한 시스템을 만든 것이다. 99% 노력한 사람은 1%의 영감이 얼마나 중요한지 알 것이다. 화룡점정이 1%가 된다. 놓친 유레카는 우연이 되지만, 붙잡은 유레카는 섭리가 된다.

② 몰입을 습관화하라

"센터장님 퇴근 안 하십니까? 퇴근하시지요!"
"벌써 퇴근할 시간이 되었는가요? 벌써 시간이 이렇게 되었네."
"무슨 일을 그렇게 시간 가는 줄 모르게 하셔요."
"풍력발전기 이중 여자방식 관련해서 생각을 좀 하다 보니 그렇게 되었네."
"센터장님 이런 모습 자주 보니까 이제는 새롭지도 않아요. 우리 센터장님 또 생각에 빠지셨다. 방해하지 말자 이런 식이죠."

시간 가는 줄 모르고 몰두할 때가 있다. 집중해서 하다 보면 그렇게 된다. 결과도 만족스럽다. 미하이 칙센트미하이의 '몰입(Flow)' 이론에 따르면, 최고의 창의성은 완전한 몰입 상태에서 나온다. 시간 감각이 사라지고, 자아가 잊히고, 오직 과제만 존재하는 상태. 이때 뇌파는 알파파가 되고, 좌뇌와 우뇌가 동시에 활성화된다.

빌 게이츠의 'Think Week'은 몰입하기 위해서 준비한 시간이다. 1년에 두 번, 일주일씩 완전히 자신을 고립시킨다. 가족도 안 만나고, 전화도 받지 않는다. 오직 책과 보고서만 읽는다. 1995년 '인터넷 타이들 웨이브' 메모가 여기서 나왔다. 인터넷 시대를 예측한 이 메모가 마이크로소프트의 방향을 바꿨다. 무라카미 하루키는 새벽 4시에 일어나 5~6시간 글을 쓴다. '나는 규칙적 반복을 통해 최면 상태에 들어간다'라고 했다. 매일 같은 시간, 같은 장소, 같은 의식. 이런 루틴이 자동으로 몰입 상태를 만든다. 『노르웨이의 숲』도 이런 몰입 속에서 6개월 만에 완성됐다.

마이클 조던의 '존(Zone)' 상태는 스포츠 몰입의 전설이다. 1992년 NBA 파이널 1차전, 3점 슛 6개 연속 성공. '바스켓이 바다처럼 넓어 보였다'라고 회고했다. 매일 500개 슛 연습으로 만든 근육 기억이 완벽한 몰입을 가능하게 했다. 스티브 잡스는 '현실 왜곡 장(Reality distortion field)'으로 유명했다. 프로젝트에 몰입하면 불가능도 가능하다고 믿었다. 아이폰 개발 때 엔지니어들에게 '2주 안에 끝내'라고 하면 정말 끝났다. 그의 몰입이 전염되어 팀 전체가 몰입 상태에 들어갔다. 이것이 애플의 혁신 비결이었다. 요요마는 첼로 연주 중 '나는 사라지고 음악만 남는다'라고 표현했다. 하루 6시간 연습으로 만든 몰입의 경지. 바흐 무반주 첼로 모음곡을 녹음할 때는 한 번도 끊지 않고 전곡을 연주했다. 2시간 동안 완벽한 몰입. 그 녹음이 클래식 역사에 남았다. 몰입은 그 순간 일에 미치는 것이다. 몰입은 일과 연애하는 것이다.

③ 유레카를 연결하라

"지금 같은 방법으로는 임팩트가 크지 않은 것 같은데, 행사를 코끼리같이 키우고, 그 키운 코끼리를 한입에 먹을 수 있게 작게 만들면 어떨까?"

"행사를 코끼리 같이 키운다는 말씀은?"

"각 파트별 시행되는 교류회를 통합하여 컨퍼런스 형식으로 만들어 1부, 2부, 3부로 나누어서 1부에는 통합 세션을 만들고 2부는 각 분야별 세미나 그리고 3부는 현장 견학 및 진단으로 하면 코끼리가 되지 않을까?"

"가능할 것 같습니다. 그러면 코끼리를 한입에 먹게 작게 만드는 것은 어떻게 하시게요?"

"우리가 찾아가는 거지. 컨퍼런스를 사업체별로 일정을 정해서 사업처로 우리가 찾아가서 그 사업처 실정에 맞게 디자인해서 시행하는 거야."

난 한 번에 수백 개의 프로젝트를 동시에 추진해야 하는 상황을 겪고 난 다음부터 프로젝트를 아이템별로 나누어 띄었다 붙였다 하는 습관이 생겼다. 아무리 큰 프로젝트로 작은 아이템별로 나누어서 시행하면 넉넉히 할 수가 있었다. 나중에 오케스트라 지휘자처럼 잘 연계하고 조율만 하면 됐다. 스티브 잡스의 'Connecting the Dots'는 어떤가? 대학 중퇴 후 청강한 서예 수업. 당시엔 쓸모없어 보였다. 10년 후 매킨토시 개발 때 떠올랐다. 세계 최초 다양한 폰트를 지원하는 컴퓨터. 서예와 컴퓨터라는 전혀 다른 점들이 연결된 것이다.

제임스 다이슨의 사이클론 청소기도 연결의 산물이다. 제재소의 거대한 집진기를 보고 "이걸 소형화하면?" 하지만 첫 시도는 실패했다. 그때 일본 여행에서 본 미니멀 디자인을 떠올렸다. 거대함과 작음, 산업과 가정. 이질적인 것들의 연결이 5,126번의 실패 끝에 혁신이 됐다. 페이스북의 '좋아요' 버튼도 우연한 연결이었다. 저커버그가 회의 중 'Awesome'이라고 계속 말하는 것을 본 직원이 제안했다. "반응을 한 단어로 표현하면?" 동시에 일본 2ch 게시판의 '이이네(いいね)' 문화를 접했다. 서구의 간결함과 동양의 공감

문화가 만나 세계 공통 언어가 됐다.

포스트잇도 6년의 시차를 둔 연결이었다. 1968년 스펜서 실버의 약한 접착제. 1974년 아트 프라이의 교회 경험. 6년 전 실패와 현재 불편의 연결이 만들어 낸 놀라운 결과다. 3M는 이후 '15% 룰'을 만들었다. 업무 시간의 15%는 자유 프로젝트. 실패도 자산이 되는 문화. 언젠가 연결될 점들을 만드는 것이다. 레고와 마인크래프트의 협업도 예상 못 한 연결이었다. 물리적 블록과 디지털 블록. 1932년 창업 기업과 2009년 출시 게임. 80년의 시차, 아날로그와 디지털의 간극. 하지만 '창조'라는 본질은 같았다. 레고 마인크래프트 시리즈는 베스트셀러가 됐다. 잘게 자르고, 연결해 보라. 규모와 접근성, 통합과 분산, 표준화와 맞춤화. 상반된 개념들을 연결하면 새로운 해법이 나온다. 그러는 당신에게 이제 하지 못 할 일은 없다. 세렌디피티는 우연이 아니다. 서로 다른 점들을 연결하는 능력이다.

④ 자기만의 뉴턴의 사과나무를 만들어라

"퇴근 후 어쩌다 집 앞 카페에 가면, 전무님이 차 한잔하시면서 책을 보고 계시는 모습을 자주 보는데, 전무님은 책을 많이 읽으시는 것 같아요."

"그랬었나? 차 한잔하면서 생각도 정리하고, 새로운 생각도 하고 하는 마땅한 장소를 찾다가 그곳이 다른 곳보다는 조용하고 분위기도 아늑해서 자주 가는데."

"그곳에 가면 책을 보시는 분들도 많던데, 저는 그냥 커피 마시고 조용한 음악 듣고 있습니다. 가끔가다가 노트를 가지고 가서 생각을 정리할 것이 있으면 정리도 하고요."

"그것도 좋지! 생각을 정리하는 데는 글로 쓰면서 하는 것이 제일 좋은 방법인 것 같아. 사람마다 다를 수 있지만. 나는 그곳이 퇴근 후 나의 뉴턴의 사과나무야. 그곳은 회사를 떠나 나를 돌아보고 미래를 그려보는 곳으로 쓰고 있고, 그런 곳이 몇 군데 있어. 회사에도 나만의 생각 공간이 있고. 또 휴가철에 가는 곳도 있고. 그런 것을 습관화하다 보니, 그런 공간에 가면 자연스럽게 여러 가지 생각을 하게 되더라고."

뉴턴의 사과나무는 실재한다. 케임브리지 트리니티 칼리지에 지금도 있다. 1666년 페스트로 대학이 폐쇄되자 고향 울스소프로 돌아간 뉴턴. 정원의 사과나무 아래서 사색하다 만유인력을 깨달았다. 그 나무의 후손이 전 세계 대학에 심겨 있다. 물리적 공간이 사고의 촉매가 된 것이다. 아인슈타인의 '올림피아 아카데미'도 특별한 공간이었다. 베른의 작은 카페에서 친구들과 매주 모임을 가졌다. 물리학, 철학, 문학을 토론했다. 특허청 직원이던 그가 상대성이론을 구상한 곳. 1905년 기적의 해에 발표한 4편의 논문 모두 이 카페에서 시작됐다.

J.K. 롤링의 '엘리펀트 하우스 카페'는 해리포터의 탄생지다. 에든버러의 이 카페에서 매일 글을 썼다. 싱글맘으로 생활보호 대상자였던 시절. 난방비를 아끼려 카페에서 시간을 보냈다. 테이블 냅킨에 호그와트 지도를 그렸다. 지금은 성지순례 명소가 됐다. 헤밍웨이는 파리의 '클로저리 데 릴라'를 사랑했다. '움직이는 축제'라 부른 1920년대 파리. 매일 같은 자리에서 글을 썼다. 『태양은 다시 떠오른다』를 6주 만에 완성한 곳. '좋은 카페는 따뜻하고 깨끗하고 친절해야 한다'라는 것이 그의 기준이었다.

2016년 노벨 문학상 수상자로 선정된 밥 딜런은 뉴욕 그리니치 빌리지의 '카페 와?(Cafa Wha?)'를 근거지로 삼았다. 1960년대 포크 음악의 성지인 이곳에서 그는 낮에는 작곡, 밤에는 공연을 했다. 같은 공간에서 창작과 피드백이 동시에 일어났다. 〈Blowin' in the Wind〉도 이 카페 지하실에서 20분 만에 썼다. 무라카미 하루키는 '피터 캣'이라는 재즈바를 운영했다. 낮에는 글쓰기, 밤에는 바 운영. 7년간 이 루틴을 지켰다. 『바람의 노래를 들어라』로 데뷔한 것도 이 시절. '재즈의 즉흥성이 글쓰기에 영향을 줬다'라고 회고했다.

자기만의 사과나무를 가져라. 카페든, 공원이든, 서재든. 그곳에 가면 자동으로 사색 모드가 되는 공간. 뇌가 '아, 여기는 생각하는 곳'이라고 인식하는 장소. 공간이 사고를 규정한다. 세렌디피티도 준비된 공간에서 더 자주 일어난다.

세렌디피티는 '뜻밖의 발견'이라는 뜻이다. 하지만 진짜 의미는 '준비된 마음이 우연을 포착하는 능력'이다. 페니실린, 포스트잇, X선. 모두 우연한 발견이지만, 준비된 사람만이 그 가치를 알아봤다. 유레카의 순간을 놓치지 마라. 리처드 브랜슨의 37초 법칙, 폴 매카트니의 즉시 기록, 에디슨의 침대 옆 노트. 영감은 예고 없이 찾아오고 빠르게 사라진다. 포착 시스템을 만들어라. 몰입을 습관화하라. 깊은 몰입 상태에서는 무의식이 활성화된다. 그때 세렌디피티가 일어난다. 점들을 연결하라. 잡스의 서예와 컴퓨터, 다이슨의 제재소와 청소기, 포스트잇의 6년 시차. 무관해 보이는 것들의 연결이 혁신을 만든다. 모든 경험은 미래의 점이 된다.

자기만의 사과나무를 만들어라. 뉴턴의 정원, 아인슈타인의 카페, 롤링의 엘리펀트 하우스. 특별한 공간이 특별한 생각을 만든다. 세렌디피티도 자주 가는 곳에서 더 자주 일어난다. 직장에서나 퇴근하고서 당신의 뉴턴의 사과나무는 어디인가? 세렌디피티는 운이 아니라 시스템이다. 준비하고, 관찰하고, 연결하고, 기록하는 시스템. 그것이 우연을 필연으로 바꾸는 통찰의 기술이다.

II

직관의
날을 세우기

① 직관은 축적된 반복에서 온다

"일단은 게이징을 하고 다음 공정을 진행합시다."

"만약에 그렇게 했다가 비상시에 그 설비가 작동을 안 하게 되면 어떻게 됩니까. 그것은 너무 위험합니다."

"지금 게이징을 안 하고 다음 공정을 진행하면 문제가 발생할 확률이 90%가 넘습니다. 그런데 특별한 비상 상황으로 그렇게 했는데도 설비가 문제가 생길 확률은 0.001%도 안 됩니다. 데이터가 이렇게 명확한데 왜 걱정하시는지 모르겠습니다."

"아무튼 저는 말씀하신 그 0.001%의 위험성도 감당할 수 없습니다. 제가 이 설비와 20년을 함께했습니다. 지금 뭔가 평소와 다릅니다."

"그 책임을 본부장인 제가 다 지겠습니다. 그리고 정 불안하다면 게이징을 하면서 조금 갭을 두어서 만약의 경우에도 문제가 되지 않도록 대비하고 시행을 하는 게 어떻겠습니까?"

베테랑 엔지니어의 직감이 옳았다. 데이터상 문제없어 보였던 설비는 결국 예상치 못한 오류로 가동이 중단되었다. 20년간 현장에서 몸으로 체득한 경험이 0.001%의 가능성을 감지한 것이다. 이것이 바로 직관의 힘이다.

직관은 신비로운 능력이 아니다. 수많은 경험과 학습이 뇌 속에 축적되어 무의식적으로 패턴을 인식하는 능력이다. 노벨 경제학상을 받은 대니얼 카너먼은 직관을 '빠른 사고'라고 명명했다. 의식적인 분석 없이도 즉각적으로 판단하는 시스템이다.

마이크로소프트 창립자 빌 게이츠는 1980년 IBM과의 운영체제 계약을 체결할 때 직관을 활용했다. IBM은 단순한 라이선스 계약을 원했지만, 게이츠는 소유권을 포기하지 않겠다고 고집했다. 25세의 젊은 사업가가 거대 기업 IBM에 맞선 것이다. 당시 주변에서는 무모하다고 말렸지만, 게이츠의 직관은 정확했다. PC 시장이 폭발적으로 성장하면서 DOS는 업계 표준이 되었고, 이는 마이크로소프트가 세계 최대 소프트웨어 기업이 되는 토대가 되었다. 게이츠의 직관은 어디서 왔을까? 13살부터 프로그래밍에 매진하며 쌓은 1만 시간 이상의 코딩 경험이 기반이었다. 시애틀 레이크사이드 스쿨에서 컴퓨터에 처음 접한 후 밤낮없이 프로그램을 작성했다. 대학 시절에도 하버드 컴퓨터실에서 밤을 새우며 코드를 짰다. 이런 반복적 경험이 PC 산업의 미래를 직관적으로 내다볼 수 있게 했다.

한국 현대자동차 정몽구 명예회장도 직관의 힘으로 회사를 글로벌 기업으로 성장시켰다고 한다. 1999년 현대자동차가 기아자동차를 인수할 때, 많은 전문가가 부정적인 전망을 했다. 두 회사 모두 어려운 상황이었고, 통합 과정에서 엄청난 비용이 예상되었다. 하지만 정 회장은 '시너지 효과가 반드시 나올 것'이라는 직관으로 인수를 강행했다. 그 결과 현대기아차그룹은 2023년 기준 연간 736만 대를 판매하는 세계 3위 자동차 그룹이 되었다. 정 회장의 직관도 하루아침에 생긴 것이 아니었다. 1970년 현대자동차에 입사한 후 50년간 자동차 산업에 몸담으며 체득한 경험이 바탕이었다. 생산 현장에서 시작해 경영진까지 오르며 자동차 산업의 모든 면을 직접 경험했다. 이런 축적된 경험이 복잡한 상황에서도 올바른 방향을 감지할 수 있게 했다.

직관의 과학적 메커니즘도 밝혀지고 있다. UCLA 신경과학자 안토니오 다마지오의 연구에 따르면, 직관은 전전두엽과 편도체의 협력으로 만들어진다. 과거 경험들이 뇌에 저장되어 있다가 비슷한 상황에 직면하면 무의식적으로 활성화된다. 이때 몸에서는 미묘한 신호들이 발생하는데, 이를 '신체 표지 가설(Somatic Maker Hypothesis)'이라고 한다. 직관을 기르려면 해당 분야에서 반복적인 경험을 쌓아야 한다. 단순한 반복이 아닌 의도적인 연습과 성찰이 필요하다. 매번 결과를 분석하고, 실패의 원인을 파악하고, 개선점을 찾는 과정을 거쳐야 한다. 그래야 뇌에 정확한 패턴이 저장되어 정교한 직관이 만들어진다.

② 직관을 무시하지 말자

"왜 잘되었던 설비가 이렇게 연결이 안 되고 정지가 된 거죠? 우리가 3중 안전장치까지 만들어놨는데 어떻게 이런 일이 일어날 수 있습니까?"

"저…. 제 생각엔 절환방식에 문제가 생긴 것 같습니다. 정상적으로 공급되고 있던 전원이 차단되었는데 예비전원이 투입이 안 되었던 것으로 봐서는 이번에 교체했던 차단기의 전자접점이 문제가 된 것 같습니다."

"접점이 무슨 문제가 된다는 겁니까? 접점 신호는 다 잘 들어왔다면서요? 시스템 로그 다시 봤어요? 다 정상이라고 나와 있잖아요. 괜히 헛다리 짚어서 골든타임 놓치지 마시고 정확한 원인을 찾아보세요."

"네! 접점들의 신호는 다 잘 들어온 것은 맞습니다. 신호는 들어오는 것은 맞는데, 전자접점은 여소자 시간이 있습니다. 전자식은 기계식 접점과 달리 아주 미세한 시간차가 발생할 수 있습니다. 이번에 설비를 교체하면서 전자제품들의 여소자 시간 때문에 지연시간이 발생해서 문제가 발생한 것 같습니다."

"그게 말이 됩니까? 0.001초도 안 되는 시간차가 이런 대형 사고를 일으킨다는 말입니까?"

"일반적으로는 문제없습니다. 하지만 우리 시스템은 초고속 전환이 필요한 곳이에요. 0.001초의 공백도 치명적일 수 있습니다. 스펙상으로는 문제없었지만. 저는 솔직히 처음부터 이 부분이 느낌이 안 좋았습니다. 일단 원위치를 하고 방법을 생각해보아야 할 것 같습니다."

"느낌? 우리가 지금 느낌으로 일합니까? 개선한다고 새로 바꾸었던 설비를 원래대로 한다는 게 말이 됩니까?"

사고가 발생하자 바로 보였다. 상사는 처음에는 완강히 반대했다. 그럴 수 없다는 것이었다. 그러나 자료를 제시하며 설득하니 의견을 받아들였다. 그리고 접점 부분을 원상 복귀하니 정상화됐다. 직관을 무시하는 것은 귀중한 정보원을 차단하는 것과 같다. 특히 전문성이 높은 분야에서 베테랑의 직감은 데이터보다 정확할 때가 많다. 하지만 현대 조직에서는 데이터와 논리만을 중시하며 직관을 비과학적이라고 폄하하는 경우가 많다.

애플 창립자 스티브 잡스는 직관의 가치를 누구보다 잘 알았다. 1976년 애플 Ⅱ 개발 당시, 시장조사 결과는 개인용 컴퓨터에 대한 수요가 별로 없다고 나타났다. IBM과 같은 대기업들도 개인용 컴퓨터 시장에 회의적이었다. 하지만 잡스는 '사람들은 자신이 무엇을 원하는지 모른다'라는 직관으로 애플 II를 출시했다. 결과는 대성공이었다. 1977년부터 1993년까지 약 600만 대가 팔리며 개인용 컴퓨터 시대를 열었다. 잡스의 직관은 어디서 왔을까? 1970년대 캘리포니아의 반문화 운동 속에서 자란 그는 기술과 인문학의 융합을 중시했다. 리드 대학에서 철학과 종교학을 공부하며 인간의 본성에 대해 깊이 사고했다. 또한 히피 문화 속에서 개인의 자유와 창의성을 추구하는 분위기를 체험했다. 이런 경험이 '개인이 강력한 컴퓨팅 파워를 갖게 될 것'이라는 직관을 키웠다.

이건희 회장을 보자. 삼성전자 이건희 회장은 1993년 '신경영' 선언을 통해 품질 혁신을 단행했다. 당시 삼성 제품은 저가형 이미지가 강했고, 품질보다는 가격 경쟁력에 의존하고 있었다. 하지만 이 회장은 '앞으로는 품질이 승부를 가를 것'이라는 직감으로 전면적인 품질 개선에 나섰다. 불량 제품 15만 대를 불에 태우는 파격적인 퍼포먼스도 감행했다. 당시 많은 임직원이 의아해했다. 멀쩡한 제품을 태우는 것은 비용 손실이었고, 품질 투자는 단기 수익성을 악화시켰다. 하지만 이 회장의 직관은 옳았다. 1990년대 후반부터 글로벌 시장에서 품질이 핵심 경쟁 요소가 되었고, 삼성전자는 메모리 반도체와 스마트폰에서 세계 1위 자리를 차지했다. 2023년 기준 삼성전자의 연간 매출은 279조 원에 달한다.

그러면 직관을 제대로 활용하려면 어떻게 해야 할까? 무엇보다 먼저 해당 분야에서 충분한 경험과 전문성을 갖춰야 한다. 초보자의 직감은 단순한 추측에 불과하다. 두 번째는 직관을 맹신하지 말고 검증 과정을 거쳐야 한다. 직관이 틀릴 수도 있기 때문이다. 마지막으로는 감정에 휘둘리지 말고 객관적 관점을 유지해야 한다. 두려움이나 욕심이 직관을 왜곡시킬 수 있다. 직관이 생기면 감사하고 더욱 발전시켜라. 그리고 직관을 무시하는 조직 문화는 바꿔어야 한다. 베테랑의 경험과 감각을 존중하고, 데이터와 함께 종합적으로 판단하는 시스템을 구축해야 한다. 그래야 변화하는 환경에서 신속하고 정확한 의사결정을 할 수 있다.

③ 직관도 쓰면 발달한다

"지난번 사건 때도 상황 보고 받으시자마자 바로 정확하게 문제점을 지적해 주시고, 방향을 지시해주셔서 저희가 문제를 해결하는 데 큰 도움이 되었는데, 이번 건도 정말 예리하게 포인트를 짚어주셔서 감사드립니다. 말씀하신 부분 보강해서 멋지게 성공시키겠습니다. 그런데 전무님 죄송한데 궁금한 것이 있습니다."

"궁금한 것?"

"솔직히 건건마다 어떻게 이렇게 예리하고 정확하게 요점을 짚어서 지시하고 결정을 하실 수 있는지. 좀 이해가 안 가서요. 이건만 하더라도 저희 부서에서 몇 날을 고민하고 아이디어를 짠다고 고생을 했는데, 전무님은 보시자마자 바로 전후좌우를 알아보시니."

"나중에 이 부장도 그러겠지만 어느 정도 경지에 오르게 되면 직관이 생겨. 그리고 그 직관을 자꾸 사용하다 보면 더 예리하게 발전하고."

신입사원이고 초보자 때는 신기했다. 어떻게 저렇게 많은 일을 순식간에, 저렇게 놀랍도록 빠르게, 정확하게 결정하는지 놀라웠다. 그러나 전문가가 되고 상급자가 되니 보였다. 직관은 근육과 같다. 사용할수록 강해지고, 사용하지 않으면 약해진다. 직관을 반복적으로 활용하면서 정확도를 높여갈 수 있다. 이것이 바로 통찰력 개발의 핵심이다.

세계적인 투자자 조지 소로스는 직관 훈련의 대가다. 그는 자신만의 '반사성 이론(Reflexivity)'으로 금융시장을 분석한다. 시장 참여자들의 인식이 현실을 만들고, 그 현실이 다시 인식에 영향을 준다는 이론이다. 1992년 영국 파운드화 공격으로 100억 달러를 벌어들인 것도 이런 직관적 분석 덕분이었다. 소로스의 직관은 어떻게 발달했을까? 그는 매일 아침 전 세계 경제 뉴스를 읽으며 시장의 미묘한 변화를 감지하려 노력했다. 단순히 정보를 수집하는 것이 아니라, 정보 간의 연결고리를 찾고 숨겨진 패턴을 파악하려 했다. 틀린 판단을 했을 때는 철저히 분석해서 직관의 정확도를 높였다. 50년간 이런 과정을 반복하면서 '시장의 마법사(Market Wizard)'라 불리는 직관력을 기를 수 있었다.

넷플릭스 창립자 리드 헤이스팅스의 직관 개발 예를 보자. 1997년 비디오 대여업체로 시작한 넷플릭스는 2007년 스트리밍 서비스로 전환했다. 당시 DVD 대여 사업이 호황이었지만, 헤이스팅스는 '미래는 스트리밍'이라는 직감을 가지고 있었다. 많은 전문가가 인터넷 속도와 저작권 문제를 이유로 회의적이었지만, 그는 과감하게 방향을 바꿨다. 헤이스팅스의 직관은 개인 경험에서 시작되었다. 스탠포드 대학에서 컴퓨터 과학을 공부한 그는 인터넷 기술의 발전 속도를 누구보다 잘 알고 있었다. 또한 1990년대 소프트웨어 회사를 운영하며 디지털 전환의 파괴적 힘을 직접 경험했다. 이런 배경이 있었기에 전통적인 비즈니스 모델을 버리고 새로운 도전을 할 수 있었다. 2023년 기준 넷플릭스는 2억 3천만 명의 구독자를 보유한 글로벌 미디어 기업이 되었다.

한국의 카카오 김범수 창립자를 보자. 2010년 카카오톡 출시 당시, 이미 포화 상태였던 메신저 시장에서 성공하기는 어려울 것으로 예상되었다. 네이트온, MSN 메신저 등 기존 강자들이 자리를 차지하고 있었기 때문이다. 하지만 김 창립자는 '모바일 중심의 간단한 메신저가 대세가 될 것'이라는 직관으로 카카오톡을 만들었다. 그의 직관은 어디서 왔을까? 1990년대 PC 통신 시절부터 온라인 커뮤니케이션에 관심을 가져왔던 그는 사용자들의 소통 패턴 변화를 예리하게 관찰했다. 특히 스마트폰 보급이 시작되면서 언제 어디서나 간편하게 메시지를 주고받고 싶어 하는 니즈를 감지했다. 기존 메신저들이 PC 기반의 복잡한 기능에 집착할 때, 그는 모바일 환경에 최적화된 단순함에 집중했다. 결과적으로 카카오톡은 한국 국민 메신저가 되었고, 카카오는 IT 공룡기업으로 성장했다.

어떻게 하면 직관을 발달시킬 수 있을까? 우선은 의식적으로 직관을 사용해보라. 중요한 결정을 할 때 데이터 분석과 함께 직감도 함께 고려해보는 것이다. 두 번째는 직관의 결과를 추적 관찰하자. 맞았는지 틀렸는지 기록하고 분석해서 정확도를 높인다. 세 번째는 다양한 경험을 쌓자. 폭넓은 경험이 직관의 정확성을 높인다. 직관은 무의식적 정보처리의 결과물이다. 의식적으로 훈련하고 사용할수록 더욱 정교해진다. 마치 운동선수가 반복 연습을 통해 몸의 감각을 기르는 것처럼, 직관도 지속적인 훈련을 통해 발전시킬 수 있다.

④ 직관도 연결이다

"새로 설치한 설비가 통수가 안 된다면 상식적으로 어딘가 막혔다는 얘기가 되는데, 설비를 조립하면서 이물질이 들어간 것이 아닐까?"

"완전히 막힌 것도 아니고 막혔다가 뚫렸다가 하는 것 같은 느낌입니다. 철저하게 관리를 했으니 막혔을 리는 없는데 이상합니다. 작업용 걸레나 헝겊이 같은 것이 들어가면 조금씩 흐르다가 완전히 막혔지 지금 같은 상황은 아니었습니다."

"휴지가 내부로 들어가면 어떻게 될까요? 휴지는 물속에 들어가면 풀어지잖아요. 그것이 압력을 받아 조각조각 흩어져서 작은 조각들이 돌아다니면서 좁은 공간을 막 기도하고 통과하기도 한다면?"

"휴지는 저희가 이 현장에서 작업용으로 사용하지는 않습니다."

앞에서 언급했던 예화다. 다른 각도에서 보자. 직관이 어떻게 작동하는지 알아보자. 겉으로는 논리적 추론처럼 보이지만, 사실은 과거 경험을 연결하는 직관화 과정이다. '막혔다 뚫렸다 하는 느낌'이라는 표현을 주목해 보자. 감각적 경험과 논리적 사고가 결합되어 문제의 원인을 찾아가고 있다. 직관의 본질은 연결에 있다. 서로 무관해 보이는 정보들을 순간적으로 연결해서 새로운 통찰을 얻는 능력이다. 이는 창의성과도 밀접한 관련이 있다. 혁신적인 아이디어는 대부분 기존의 것들을 새롭게 연결한 결과다. 구글 창립자 래리 페이지와 세르게이 브린은 1996년 '페이지랭크' 알고리즘을 개발할 때 직관적 연결을 활용했다. 당시 검색엔진들은 키워드 매칭에만 의존했다. 하지만 페이지는 학술 논문의 인용 시스템에서 영감을 얻었다. 많이 인용되는 논문이 중요한 논문이듯, 많은 링크를 받는 웹페이지가 중요한 페이지라는 통찰이었다. 이 아이디어는 전혀 다른 두 영역의 연결에서 나왔다. 학술 연구의 인용 체계와 인터넷 웹페이지의 링크 구조를 연결한 것이다. 이런 직관적 연결이 없었다면 구글은 탄생하지 못했을 것이다. 페이지랭크 알고리즘은 구글이 세계 최대 검색엔진이 되는 기반이 되었고, 2023년 기준 알파벳(구글 모회사)의 시가총액은 1조 7천억 달러에 달한다. 막혔다 뚫렸다 하는 것이 무엇이 있을 수 있을까? 통상 배관 입구는 킴텍스로 막지 않는다. 그러나 누군가 그렇게 했다.

한국의 배달의민족 창립자 김봉진도 직관적 연결의 대가로 알려져 있다. 2010년 배달의민족을 창업할 때, 그는 두 가지 트렌드를 연결했다. 하나는 스마트폰 보급 확산이고, 다른 하나는 1인 가구 증가였다. 혼자 사는 사람들이 늘어나면서 배달 음식 수요가 증가할 것이고, 스마트폰으로 간편하게 주문할 수 있다면 폭발적으로 성장할 것이라는 직감이었다. 당시 배달 주문은 전화로 하는 것이 일반적이었다. 온라인 주문 서비스도 있었지만, PC로만 가능했고, 사용법이 복잡했다. 김봉진은 여기서 기회를 포착했다. 스마트폰의 직관적 인터페이스와 배달 서비스를 연결하면 새로운 시장을 창조할 수 있다고 본 것이다. 실제로 배달의민족은 한국 온라인 배달 시장을 주도했고, 2021년 독일 딜리버리히어로에 4조 원에 인수되었다.

애플 아이패드의 탄생도 직관적 연결의 결과다. 스티브 잡스는 2010년 아이패드를 출시하면서 두 가지 상반된 개념을 연결했다. 컴퓨터의 기능과 책의 편안함이었다. 기존 태블릿 PC들은 노트북을 작게 만든 것에 불과했다. 하지만 잡스는 '디지털 책을 읽는 것처럼 자연스럽게 사용할 수 있는 컴퓨터'라는 새로운 개념을 만들어 냈다. 이 아이디어는 잡스가 선불교와 미니멀리즘에 관심을 가지면서 형성되었다. 복잡한 것을 단순하게 만드는 철학이 아이패드의 직관적 인터페이스로 구현된 것이다. 물리적 키보드를 없애고 터치스크린만으로 모든 조작이 가능하게 했다. 출시 첫해에 1,500만 대가 팔리며 태블릿 시장을 창조했다.

직관적 연결 능력을 기르려면 다양한 분야에 관심을 가져야 한다. 한 분야의 전문가가 되는 것도 중요하지만, 다른 분야의 지식과 연결할 수 있을 때 혁신적 아이디어가 나온다. 또한 호기심을 잃지 말아야 한다. '왜 이럴까?', '다른 방법은 없을까?'라는 질문을 지속적으로 던져야 한다. 직관적 연결은 통찰력의 핵심 메커니즘이다. 겉으로는 무관해 보이는 것들 사이의 숨겨진 관계를 발견할 때, 새로운 기회와 해결책이 보인다. 직관은 통찰력의 마지막 퍼즐 조각이다. 지식과 경험이 축적되고, 패턴 인식 능력이 발달하면, 마침내 직관이라는 고도의 인지 능력이 완성된다.

하지만 직관만으로는 부족하다. 여기에 '각을 세워야' 한다. 각을 세운다는 것은 직관을 맹신하지 않고 비판적으로 검토하는 것이다. 직관은 빠르고 강력하지만 때로는 틀릴 수 있다. 편견이나 감정에 의해 왜곡될 수도 있다. 따라서 직관적 판단을 논리적으로 검증하고, 데이터로 뒷받침하는 과정이 필요하다. 상위 1% 리더들은 직관과 논리의 균형을 유지한다. 복잡한 상황에서는 직관으로 방향을 설정하고, 세부적인 실행에서는 논리적 분석을 활용한다. 직관이 가리키는 방향이 맞는지 끊임없이 검증하고 수정한다. 이것이 바로 '각을 세운 직관'의 힘이다. 진정한 통찰력은 직관에 각을 세울 때 완성된다. 빠른 판단력과 신중한 검증, 창의적 연결과 논리적 분석이 조화를 이룰 때, 비로소 변화하는 세상에서 올바른 길을 찾을 수 있다. 이것이 통찰력의 궁극적 목표다.

5

모순이 품은
역설적 지혜

① 가설 위에 세워진 진실을 맹신하지 말자

"그런 일은 절대 불가능합니다. 알만한 사람이 그런 말씀을 하세요. 에너지보존의 법칙상 맞지 않는다는 것은 누구보다도 잘 아시잖아요. 어디 가서 그런 말씀 하지를 마십시오. 무식한 사람이라고 욕먹습니다."

"나도 입력이 없으면 출력이 없다는 것은 당연히 알고 있지만, 팩트는 그럼에도 불구하고 입력이 없는데 설비가 움직였다는 거야. 그것과 상당히 빠른 속도로 움직였다고. 움직인 것을 감지한 트렌드도 있어."

"감지한 센서가 오동작했을 것입니다. 괜스레 바쁜 사람 붙잡고 이상한 소리 하지 마시고요. 좀 상식적인 얘기를 합시다."

"분명히 돌았는데 이것을 어떻게 설명을 하지?. 나만 이상한 사람 취급 받네."

난 또 바보 취급을 받았다. 분명히 이 기계가 돌았(Revolution)는데 그럴 리 없다는 것이다. 그럴 리 없다는 주장을 하도 강하게 하니까 현장을 같이 보았던 사람들도 한발 물러섰다. 과학사는 '불가능'이라는 고정관념이 깨지는 순간들로 가득하다. 에너지보존의 법칙이 절대적이라고 믿었던 시대에, 아인슈타인은 질량과 에너지의 등가성을 통해 새로운 차원을 열었다. $E=mc^2$

라는 공식은 기존 물리학의 상식을 뒤엎었다. 질량이 에너지로 변환될 수 있다는 발견은 원자력 시대를 여는 열쇠가 되었다.

현장 엔지니어의 경험도 마찬가지다. 기존 이론으로는 설명할 수 없는 현상을 목격했을 때, 대부분은 '센서 오작동'이라고 무시한다. 하지만 진정한 통찰력을 가진 사람은 모순을 마주했을 때 더 깊이 파고든다. 그 모순 속에 새로운 발견의 씨앗이 숨어 있을 수 있기 때문이다. 토마스 쿤의 과학혁명 이론에 따르면, 과학은 기존 패러다임으로 설명할 수 없는 변칙 사례들이 축적될 때 혁명적 변화를 겪는다. 갈릴레이가 망원경으로 목성의 위성들을 관측했을 때, 당시 천동설로는 설명이 불가능했다. 하지만 그는 관측 사실을 무시하지 않고 새로운 이론을 찾아갔다. 그 결과 지동설이 확립되었다.

삼성전자는 가설에 얽매이지 않는 도전 정신으로 성장했다. 1980년대 초 반도체 사업에 진출할 때, 모든 전문가가 '늦었다'라고 말했다. 이미 미국과 일본이 시장을 장악하고 있었고, 한국은 기술력도 자본력도 부족했다. 하지만 이병철 회장은 '반도체는 산업의 쌀'이라는 직관으로 과감하게 투자했다. 1983년 64KB D-RAM 개발에 성공하며 메모리 반도체 강국의 기반을 마련했다.

더 극적인 사례는 1997년 아시아 외환위기 때 나타났다. 당시 경제학자들은 '한국 경제는 끝났다'라고 진단했다. IMF 구제금융을 받으며 구조조정이 불가피하다고 봤다. 하지만 삼성전자는 위기를 기회로 전환했다. 경쟁사들이 투자를 줄일 때 오히려 설비투자를 늘렸다. '역발상 투자'라는 전략으로 2000년대 메모리 반도체 세계 1위를 달성했다. 2023년 기준 삼성전자의 반도체 부문 매출은 68조 원에 달한다.

과학 분야에서는 CERN의 힉스 입자 발견 사례가 인상적이다. 1960년대 피터 힉스가 제안한 이론은 50년간 가설에 불과했다. '신의 입자'라고 불리며 존재 자체가 의문시되었다. 하지만 2012년 대형강입자가속기(LHC)를 통해 마침내 힉스 입자의 존재가 확인되었다. 이 발견으로 표준모형 이론이 완성되었고, 우주의 질량 생성 메커니즘이 밝혀졌다.

기계는 정말 돌았다. 그러나 통상적으로 말하는 입력에 의한 게 아니었다. 베어링의 마찰을 적게 하기 위해 공급한 오일과 기계적인 팽창의 불균일 때문에 만들어진 각도에 비밀이 있었다. 가설에는 현장에서 통용되는 암묵적 가설도 있다. 가설을 맹신하지 않으려면 어떤 자세가 필요할까? 첫째, 겸손함이다. 현재의 지식이 완전하지 않을 수 있다는 가능성을 인정해야 한다. 둘째, 호기심이다. 설명되지 않는 현상을 무시하지 말고 파고들어야 한다. 셋째, 용기다. 기존 통념에 도전하는 것은 비난을 감수해야 하는 일이다. 통찰력은 고정관념을 깨뜨릴 때 발휘된다. '불가능하다'라는 말이 나오는 순간, 그곳에 새로운 기회가 숨어 있을 가능성이 크다. 상위 1% 리더들은 모순을 두려워하지 않는다. 오히려 모순을 통해 새로운 차원의 해답을 찾아낸다. 나는 절대라는 말을 좋아하지 않는다. 절대라는 말을 자주 쓰는 사람을 신뢰하지 않는다. 적어도 인간 영역에서는 절대는 없다고 보기 때문이다.

② 모순은 새로운 차원으로 나가는 창이다

"하하하! 이런 미친 사람을 봤나? 배도 없는데 배를 사라고?"

"그렇습니다. 당신이 사겠다고 계약해주시면 우리는 그 배를 만들겠습니다. 만약 배를 기일까지 만들어 내지 못하면 계약금에 이자를 붙여서 돌려드리고, 배에 하자가 생기면 제가 원금을 물어드리겠습니다."

"조선소도 없는데 배를 사라고 하지 않나? 그러면 당신은 무슨 돈으로 그 조선소를 짓는다는 말이오?"

"당신이 배를 계약해주신다면 돈은 이미 충분히 준비되어 있습니다. 우리는 이미 영국의 선박컨설턴트회사 A&P 애플도어의 찰스 롱바톰 회장의 추천서를 받았습니다. 당신의 배 계약서를 바클레이스 은행에 갖다 주면 4만 3천 파운드 차관을 받기로 약조되어 있습니다."

"하하하! 이 사람 미쳐도 단단히 미쳤구만. 좋소, 당신의 그 배짱이 마음에 듭니다. 내가 계약을 하겠소. 대신 조건이 있소."

신용이 있으면 없는 배도 먼저 팔 수 있다. 그러나 신용이 없으면 불가능하다. 먼저 신용을 얻어야 한다. 누군가를 신뢰한다는 것은 하루아침, 한순간에 이루어지지 않는다. 현대중공업 창립자 정주영 회장의 대처법을 보자. 1970년 조선업에 진출할 때, 배도 없고 조선소도 없는 상태에서 그리스 선주에게 배를 팔겠다고 나선 것이다. 상식적으로는 불가능한 일이었다. 하지만 정주영은 모순을 새로운 관점으로 전환했다. '배를 만들어서 팔겠다'가 아니라 '배를 팔아서 만들겠다'라는 역발상이었다. 이런 모순적 사고의 힘은 어디서 나올까? 정주영은 어려서부터 역경을 극복하며 살았다. 가난한 농가에서 태어나 소 한 마리를 팔아 서울로 올라온 경험이 있었다. 그에게는 '불가능'이라는 단어가 없었다. 오히려 모순된 상황을 창조적 기회로 보는 관점이 체화되어 있었다. 그가 선주에게 보여주었던 것은 무엇인가? 나라면 그 상황에서 무엇을 보여주었을까? 결과적으로 현대중공업은 세계 최대 조선소가 되었다. 1973년 첫 번째 배를 인도한 후 50년간 누적 수주량 2,000만 CGT(표준화물선 환산톤수)를 기록했다. 2023년 기준 전 세계 조선 시장에서 20% 이상의 점유율을 차지하고 있다.

넷플릭스 창립자 리드 헤이스팅스는 2000년 블록버스터에 자신의 회사를 매각하자고 제안했다. 당시 넷플릭스는 적자 회사였고, 블록버스터는 비디오 대여업계의 절대 강자였다. 하지만 블록버스터는 거절했다. 그들에게 온라인 DVD 배송은 '틈새시장'에 불과했다. 헤이스팅스는 이 거절을 오히려 기회로 봤다. 거대한 경쟁자가 자신을 무시한다는 것은 그만큼 새로운 시장을 독점할 수 있다는 의미였다. 그는 모순적 상황을 활용해 완전히 다른 차원의 사업 모델을 만들어 냈다. DVD 배송에서 시작해 스트리밍으로, 콘텐츠 유통에서 제작으로 영역을 확장했다. 2023년 현재 넷플릭스는 시가총액 200억 달러의 글로벌 엔터테인먼트 기업이 되었다.

네이버의 성장 과정을 되돌아보자. 1999년 창립 당시 이미 야후, 라이코스 등 거대 포털들이 시장을 장악하고 있었다. '늦은 출발'이라는 모순적 상황에서 네이버는 차별화 전략을 택했다. 기존 포털들이 영어 중심의 글로벌 서비스를 제공할 때, 네이버는 한국어에 특화된 검색 알고리즘을 개발했다. 특히 '지식iN' 서비스는 모순적 발상의 결과였다. 검색엔진이 찾지 못하는 정보를 사람들끼리 질문하고 답하게 만든 것이다. 기계와 인간, 검색과 소통이라는 상반된 개념을 결합한 혁신이었다. 2023년 기준 네이버는 한국 인터넷 검색 시장의 60% 이상을 점유하고 있다.

모순을 창조적으로 활용하려면 기존 프레임워크를 벗어나야 한다. 'A 또는 B'라는 이분법적 사고에서 'A 그리고 B'라는 통합적 사고로 전환해야 한다. 또한 시간적 관점을 바꿔야 한다. 현재는 불가능해 보여도 미래에는 가능할 수 있다. 공간적 관점도 중요하다. 한 곳에서는 모순이지만 다른 곳에서는 기회가 될 수 있다. 모순은 새로운 차원으로 나가는 창이다. 기존의 한계를 뛰어넘을 때 진정한 혁신이 일어난다. 상위 1% 리더들은 모순을 두려워하지 않고 오히려 환영한다. 그 속에서 남들이 보지 못하는 기회를 발견하기 때문이다. 정주영 회장은 무엇을 얻었는가?

③ 알렉산더 딜레마

"이 문제 정말 골치 아픕니다. 어떻게 해결해도 누군가는 손해를 보게 되어 있어요."

"구체적으로 어떤 상황인데?"

"신규 공장 건설 부지 문제입니다. A 지역은 교통이 편리하고 인프라가 좋은데 지역 주민들이 반대해요. B 지역은 주민들이 환영하는데 물류비용이 너무 많이 들어요. C 지역은 조건이 애매한데 허가 과정이 너무 복잡하고요."

"그럼 절충안은 없나?"

"그게 문제예요. 어떤 선택을 해도 완벽한 해답이 없어요. 주주들은 수익성을 원하고, 지역사회는 환경을 걱정하고, 직원들은 근무 환경을 고려하고. 모든 걸 다 만족시킬 수는 없거든요."

풀기 힘든 골치 아픈 일들이 있다. 이러지도 저러지도 못한 일들이 있다.

고르디우스의 매듭처럼 풀리지 않는 문제들이 있을 때는 어떻게 할까? 전통적인 방법으로는 해결책이 보이지 않는 딜레마들이 있다. 이럴 때는 알렉산더 대왕이 칼로 매듭을 자른 것처럼, 때로는 문제 자체를 다르게 정의해야 한다. 이것이 바로 '알렉산더 딜레마'의 교훈이다.

아마존 창립자 제프 베조스는 1994년 이런 딜레마에 직면했다. 월스트리트의 안정적인 직장을 포기하고 온라인 서점을 창업할 것인가? 당시 인터넷 상거래는 검증되지 않은 분야였다. 성공할 가능성은 30%에 불과했다. 하지만 베조스는 '후회 최소화 프레임워크'라는 독특한 기준으로 결정했다. 80세가 되었을 때 후회하지 않을 선택이 무엇인가를 자문한 것이다. 그는 안전한 길을 택해서 '시도하지 않은 것'을 후회하기보다는, 도전해서 실패하는 것이 낫다고 판단했다. 이런 사고의 전환으로 아마존(Amazon.com)이 탄생했다. 1995년 온라인 서점으로 시작한 아마존은 2023년 현재 시가총액 1조 5천억 달러의 글로벌 기업이 되었다.

현대자동차도 비슷한 딜레마를 겪었다. 1967년 자동차 산업 진출을 결정할 때, 모든 조건이 불리했다. 기술도 없고, 자본도 부족했고, 시장도 협소했다. 정부는 '조립 공장만 하라'고 권했다. 하지만 정주영 회장은 '기술 자립'이라는 원칙을 고수했다. 외국 기술을 도입하되 반드시 국산화하겠다는 전략이었다. 1975년 포니 출시는 이런 의지의 결실이었다. 한국 최초의 고유 모델로 중동과 남미 시장에서 성공을 거두었다. 기술력 부족이라는 약점을 '신흥 시장 공략'으로 돌파한 것이다. 선진국에서는 뒤떨어진 기술이지만, 개발도상국에서는 충분히 경쟁력이 있었다. 2023년 기준 현대기아차는 연간 736만 대를 생산하는 세계 3위 자동차 그룹이 되었다.

스티브 잡스의 애플 복귀를 보자. 1997년 애플은 파산 직전이었다. 제품 라인은 복잡하고, 시장 점유율은 3%에 불과했다. 모든 전문가가 '애플은 끝났다'라고 진단했다. 하지만 잡스는 문제를 다르게 정의했다. '제품이 너무 적은 게 아니라 너무 많다'라고 본 것이다. 그는 수십 개의 제품 라인을 단 4개로 축소했다. 데스크톱과 노트북, 일반 사용자와 전문가용으로 나눈 단순한 매트릭스였다. 이 과감한 단순화가 iMac의 성공으로 이어졌고, 이후 iPod, iPhone, iPad로 연결되는 혁신의 토대가 되었다. 2023년 현재 애플은 시가총액 3조 달러의 세계 최대 기업이 되었다.

알렉산더 딜레마를 해결하는 핵심은 문제 정의를 바꾸는 것이다. 'A 또는 B 중 하나를 선택해야 한다'라는 전제를 'A와 B를 모두 달성할 방법은 없는가?'로 바꿔보는 것이다. 또는 '더 높은 차원에서 보면 이 문제가 실제로는 무엇인가?'를 질문해 보는 것이다. 시간 축을 바꾸는 것도 유용하다. 단기적으로는 딜레마지만 장기적으로는 해결책이 있을 수 있다. 공간 축도 마찬가지다. 한 영역에서는 불가능하지만 다른 영역에서는 가능할 수 있다. 이런 다차원적 사고가 알렉산더의 칼이 된다. 딜레마는 창조의 기회다. 기존 방식으로는 풀리지 않는 문제야말로 혁신의 여지가 큰 영역이다. 상위 1% 리더들은 딜레마를 피하지 않고 정면으로 마주한다. 그리고 문제 자체를 재정의해서 새로운 해법을 만들어 낸다.

④ 자가당착 탈출

스티브 잡스는 '완벽주의자'로 유명했다. 제품의 모든 디테일에 집착하고, 한 픽셀의 차이도 용납하지 않았다. 그런데 동시에 그는 '빨리 출시하고 나중에 개선하라'라는 철학도 가지고 있었다. 첫 번째 iPhone은 복사-붙여넣기 기능도 없이 출시되었고, 초기 Mac은 수많은 결함을 안고 있었다. 이것은 명백한 자가당착이다. 완벽을 추구하면서 동시에 불완전한 제품을 출시하는 모순. 하지만 잡스는 이 모순을 인정하고 오히려 활용했다. 하드웨어의 완벽함과 소프트웨어의 점진적 개선이라는 이중 전략을 구사한 것이다. 보이는 부분은 완벽하게, 보이지 않는 부분은 지속적으로 개선해나가는 방식으로 모순을 해결했다. 만약 잡스가 자신의 모순을 인정하지 않고 완벽주의만 고집했다면 제품은 영원히 출시되지 못했을 것이고, 속도만 추구했다면 애플의 브랜드 가치는 만들어지지 않았을 것이다. 자기모순을 인정하고 그것을 창조적으로 활용한 결과가 애플의 혁신이었다.

운동은 하기 싫은데 건강하고는 싶다. 일하기 싫은데 돈은 많이 벌고 싶다. 공부는 하기 싫은데 1등은 하고 싶다. 이런 자가당착은 인간의 본성이다. 우리는 모순된 욕구와 가치관을 동시에 갖고 있다. 안정을 원하면서 동시에 변화를 추구하고, 독립적으로 되고 싶으면서도 소속감을 갈망한다. 이런 모순을 결함으로 보고 억누르려 할 수도 있다. 하지만 통찰력 있는 리더는 이런 모순을 창조적 긴장으로 활용한다.

구글의 '20% 시간' 정책이 대표적 사례다. 직원들에게 업무 시간의 20%를 자유로운 프로젝트에 사용하도록 했다. 생산성과 창의성이라는 상반된 목표를 동시에 추구한 것이다. 단기적으로는 비효율적으로 보일 수 있지만, 장기적으로는 지메일(Gmail), 애드센스(AdSense), 구글 뉴스(Google News) 등 혁신적 서비스들이 탄생했다. 2023년 현재 구글 모회사 알파벳의 연간 매출 280억 달러 중 상당 부분이 이런 '비효율적' 시간에서 나온 결과물들이다. 운동하지 않고, 일하지 않고 공부하지 않고 원하는 것을 얻는 방법을 찾는 것도 창조성이 요구된다. 개인차는 있겠지만 획기적인 발견이나 발명이 될 것이다.

삼성그룹은 자가당착을 창조적으로 활용했다. 이건희 회장은 '마누라와 자식 빼고 다 바꿔라'라는 파격적 혁신을 주장하면서, 동시에 '온고지신(溫故知新)'이라는 전통적 가치도 강조했다. 변화와 전통이라는 모순된 가치를 동시에 추구한 것이다. 이런 철학이 삼성의 '스피드 경영'과 '품질 혁신'으로 구현되었다. 빠르게 시장에 진출하면서도 품질을 타협하지 않는다는, 상반된 목표를 동시에 달성하려 했다. 1990년대 반도체 사업에서 이런 전략이 빛을 발했다. 경쟁사보다 빠르게 차세대 제품을 출시하면서도 품질 문제는 철저히 관리했다. 그 결과 2023년 기준 삼성전자는 메모리 반도체 세계 1위를 유지하고 있다.

넷플릭스의 리드 헤이스팅스도 자가당착을 잘 활용했다. 그는 '자유와 책임'이라는 모순된 가치를 기업 문화의 핵심으로 삼았다. 직원들에게 최대한의 자유를 주면서 동시에 최고의 성과를 요구했다. 무제한 휴가제를 도입하면서도 성과에 대한 기준은 높게 유지했다. 이런 문화가 가능한 이유는 명확한 목표 설정과 투명한 피드백 시스템 때문이었다. 자유는 주되, 결과에 대한 책임도 명확히 했다. 이런 모순적 경영 방식이 넷플릭스의 혁신 문화를 만들어 냈고, 글로벌 스트리밍 시장 지배자로 성장하는 원동력이 되었다.

자가당착에서 탈출하는 방법은 모순을 부정하는 것이 아니라 인정하고 활용하는 것이다. 어떤 방법이 있을까? 우선은 자신의 모순을 객관적으로 인식해야 한다. 둘째는 모순이 생기는 맥락과 이유를 분석해야 한다. 마지막으로는 모순을 창조적 긴장으로 전환할 방법을 찾아야 한다. 특히 시간 축을 활용하는 것이 중요하다. 단기적으로는 모순이지만 장기적으로는 조화를 이룰 수 있다. 공간 축도 마찬가지다. 한 영역에서는 상충하지만 다른 영역에서는 시너지를 낼 수 있다. 이런 다차원적 관점이 자가당착을 창조적 동력으로 바꾸는 열쇠다. 결국 모순은 차원을 달리하면 모순 같지만 하나라는 것이다. 그러기에 모순은 결함이 아니라 창조의 원천이다. 상위 1% 리더들은 자신의 모순을 숨기지 않고 오히려 활용한다. 그들의 통찰력은 이런 모순적 사고에서 나온다.

논리적으로는 양립할 수 없는 것들을 어떻게 조화시킬 것인가? 모순을 마주했을 때 대부분은 불편해한다. A 또는 B 중 하나를 선택하려 한다. 하지만 진정한 통찰력은 'A와 B가 모두 참일 수 있는 더 높은 차원은 없을까?'를 질문하는 데서 시작된다. 이것이 변증법적 사고의 핵심이다. 모순을 통해 통찰력을 기르려면 어떤 단계가 필요할까? 세 가지 단계를 거쳐야 한다. 첫째는 모순을 인정하는 것이다. 불편하더라도 현실을 있는 그대로 받아들여야 한다. 둘째는 모순의 구조를 분석하는 것이다. 왜 이런 모순이 생겼는지, 각각의 요소는 어떤 의미인지 파악해야 한다. 셋째는 모순을 통합하는 새로운 관점을 찾는 것이다. 기존 프레임워크를 벗어나 창조적 해법을 모색해야 한다. 모순 속에 숨은 지혜는 통찰력의 최고 경지다. 여기서 진정한 혁신이 탄생하고, 새로운 패러다임이 만들어진다. 모순을 두려워하지 말고 오히려 환영하라. 그 속에 남들이 보지 못하는 기회가 숨어 있다. 거듭 말하지만, 모순은 다차원의 결합이나 차원의 중복이다. 그러니 다른 차원으로 보면 모순이 아니라 하나다.

5장

통찰력의
지속가능한 성장

1

영감의 순간을
포착하는 기술

① 세렌디피티는 없다?

"부장님! 드디어 재연되었습니다."

"설비 문제가 발생한 상황과 똑같은 상황이 재연된 거야? 어떻게 해서 된 거지?"

"일단 가상의 상황을 만들고 비슷한 시험을 수천 번을 했습니다. 각종 상황을 상상하면서 이런 자세로도 해보고 저런 자세로도 해보고 정말 손이 부르트도록 했는데 어느 순간 갑자기 비슷한 신호가 잡혔습니다. 정상적인 상황에서의 접촉이 아닌 약간 스치듯이 지나치면서 접촉하는 상황이 되니까 그런 현상이 발생했습니다."

"그러니까! 지금 약간 피복이 벗겨진 상태에서 쓸리듯이 케이블 외관과 접촉할 때 이런 상황이 발생한다는 것이지?"

"정말입니다! 드디어 재연되었습니다."

세렌디피티(Serendipity)는 우연한 발견을 의미한다. 하지만 진정한 세렌디피티는 순수한 우연이 아니다. 충분한 준비와 끈질긴 노력이 있을 때 비로소 '행운'이라는 가면을 쓴 필연이 찾아온다. 우리가 수천 번의 실험 끝에 원인을 발견한 것은 우연이 아니라 체계적 탐구의 결과였다. 루이 파스퇴르는 '준비된 마음에만 기회가 온다'라고 했다. 1928년 알렉산더 플레밍이 페니실린을 발견한 것도 마찬가지다. 그는 포도상구균을 배양하던 중 실수로 곰팡이가 들어간 페트리 접시를 발견했다. 이후, 곰팡이 주변의 세균이 죽어 있는 것을 보고 항생물질의 존재를 깨달았다. 이것은 우연한 발견처럼 보이지만, 사실은 20년간 세균학을 연구한 전문가만이 그 의미를 파악할 수 있었기에 우연이라고만은 할 수 없다.

한국의 삼성전자도 세렌디피티를 의도적으로 만들어 냈다. 1983년 64KB D-RAM 개발 과정에서 수많은 시행착오를 겪었다. 수율이 10%에도 미치지 못하는 상황이 계속되었다. 하지만 연구진은 포기하지 않고 매일 16시간씩 실험을 반복했다. 결국 온도와 습도의 미세한 변화가 수율에 결정적 영향을 준다는 것을 발견했다. 이 '우연한' 발견으로 삼성전자는 메모리 반도체 강국의 기반을 마련했다. 2023년 기준 전 세계 메모리 반도체 시장에서 40% 이상의 점유율을 차지하고 있다.

3M의 포스트잇 개발 과정도 세렌디피티다. 1968년 스펜서 실버는 강력한 접착제를 개발하려다가 실패했다. 접착력이 약해서 쉽게 떨어지는 접착제가 만들어진 것이다. 대부분은 이를 실패작으로 여길 것이다. 하지만 1974년 실버의 동료 아트 프라이는 교회에서 찬송가 책에 표시해둔 종이가 자꾸 떨어지는 것을 보고 실버의 접착제를 떠올렸다. '약한 접착제'라는 단점을 '재사용 가능한 메모지'라는 장점으로 전환한 것이다. 현재 포스트잇은 연간 10억 달러 매출을 기록하는 3M의 핵심 제품이 되었다.

세렌디피티는 만들어질 수 있다. 그러기 위해선 첫째, 다양한 시도를 해야 한다. 한 가지 방법만 고집하면 새로운 가능성을 놓칠 수 있다. 둘째, 실패를 학습 기회로 봐야 한다. 예상과 다른 결과도 중요한 정보다. 셋째, 열린 마음을 가져야 한다. 편견이나 고정관념이 세렌디피티를 막는다. 넷째, 끈질기게 지속해야 한다. 대부분의 발견은 포기 직전에 일어난다. 진정한 세렌디피티는 준비된 자에게 온다. 단순한 행운이 아니라 노력의 필연적 결과다. 우연을 만들어 낼 수 있는 시스템과 문화를 구축하는 것이 지속 가능한 통찰력의 핵심이다.

② **세렌디피티는 만들어진다**

"부장님! 사고원인을 찾은 것 같습니다. 일단 현장으로 이동하시면서 말씀드리겠습니다."

"그래요? 원인이 무엇인데요?"

"차단기 반 투입 상태가 문제였던 것으로 보입니다. 책에도 없고 제작사 레퍼런스에나 짤막하게 언급되어 있는데, 어제 부장님과 미팅 시 부장님께서 현상으로 보아서 먼저 접점이 붙어 있어야만 일어날 수 있는 현상이 아니냐고 하셨잖습니까?"

"그랬지! 그런데?"

"먼저 접점이 붙어 있는 상황을 자꾸 특정해서 생각하다가 보니 밤에 침대에 누웠는데 갑자기 퍼뜩 스치는 생각이 있었습니다. 그래서 그 길로 회사에 달려가서 상황을 몇 번이고 재현해보니 그런 현상이 발생되었습니다. 이 현상을 어떻게 설명할까를 고민하다가 찾아보니 레퍼런스 한 귀퉁이에 반 투입 현상에 대한 설명이 있었습니다."

"정말 대단하네요. 기적입니다. 기적!! 박 대리! 역시 대단한데."

'침대에 누웠는데 갑자기 퍼뜩 스치는 생각'이라고 했다. 그야말로 세렌디피티의 전형이었다. 하지만 이런 영감은 진공 상태에서 나오지 않는다. 낮에 충분히 문제에 몰입하고 고민했기 때문에 밤에 무의식이 답을 찾아낸 것이다. 세렌디피티는 저절로 생기는 것이 아니라 의도적으로 만들어 낼 수 있다.

구글의 창립 과정을 보자. 1995년 래리 페이지는 스탠포드 대학에서 웹페이지 간의 링크 구조를 연구하고 있었다. 당시 검색엔진들은 키워드 매칭에만 의존했고, 검색 결과의 품질이 떨어졌다. 페이지는 매일 밤늦게까지 웹 구조를 분석하며 더 나은 방법을 찾고 있었다. 어느 날 밤, 그는 학술 논문의 인용 시스템을 떠올렸다. 많이 인용되는 논문이 중요한 논문이듯, 많은 링크를 받는 웹페이지가 중요한 페이지라는 아이디어였다. 이 '우연한' 연결이 페이지랭크 알고리즘의 탄생으로 이어졌다. 하지만 이는 순수한 우연이 아니었다. 페이지는 수학과 컴퓨터 과학에 깊은 지식을 가지고 있었고, 웹의 구조적 특성을 끊임없이 탐구하고 있었다. 두 영역의 지식이 무의식적으로 연결되면서 혁신적 아이디어가 탄생한 것이다. 2023년 현재 구글 모회사 알파벳의 시가총액은 1조 7천억 달러에 달한다.

카카오톡 개발 과정은 어떤가? 2010년 김범수와 개발팀은 기존 메신저들의 한계를 절감하고 있었다. PC 중심의 복잡한 기능들이 모바일 환경에는 맞지 않았다. 어느 날 개발자 중 한 명이 아이폰의 '말풍선' 인터페이스를 보며 영감을 얻었다. SMS처럼 간단하지만, 인터넷을 사용하는 메신저를 만들면 어떨까 하는 아이디어였다. 이 순간적 영감이 카카오톡의 핵심 컨셉이 되었다. 하지만 이것도 우연이 아니었다. 팀은 수 개월간 모바일 커뮤니케이션의 미래를 고민하고 있었고, 사용자 경험에 대한 깊은 이해를 하고 있었다.

세렌디피티를 의도적으로 만들어 내는 기업들이 있다. 3M는 '15% 타임' 정책을 통해 직원들이 자유롭게 실험할 시간을 제공한다. 일견 비효율적으로 보이지만, 이 시간에서 포스트잇, 스카치 테이프, 마스킹 테이프 등 혁신 제품들이 탄생했다. 실패를 용인하는 문화와 다양한 시도를 격려하는 시스템이 세렌디피티의 온상이 된 것이다. 세렌티피티가 저절로 온 게 아니다.

실리콘밸리의 스타트업 인큐베이터 와이 콤비네이터(Y Combinator)도 세렌디피티를 체계화했다. 다양한 배경의 창업자들을 한곳에 모아 3개월간 집중적으로 교류하게 한다. 서로 다른 분야의 아이디어들이 충돌하고 결합하면서 예상치 못한 혁신이 탄생한다. 에어비앤비, 드롭박스, 스트라이프 등 수많은 유니콘 기업들이 이런 환경에서 나왔다.

세렌디피티를 만들어 내는 구체적 방법들이 있다. 첫째, 다양한 분야의 지식을 흡수해야 한다. 서로 다른 영역의 지식이 연결될 때 새로운 아이디어가 탄생한다. 둘째, 문제에 대한 깊은 몰입이 필요하다. 표면적인 관심으로는 진정한 통찰을 얻기 어렵다. 셋째, 충분한 휴식과 여유가 있어야 한다. 긴장 상태에서는 창의적 연결이 일어나기 어렵다. 넷째, 실패를 두려워하지 않는 문화가 필요하다. 세렌디피티는 운이 아니라 시스템이다. 우연을 필연으로 바꾸는 체계적 접근이 지속 가능한 통찰력을 만든다. 당신은 세렌티피티를 위해 어떤 노력을 하고 있는가?

③ 세렌디피티가 들어올 문을 넓히자

"강 본부장님 이번 주말에 홀인원 했다는데 들으셨어요?"

"와! 이번에도 홀인원을 했어요? 정말 대단한데! 그때 내가 그분과 같이 갔을 때도 그때도 홀인원을 했는데, 그러면 이번이 두 번째인가요?"

"아닙니다! 세 번째입니다. 홀인원 하면 3년은 재수가 좋다는 말이 있던데, 그래서 그러는지 그분 본부장으로 승진도 하고, 참 엄청나게 재수가 좋은 분이시라니까요."

"내가 그분이 홀인원 하는 것을 보았을 때는 정규코스가 아니라고 홀인원 패도 안 만들었는데 참 대단하네. 그런데 나는 이런 생각이 들어. 그분을 보면 행운이란 말보다는 그분의 노력이 먼저 생각나. 그분이 얼마나 열심히 연습하는지를 다 알잖아. 감히 행운도 노력하는 사람 앞에서는 못 당한 것 같은 느낌이니까, 행운이라는 말을 하기가 조심스러울 정도지."

그분은 홀인원을 세 번이나 기록했다. 그중에 한 번은 그 현장에 내가 있었다. 그때는 정말 운이었다. 그러나 그분은 누구도 따를 수 없는 연습광이었다. 겉으로는 운처럼 보이지만, 그 밑바탕에는 끊임없는 노력과 준비가 있었다. '감히 행운도 노력하는 사람 앞에서는 못 당한다.'라는 표현이 맞다. 세렌디피티가 들어올 문을 넓히려면 그만한 준비와 자세가 필요하다. 골프에서 홀인원 확률은 아마추어 기준으로 12,500분의 1이다. 하지만 프로 골퍼들의 홀인원 확률은 훨씬 높다. 단순히 운이 좋아서가 아니다. 정확한 스윙, 코스 분석 능력, 바람 읽기 등 종합적인 실력이 '운'을 끌어들이는 것이다.

잭 니클라우스는 '연습할수록 운이 좋아진다'라고 말했다. 실력이 향상될

수록 좋은 결과가 나올 확률이 높아진다는 의미다. 비즈니스에서도 마찬가지다. 워런 버핏은 투자에서 '운'이 좋기로 유명하다. 하지만 그의 운은 50년간 매일 10시간씩 기업 보고서를 읽으며 쌓은 내공에서 나온다. 1988년 코카콜라 투자, 2008년 골드만삭스 우선주 투자 등 그의 '운 좋은' 투자들은 모두 치밀한 분석과 인내의 결과였다. 2023년 기준 버크셔 해서웨이의 연평균 수익률은 57년간 19.8%를 기록했다.

 정주영 현대그룹 창업자도 '운'을 만들어 낸 대표적 인물이다. 1970년 조선업에 진출할 때, 배도 조선소도 없는 상태에서 그리스 선주와 계약을 체결했다. 상식적으로는 불가능한 일이었다. 하지만 정주영은 영국 선박 컨설턴트의 추천서를 미리 받아놓고, 은행 차관 약정까지 준비해놓았다. 겉으로는 무모한 도전처럼 보였지만, 실제로는 철저한 사전 준비가 있었다. 덕분에 현대중공업은 세계 최대 조선소로 성장했다.
 세렌디피티의 문을 넓히려면 네 가지 조건을 만족해야 한다. 첫째, 충분한 전문성이다. 기회는 준비된 자에게만 의미가 있다. 둘째, 다양한 네트워크다. 서로 다른 분야의 사람들과 교류할 때 예상치 못한 기회가 찾아온다. 셋째, 열린 마음가짐이다. 편견이나 고정관념이 기회를 막는다. 넷째, 빠른 실행력이다. 기회는 잠시 스쳐 지나간다. 실리콘밸리가 세렌디피티의 온상인 이유도 여기에 있다. 다양한 배경의 인재들이 모여 있고, 실패를 용인하는 문화가 있으며, 빠른 실행을 중시한다.

 스탠포드 대학 주변의 카페에서는 우연히 만난 두 사람이 의기투합해서 회사를 창업하는 일이 일상적으로 벌어진다. 구글, 페이스북, 넷플릭스 등 수많은 기업이 이런 '우연한' 만남에서 시작되었다. 한국에서는 판교 테크노밸리가 비슷한 역할을 하고 있다. 네이버, 카카오, 넥슨 등 주요 IT 기업들이 모여 있어 자연스럽게 인재와 아이디어의 교류가 일어난다. 한 회사에서 퇴사한 개발자가 다른 회사로 이직하면서 새로운 아이디어를 가져가거나, 점심시간에 만난 동료들이 창업 아이디어를 나누는 일이 빈번하다. 세렌디피티의 문을 넓히려면 의도적으로 다양성을 추구해야 한다. 같은 분야 사람들과만 어울리면 새로운 관점을 얻기 어렵다. 정기적으로 다른 업계 사람들과 만나고, 새로운 분야의 책을 읽고, 평소와 다른 환경에 노출되어야 한다. 또한 기회를 포착할 준비가 되어 있어야 한다. 아이디어를 즉시 기록할 도구를 준비하고, 새로운 제안을 받았을 때 빠르게 판단할 수 있는 기준을 가지고 있어야 한다. 무엇보다 '안 될 이유'를 먼저 찾는 습관을 버리고 '어떻게 하면 될까'를 고민하는 자세가 중요하다. 세렌디피티는 준비된 자에게만 찾아온다. 문을 넓힐수록 더 많은 기회가 들어온다.

④ 실력과 노력만으로 성공하는가?

"정말 대단한 것 같아요. 이렇게 되기를 10년을 꿈꾸었지만, 막상 이렇게 현실이 되니까. 진짜 뭐라 형언할 수가 없습니다."

"그때 처음에 이곳으로 교육원을 옮겨야 한다고 계획서 한 장 달랑 들고 이사님들 찾아다니면서 설득해서, 어렵게 어렵게 이사회 통과시키고 감격했었는데…."

"이사회 통과해서 다 되는가 했더니, 회사 경영상태가 나빠져서 미루어지고, 미루어지다가, 이제는 영원히 물 건너갔구나 했더니…."

"그 사이에 물밑에서 얼마나 끈질기게 계속해서 경영진들을 만나고 노력했는지 아시잖아요."

"맞아요. 그러다 어느 날 혜성처럼 도와주는 분이 나타나시고…."

최초 기안서를 내가 만들었다. 그 후로 10년이 지나갔다. 모진 시간이었다. 정말 10년간의 노력이 어느 날 '혜성처럼 나타난 분' 덕분에 결실을 보았다. 실력과 노력만으로는 부족하다. 적기와 도움을 주는 사람, 그리고 외부 환경의 변화가 함께 어우러져야 성공이 가능하다. 이것이 세렌디피티의 완전체다.

마이크로소프트 창립자 빌 게이츠의 성공도 이런 복합적 요인의 결과다. 그의 프로그래밍 실력은 뛰어났지만, 그것만으로는 세계 최대 소프트웨어 기업을 만들 수 없었다. 1980년 IBM이 개인용 컴퓨터 시장에 진출하면서 운영체제를 찾고 있을 때, 게이츠는 그 기회를 포착했다. 더 중요한 것은 그의 어머니 메리 게이츠가 IBM 회장과 같은 자선단체에서 활동하고 있어 소개받을 수 있었다는 점이다. 실력 + 기회 + 인맥이 결합된 결과였다. 한국의 이건희 삼성 회장도 마찬가지다. 그는 1993년 '신경영' 선언으로 삼성을 글로벌 기업으로 탈바꿈시켰다. 하지만 이것이 가능했던 이유는 단순히 그의 능력 때문만이 아니었다. 1990년대 초 냉전 종료로 글로벌 시장이 열렸고, 아시아 신흥국들이 부상하기 시작했다. 또한 일본 기업들이 장기 불황에 빠지면서 경쟁 환경이 유리하게 변했다. 이 모든 외부 조건이 삼성의 성장과 맞아떨어진 것이다.

실리콘밸리의 벤처 캐피털리스트들은 이를 '시장-제품 적합성(Product-Market Fit)'이라고 부른다. 아무리 좋은 제품이라도 시장이 준비되지 않으면 성공할 수 없다. 반대로 시장은 있지만, 제품이 부족해도 기회를 놓친다. 실력 있는 팀이 적절한 타이밍에 시장의 니즈를 충족하는 제품을 내놓을 때 비로소 성공할 수 있다.

아마존 창립자 제프 베조스는 이를 'Day 1 멘탈리티'로 설명했다. 매일이 창업 첫날이라는 마음가짐으로 변화에 민감하게 반응하고, 기회를 놓치지 않으려 노력해야 한다는 것이다. 실력과 노력은 기본이고, 거기에 시장 감각과 타이밍, 그리고 약간의 운이 더해져야 한다. 하지만 운에만 의존해서는 안 된다.

세렌디피티를 끌어들이는 구체적 방법들이 있다. 첫째, 지속적인 학습이다. 변화하는 환경에 적응하려면 끊임없이 새로운 지식을 흡수해야 한다. 둘째, 네트워크 구축이다. 다양한 사람들과의 관계가 예상치 못한 기회로 이어진다. 셋째, 실험 정신이다. 작은 시도를 지속하면서 시장의 반응을 확인해야 한다. 넷째, 인내심이다. 대부분의 성공은 오랜 시간의 축적 끝에 온다. 성공의 공식은 '실력 + 노력 + 타이밍 + 운'이다. 어느 하나만으로는 부족하고, 모든 요소가 조화롭게 결합될 때 진정한 성과가 나온다. 우리가 할 수 있는 것은 통제 가능한 부분(실력과 노력)에서 최선을 다하고, 통제 불가능한 부분(타이밍과 운)이 들어올 문을 넓혀놓는 것이다.

영감은 한 번의 번뜩임이 아니라 지속적인 과정이다. 상위 1% 리더들이 계속해서 혁신적 아이디어를 내놓을 수 있는 이유는 영감을 체계적으로 관리하기 때문이다. 이들은 영감을 우연에 맡기지 않고 의도적으로 만들어 낸다. 영감의 연속성을 위해서는 네 가지 순환 과정이 필요하다. 첫째, 준비(Preparation) 단계다. 충분한 지식과 경험을 축적하고, 문제에 대한 깊은 이해를 쌓는다. 둘째, 잠복(Incubation) 단계다. 의식적 사고를 멈추고 무의식이 작동할 여지를 만든다. 셋째, 조명(Illumination) 단계다. 순간적으로 해답이 떠오르는 영감의 순간이다. 마지막 넷째, 검증(Verification) 단계다. 영감을 현실에 적용하고 검증한다. 이 과정을 지속가능하게 만들려면 시스템이 필요하다. 다양한 인풋을 지속적으로 흡수하고, 서로 다른 분야의 사람들과 교류하며, 실패를 두려워하지 않는 문화를 만들어야 한다. 무엇보다 영감이 찾아올 수 있는 여백과 여유를 확보해야 한다. 영감의 폭죽놀이는 준비된 자에게 찾아온다. 우연을 필연으로 바꾸는 것, 그것이 지속 가능한 통찰력의 비밀이다.

2
집단지성의
힘을 활용하기

① 집단지성을 활용하라

성웅 이순신 장군은 항상 운주당이라는 곳에서 부하 장수들과 격의 없이 밤낮을 토론했다. 그를 통해 각종 전략 및 정책을 수립했다. 류성룡의 『징비록』을 보면 이순신 장군이 한산도에 머무르고 있을 때 운주당이라는 집을 지었는데 그는 그곳에서 장수들과 함께 밤낮을 가리지 않고 전투를 연구하면서 지냈다고 되어 있다. 아무리 졸병이라도 의견이 있다면 언제든지 와서 자유롭게 이야기를 할 수 있었는데, 이렇게 계속하자 모든 병사가 군사에 정통하게 되었고 항상 의논해서 방향을 정하니 싸움에서 패하는 일이 없었다고 기록하고 있다. 『난중일기』에도 종일토록 논의했다는 기록이 많이 남아 있다.

중국 역사의 폭군 걸왕과 주왕도 처음에는 재위 초기에 집단지성을 의지했다. 그러나 자신들이 지나치게 똑똑해서 백성과 신하들이 걸왕과 주왕의 능력을 넘어설 수 없게 되고, 토론에서 설득할 수 있는 지식인이 없게 되자, 그들은 폭군이 되고 독재자가 되었다. 아무리 똑똑해도 혼자서 다 알고 다 할 수 있는 시대는 지났다. 혼자 감당하기에는 세상이 사방팔방으로 뛰고 지식이 눈 깜짝할 사이에 변하고 정보가 초음속으로 이동한다. 함께 모으고 함께 대처해야 한다.

이순신의 운주당은 집단지성의 고전적 모델이다. 운주당에는 계급을 뛰어넘어 누구나 의견을 낼 수 있는 환경, 지속적인 토론과 학습, 그리고 집단의 지혜를 전략으로 구현하는 시스템이 있었다. 이것이 23전 23승이라는 불멸의 기록을 만든 비밀이었다. 현대의 성공한 기업들도 집단지성을 체계적으로 활용한다.

구글의 창립자 래리 페이지와 세르게이 브린은 1998년 회사 설립 당시부터 '20% 시간' 제도를 도입했다. 모든 직원이 근무 시간의 20%를 자유로운 프로젝트에 투자할 수 있게 한 것이다. 이 제도에서 지메일(Gmail), 애드센스(AdSense), 구글 뉴스(Google News) 등 핵심 서비스들이 탄생했다. 2023년 기준 구글 모회사 알파벳의 연간 매출 3,070억 달러 중 상당 부분이 이런 집단지성의 산물이다. 아마존 창립자 제프 베조스는 '2-피자 룰'을 만들었다. 어떤 회의든 피자 2판으로 충분한 인원만 참석시킨다는 원칙이다. 보통 6~8명 정도의 소규모 팀이 가장 효율적으로 토론할 수 있다는 연구 결과를 반영한 것이다. 또한 'Day 1 멘탈리티'를 강조하며 조직이 커져도 스타트업처럼 빠르고 유연하게 의사결정할 수 있는 문화를 만들었다.

네이버의 집단지성 활용을 보자. 1999년 창립 당시부터 '지식iN' 서비스를 통해 사용자들의 집단지성을 플랫폼화했다. 개별 전문가가 답할 수 없는 문제들을 집단의 힘으로 해결하는 시스템이다. 2023년 기준 누적 질문수 2억 건, 답변 수 3억 건을 기록하며 한국 최대의 지식 데이터베이스가 되었다. 삼성전자도 사내 제안·아이디어 제도(MOSAIC 등)를 운영하지만, 연간 접수 건수·채택률·금액 효과를 직접 외부에 공개하지 않아 확인할 수 없으나, 동종 업계 벤치마크(토요타 2023년 약 81만 건, 현대차 과거 연평균 약 40만 건 등)를 고려하면 제안 건수는 수십만~수백만 건 범주로 형성될 가능성이 있다.

2022년 한 해에만 제안 제도를 통해 상당한 경영 개선 효과를 거둔 것으로 집계되었다. 집단 지성이 효과적으로 작동하려면 몇 가지 조건이 필요하다. 첫째, 심리적 안전감이다. 구성원들이 두려움 없이 의견을 낼 수 있어야 한다. 둘째, 다양성이다. 같은 배경의 사람들만 모이면 집단 사고에 빠지기 쉽다. 셋째, 구조화된 프로세스다. 단순히 모여서 떠드는 것이 아니라 체계적으로 의견을 수렴하고 정리하는 시스템이 있어야 한다. MIT의 토마스 멀론 교수는 집단지성 연구를 통해 '집단 IQ'라는 개념을 제시했다. 개별 구성원의 IQ보다 집단의 사회적 민감성, 대화 참여도의 균등함, 여성 구성원 비율 등이 집단의 문제해결 능력을 더 크게 좌우한다는 것이다. 집단지성은 개인의 한계를 뛰어넘는 통찰력을 만든다. 하지만 저절로 생기지는 않는다. 의도적으로 설계하고 지속적으로 관리해야 한다.

② 조직 시스템이 일하게 하라

이튿날 모세가 백성을 재판하느라고 앉아 있고 백성은 아침부터 저녁까지 모세 곁에 서 있는지라. 모세의 장인이 모세가 백성에게 행하는 모든 일을 보고 이르되

"네가 이 백성에게 행하는 이 일이 어찌 됨이냐 어찌하여 네가 홀로 앉아 있고 백성은 아침부터 저녁까지 네 곁에 서 있느냐?"

모세가 그의 장인에게 대답하되

"백성이 하나님께 물으려고 내게로 옴이라. 그들이 일이 있으면 내게로 오나니 내가 그 양쪽을 재판하여 하나님의 율례와 법도를 알게 하나이다."

모세의 장인이 그에게 이르되

"네가 하는 것이 옳지 못하도다. 너와 또 너와 함께 한 이 백성이 필경 기력이 쇠하리니 이 일이 네게 너무 중함이라. 네가 혼자 할 수 없으리라. 이제 내 말을 들으라. 내가 네게 방침을 가르치리니 하나님이 너와 함께 계실지로다. 너는 하나님 앞에서 그 백성을 위하여 그 사건들을 하나님께 가져오며 그들에게 율례와 법도를 가르쳐서 마땅히 갈 길과 할 일을 그들에게 보이고, 너는 또 온 백성 가운데서 능력 있는 사람들 곧 하나님을 두려워하며 진실하며 불의한 이익을 미워하는 자를 살펴서 백성 위에 세워 천부장과 백 부장과 오십 부장과 십 부장으로 삼아, 그들이 때를 따라 백성을 재판하게 하라. 큰일은 모두 네게 가져갈 것이요. 작은 일은 모두 그들이 스스로 재판할 것이니, 그리하면 그들이 너와 함께 담당할 것인즉 일이 네게 쉬우리라."

이에 모세가 자기 장인의 말을 듣고 그 모든 말대로 하여 모세가 이스라엘 무리 중에서 능력 있는 사람들을 택하여 그들을 백성의 우두머리 곧 천부장과 백 부장과 오십 부장과 십 부장으로 삼으매, 그들이 때를 따라 백성을 재판하되 어려운 일은 모세에게 가져오고 모든 작은 일은 스스로 재판하더라.

(출애굽기 18장 13~26절)

성경에 나오는 장면 중 하나다.

모세 앞에 백성들이 아침부터 저녁까지 장사진을 치고 있는 모습. 남의 일이 아니다. 많은 조직이 최종 결재권자의 결재를 받으려고 장사진을 친다. 그야말로 아침부터 저녁까지 줄을 서 있다. 중간 결재권자들이 꼼꼼하게 확인하고 보고한 내용마저도 최종 결재권자가 미주알고주알 따지고 확인한다. 얻은 것이 없지는 않다. 그러나 잃은 것도 많다.

모세와 이드로의 대화는 조직 관리의 고전이다. 뛰어난 리더일수록 모든 일을 혼자 처리하려는 경향이 있다. 하지만 이는 리더 자신을 지치게 하고 조직의 성장을 막는다. 이드로는 '시스템을 만들어라'라는 통찰을 제시했다. 권한을 위임하고 단계별 의사결정 구조를 만드는 것이었다. 이 원리는 현대 조직에도 그대로 적용된다. 토요타 자동차의 '카이젠(개선)' 시스템이 대표적이다. 1950년대 토요타 회장 토요다 에이지는 모든 직원이 개선 아이디어를 낼 수 있는 시스템을 만들었다. 현장 작업자부터 관리자까지 누구나 문제를 발견하면 즉시 개선안을 제시할 수 있게 했다. 1986년에는 연 260만 건 이상의 개선 제안이 나왔으며, 참여율은 90% 이상이 되었다. 이런 시스템이 토요타를 세계 최고 품질의 자동차 회사로 만들었다.

맥도날드의 성공도 시스템의 힘이다. 창립자 레이 크록은 1955년 프랜차이즈 시스템을 도입하면서 모든 과정을 표준화했다. 햄버거 굽는 시간부터 고객 응대 방식까지 세밀하게 매뉴얼화했다. 덕분에 전 세계 어느 맥도날드에서도 똑같은 품질의 음식을 먹을 수 있다. 맥도날드는 2023년 기준 전 세계 118개국에 4만 개 이상의 매장을 운영하고 있다.

한국의 CJ제일제당도 시스템의 힘으로 글로벌 기업이 되었다. 1990년대 후반 중국 진출 당시, 현지 직원들에게 한국의 생산 노하우를 체계적으로 전수했다. 김치냉장고 기술부터 바이오 발효 기술까지 모든 과정을 매뉴얼화해서 전파했다. 그 결과 중국에서 연간 매출 3조 원 이상을 기록하는 현지 기업으로 성장했다.

스타벅스는 직원 교육 시스템으로 유명하다. '바리스타 챔피언십'을 통해 전 세계 직원들의 기술을 표준화하고, '그린 에이프런 북'으로 브랜드 철학을 공유한다. 파트 타임 직원까지도 의료보험을 제공하는 등 직원을 '파트너'로 대우하는 시스템을 만들었다. 이런 시스템이 전 세계 3만 개 이상 매장의 일관된 서비스 품질을 만들었다.

시스템을 만들었으면 시스템이 잘 작동하게 해야 한다. 또한, 시스템을 잘 작동하게 함과 동시에 시스템을 잘 활용해야 한다.

시스템이 잘 작동하게 하려면 몇 가지 요소가 필요하다. 첫째, 명확한 기준과 절차다. 누가 언제 무엇을 어떻게 할 것인지가 분명해야 한다. 둘째, 적절한 권한 위임이다. 책임과 권한이 일치해야 시스템이 원활하게 돌아간다. 셋째, 지속적인 피드백과 개선이다. 시스템도 환경 변화에 맞춰 계속 업그레이드되어야 한다. 조직 시스템은 리더 개인의 능력을 증폭시키는 레버리지다. 잘 설계된 시스템이 있으면 평범한 사람들도 비범한 성과를 낼 수 있다. 반대로 시스템이 없으면 뛰어난 리더도 한계에 부딪힌다. 천하의 제갈량이 죽고 실패한 원인을 알아야 한다. 같은 오류를 반복해서는 안 된다. 제갈량만 죽은 것이 아니다. 그가 속한 조직과 꿈이 죽은 것이다.

③ 집단지성은 리더십에서 완성된다

"이상으로 아이폰 개발 현황을 보고드렸습니다. 다음은 요즘 논란이 되고 있는 배터리 수명 문제와 관련하여 하드웨어팀에서 검토한 사항을 하드웨어 담당 부사장이 보고드리겠습니다."

"제가요? 지금 보고를 해야 합니까?"

"네! 지금 준비하신 대로 보고를 하시면 됩니다."

"준비를 안 했는데요!"

2007년 1월, 아이폰 출시를 한 달 앞둔 애플 본사. 스티브 잡스가 주재하는 최종 점검 회의에서 벌어진 일이다. 하드웨어 부사장이 배터리 문제에 대한 보고를 준비하지 않고 왔던 것이다. 회의실 분위기는 급격히 차가워졌다. 하지만 잡스는 화를 내지 않았다. 대신 이렇게 말했다.

"좋습니다. 그럼 지금부터 모든 팀이 각자의 관점에서 배터리 문제를 얘기해보세요. 소프트웨어팀은 최적화 관점에서, 디자인팀은 사용자 경험 관점에서, 마케팅팀은 고객 니즈 관점에서. 하나씩 돌아가면서 얘기해보죠."

그날 회의는 3시간이나 계속됐다. 각 팀이 서로 다른 시각에서 문제를 바라보면서 점차 전체 그림이 보이기 시작했다. 하드웨어팀은 '배터리 용량의 한계'를 말했고, 소프트웨어팀은 '백그라운드 앱 관리'의 중요성을 강조했다. 디자인팀은 '사용자가 체감하는 배터리 수명'에 대해, 마케팅팀은 '경쟁사 대비 우위점'에 대해 각각 다른 관점을 제시했다. 처음에는 각자의 입장만 고집하던 팀들이 점차 서로의 말에 귀 기울이기 시작했다. 그리고 놀라운 일이 일어났다. 소프트웨어팀의 한 엔지니어가 조심스럽게 손을 들었다.

"혹시…. 우리가 문제를 잘못 보고 있는 건 아닐까요? 배터리를 더 오래 쓰게 하는 것보다, 배터리를 더 빠르게 충전할 수 있게 하는 건 어떨까요?"

순간 회의실이 조용해졌다. 그리고 잡스가 미소를 지었다.

"그렇습니다. 우리는 지금까지 '오래 쓰기'에만 매달렸는데, '빠르게 채우기'라는 관점은 생각하지 못했네요."

그 자리에서 새로운 방향이 정해졌다. 배터리 용량 확대보다는 급속충전 기술에 집중하기로 한 것이다. 결국 아이폰은 '하루 종일 쓸 수 있고, 빠르게 충전할 수 있는' 스마트폰이라는 새로운 카테고리를 만들어 냈다.

집단지성이 리더십과 만날 때 이런 시너지가 나타난다. 잡스는 예상치 못한 상황에서도 집단의 지혜를 활용할 줄 알았다. 각 팀의 전문성을 존중하면서도 전체적인 방향을 제시했다. 무엇보다 한 엔지니어의 아이디어를 즉시 받아들이는 열린 자세를 보였다. 구글의 창립자들도 비슷한 리더십을 보였다. 래리 페이지는 '토일렛 페이퍼 테스트'라는 독특한 방법을 사용했다. 새로운 아이디어가 나오면 화장지 뒷면에 간단히 설명할 수 있을 만큼 명확한지 확인하는 것이었다. 복잡한 아이디어일수록 본질을 꿰뚫어 보는 집단적 사고가 필요하다는 철학이었다. 아마존의 제프 베조스는 'Disagree and Commit(다름을 존중하되, 전념을 다해 실천할 수 있도록)' 원칙을 만들었다고 한다. 토론 과정에서는 격렬하게 반대 의견을 내더라도, 일단 결정이 나면 모두가 헌신적으로 실행한다는 것이다. 이런 문화가 있어야 진정한 토론이 가능하다.

현대자동차 정몽구 명예회장의 리더십을 보자. 그는 '현장에서 답을 찾는다'라는 철학으로 항상 생산 현장을 돌아다니며 직원들과 대화했다. 작은 개선 아이디어라도 즉석에서 채택해 시행하는 경우가 많았다. 이런 상향식 (Bottom-up) 소통이 현대차의 품질 혁신을 이끌었다. 집단지성을 이끄는 리더십의 핵심은 세 가지다. 첫째, 경청하는 능력이다. 다양한 의견을 들을 줄 알아야 한다. 둘째, 통합하는 능력이다. 서로 다른 관점을 하나의 방향으로 모을 수 있어야 한다. 셋째, 결단하는 능력이다. 충분한 논의 후에는 명확한 결정을 내려야 한다. 집단지성은 리더의 역량을 대체하는 것이 아니라 증폭하는 것이다. 뛰어난 리더가 집단의 지혜를 제대로 활용할 때 진정한 혁신이 일어난다. 리더십이 없으면 사공이 많아 배가 산으로 간다.

④ 집단지성에도 한계가 있다

빌라도는 예수를 놓아주려고 힘썼다. 그러나 유대 사람들은 외쳤다.
"이 사람을 놓아주면, 총독님은 황제 폐하의 충신이 아닙니다."
빌라도는 이 말을 듣고, 예수를 데리고 나와서 재판석에 앉았다. 빌라도가 유대 사람들에게 말했다.
"보시오, 당신들의 왕이오."
유대인들은 외쳤다.
"없애 버리시오! 없애 버리시오! 그를 십자가에 못 박으시오!"
빌라도는 예수를 십자가에 처형하라고 그들에게 넘겨주었다.

(요한복음 19장 12~16절)

성경의 이 구절을 볼 때마다 가슴이 아프다. 가슴이 먹먹하다. 이 성경 구절은 집단지성의 어두운 면을 보여준다. 군중의 의견이 항상 옳은 것은 아니다. 때로는 집단 히스테리나 선동에 휩쓸려 잘못된 결정을 내리기도 한다. 빌라도는 개인적으로 예수의 무죄를 확신했지만, 군중의 압력에 굴복했다. 집단의 목소리가 진리를 보장하지는 않는다.

역사상에도 집단지성의 실패 사례들이 있다. 1961년 쿠바의 피그만 침공 작전을 보자. 존 F. 케네디 대통령과 최고 참모들이 모여 신중하게 검토했지만 참담한 실패로 끝났다. 모두가 똑똑한 사람들이었지만 집단사고(Group think)에 빠져 현실적 위험을 간과했다. 반대 의견을 내기 어려운 분위기에서 비판적 사고가 마비된 것이다.

기업에서도 비슷한 일이 일어난다. 코닥의 몰락을 다시 다른 각도에서 보자. 1975년 코닥 엔지니어 스티븐 새슨이 최초의 디지털 카메라를 발명했다. 하지만 경영진은 '우리의 핵심 사업인 필름을 위협한다'라며 이 기술을 무시했다. 모든 임원이 같은 생각이었다. 필름 사업에서 수십 년간 성공했던 경험이 오히려 독이 된 것이다. 결국 2012년 코닥은 파산했다. 일본 기업들의 1990년대 위기도 집단지성의 한계를 보여준다. 소니, 파나소닉, 샤프 등 전자 기업들은 '일본식 품질 경영'에 대한 절대적 신뢰를 하고 있었다. 하지만 애플, 삼성 등이 스마트폰으로 시장을 재편할 때 적절히 대응하지 못했다. 집단 내부의 합의가 오히려 혁신을 막은 것이다.

집단지성의 함정은 여러 가지다. 첫째, 동조 압력이다. 다수 의견에 맞추려는 심리가 다양성을 해친다. 둘째, 확증 편향이다. 기존 믿음을 확인해주는 정보만 받아들이는 경향이다. 셋째, 책임 분산이다. 집단 결정이므로 개인의 책임감이 희석된다. 넷째, 극단화 현상이다. 집단 토론 후 개인보다 더 극단적 결론에 도달하는 경우가 있다. 이런 함정을 피하려면 어떻게 해야 할까? 첫째, 다양성을 확보해야 한다. 같은 배경의 사람들만 모이면 시각이 편향된다. 둘째, 악마의 변호인 역할을 만들어야 한다. 의도적으로 반대 의견을 내는 사람이 있어야 한다. 셋째, 익명성을 보장해야 한다. 신분이 드러나지 않을 때 더 솔직한 의견을 낼 수 있다. 넷째, 단계적 의사 결정이 필요하다. 중요한 결정일수록 시간을 두고 재검토해야 한다. 넷플릭스 CEO 리드 헤이스팅스는 '키퍼 테스트'라는 방법을 사용한다. 각 팀원에 대해 '이 사람을 꼭 붙잡아두려고 노력할 것인가?'를 질문하는 것이다. 편안하지만 성과가 부족한 분위기보다는 긴장감 있는 고성과 문화를 선택한 것이다. 집단지성은 양날의 칼이다. 잘 활용하면 개인의 한계를 뛰어넘는 통찰을 얻을 수 있지만, 잘못 사용하면 집단의 어리석음에 빠질 수 있다. 중요한 것은 집단지성의 장점은 살리고 단점은 최소화하는 시스템을 만드는 것이다.

집단지성은 통찰력을 개인 차원에서 조직 차원으로 확장하는 핵심 메커니즘이다. 아무리 뛰어난 개인이라도 혼자서는 한계가 있다. 하지만 여러 사람의 지혜가 제대로 결합되면 1+1=2를 넘어선 시너지를 만들 수 있다. 집단지성을 효과적으로 활용하려면 몇 가지 요소가 균형을 이뤄야 한다. 첫째, 다양성이다. 서로 다른 배경과 관점을 가진 사람들이 모여야 한다. 둘째, 상호작용이다. 단순히 의견을 모으는 것이 아니라 서로 영향을 주고받는 역동적 과정이 필요하다. 셋째, 시스템이다. 개인의 지혜를 조직의 역량으로 전환하는 체계가 있어야 한다. 넷째, 리더십이다. 집단의 에너지를 바른 방향으로 이끄는 조정자가 필요하다. 집단지성의 궁극적 목표는 조직 전체가 학습하고 진화하는 것이다. 개인의 통찰이 조직의 지혜가 되고, 조직의 지혜가 다시 개인의 성장을 촉진하는 선순환 구조를 만드는 것이다. 이것이 지속가능한 통찰력의 토대다. 자신이 속해 있는 집단은 어떤 상태인가?

3

높이 오를수록
넓게 보인다

① 높이 올라가야 보이는 것들이 있다

"부장님! 이 프로젝트 정말 복잡해서 어디서부터 손을 대야 할지 모르겠어요."

"김 대리! 잠깐 옥상으로 올라가자."

"네? 갑자기 옥상이요?"

"한번 올라가 보면 알 거야."

40층 건물 옥상에 올라간 김 대리는 깜짝 놀랐다. 아래에서 보던 복잡하고 혼잡한 도시가 위에서는 질서정연하게 보였다. 도로는 격자 형태로 정리되어 있었고, 건물들은 용도별로 구역이 나뉘어 있었다.

"어떻게 보여?"

"신기해요. 아래서는 그냥 복잡하기만 했는데, 위에서 보니까 다 계획이 있었네요."

"프로젝트도 마찬가지야. 지금 우리는 너무 가까이에서 보고 있어서 복잡해 보이는 거야. 한 걸음 물러나서, 더 높은 관점에서 봐야 전체 그림이 보여."

높은 산에 올라가면 고층 빌딩도 넓은 운동장도 손톱만 하게 보이거나 성냥갑만 하게 보인다. 주말이면 교육원 운동장에서 운동하는 사람들을 자주 보았다. 교육원 2층 휴게실에서 보면 운동장 바닥에서 보는 것과는 다른 풍경이 펼쳐진다. 선수들에 가려서 잘 보이지 않던 것이 보이는 것이다. 공격하는 쪽의 패스 길이 보였고 상대편의 수비 라인이 보였다. 감독을 하고 작전을 짤 수 있을 것 같았다. 높은 시야로 보는 것, 이것이 바로 메타 시야의 힘이다. 통찰력 있는 리더는 높이 올라가 멀리 보는 능력을 갖추고 있다. 높이와 관점은 통찰의 핵심이다. 같은 현상이라도 어떤 고도에서 바라보느냐에 따라 완전히 다르게 보인다. 현장에서는 혼란스러워 보이는 상황도 충분한 거리를 두고 보면 명확한 패턴이 드러난다.

아마존 창립자 제프 베조스는 이를 '10,000피트 뷰'라고 표현한다. 1994년, 아마존이 온라인 서점으로 처음 시작했을 때, 대부분의 사람은 아마존을 '책만 파는 인터넷 상점'으로 봤다. 하지만 베조스는 더 높은 관점에서 '지구상에서 가장 고객 중심적인 회사'라는 비전을 그리고 있었다. 이 거시적 관점이 아마존을 단순한 온라인 서점에서 클라우드 컴퓨팅(AWS), 인공지능(Alexa), 우주 항공(Blue Origin)까지 아우르는 거대 기업으로 성장시켰다. 2023년 기준 아마존의 시가총액은 1조 5천억 달러에 달한다.

삼성 이건희 회장도 높은 관점의 대가였다. 1993년 신경영 선언에서 그는 '마누라와 자식 빼고 다 바꿔라.'라고 했지만, 이는 단순한 변화가 아니었다. 그는 냉전 종료 후 글로벌 경제 지형 변화, 아시아 경제권 부상, 디지털 혁명의 시작을 모두 꿰뚫어 보고 있었다. 당시 대부분의 한국 기업들이 국내 시장에만 집중할 때, 이 회장은 '글로벌 일류 기업'이라는 30,000피트 뷰를 갖고 있었다. 그 결과 삼성전자는 메모리 반도체, 스마트폰에서 세계

1위를 달성했다.

구글의 창립자 래리 페이지와 세르게이 브린도 높은 관점의 힘을 보여준다. 1996년 스탠포드 대학에서 박사 논문을 쓸 때, 다른 연구자들은 검색 정확도 향상에만 집중했다. 하지만 이들은 '전 세계 정보를 체계화해서 누구나 접근할 수 있게 만든다'라는 거대한 비전을 가지고 있었다. 이런 높은 관점이 단순한 검색엔진을 넘어 유튜브(YouTube), 안드로이드(Android), 지메일(Gmail) 등을 포괄하는 정보 생태계를 만들어 냈다.

그렇다면 어떻게 하면 높은 관점을 가질 수 있을까? 구체적인 방법은 무엇일까? 첫째, 시간 축을 늘려보는 것이다. 당장의 문제에 매몰되지 말고 10년, 20년 후를 내다봐야 한다. 둘째, 공간 축을 확장하는 것이다. 우리 부서, 우리 회사를 넘어 업계 전체, 사회 전체의 맥락에서 생각해야 한다. 셋째, 추상화 수준을 높이는 것이다. 구체적 사안에서 벗어나 본질적 원리를 찾아야 한다.

실리콘밸리의 벤처 캐피털리스트들은 '패턴 매칭'이라는 방법을 사용한다. 수많은 스타트업을 보면서 성공과 실패의 패턴을 높은 관점에서 파악하는 것이다. 세쿼이아 캐피털의 돈 발렌타인은 '우리는 기업에 투자하는 것이 아니라 시장에 투자한다'라고 했다. 개별 회사보다는 전체 산업의 변화를 읽는 높은 관점을 강조한 것이다. 현대자동차 정몽구 명예회장을 주목해 보자. 1999년 기아자동차 인수 당시, 대부분 전문가들이 부정적이었다. 두 회사 모두 어려운 상황이었기 때문이다. 하지만 정 회장은 '글로벌 자동차 산업의 대형화 트렌드'를 높은 관점에서 내다봤다. 규모의 경제 없이는 살아남기 어렵다고 판단한 것이다. 그 결과 현대기아차는 연간 736만

대를 생산하는 세계 3위 자동차 그룹이 되었다. 높은 관점을 기르려면 의도적인 훈련이 필요하다. 정기적으로 자신의 포지션을 점검하고, 더 넓은 맥락에서 재해석해보는 습관을 지녀야 한다. 또한 다양한 분야의 지식을 쌓아 연결고리를 발견할 수 있어야 한다. 무엇보다 현재의 성공에 안주하지 않고 끊임없이 더 높은 차원을 추구하는 자세가 필요하다.

② **코끼리 한입에 먹는 기술**

"사장님! 이번 프로젝트 규모가 너무 큽니다. 어디서부터 어떻게 손을 대야 할지 모르겠습니다. 도저히 우리 팀만으로는 감당이 안 될 것 같아요."

"어떤 부분이 가장 부담스러워?"

"전체를 다 봐야 하는데, 시장조사부터 기술개발, 마케팅, 영업까지…. 어디서부터 손을 대야 할지 모르겠어요."

"김 부장! 코끼리를 어떻게 먹는지 아나?"

"네? 갑자기 코끼리요?"

"코끼리를 한입에 먹을 수 있나?"

"당연히 불가능하죠."

"그럼 어떻게 먹어야 할까?"

"잘게 썰어서…. 아, 그런 의미시군요!"

"그것도 맞는 말인데, 축소해서 작게 만들어서 먹으면 되는 것 아닌가? 코끼리라고 했지, 어떤 코끼리라고는 안 하지 않았나. 산 정상에 올라가면 지금 이렇게 크게 보이는 아파트도 자동차도 집도 손톱만 하게 보이잖아. 프로젝트를 보면 관점을 달리해서 보는 것은 어떤가?"

복잡하고 거대한 문제를 해결하는 핵심은 적절한 관점의 전환이다. 물리적으로 높이 올라가면 큰 것들이 작게 보이듯, 인지적으로 관점을 바꾸면 불가능해 보이던 일도 관리 가능한 크기로 축소된다. 스페이스X 창립자 일론 머스크는 이런 관점 전환의 대가다. 2002년 우주 사업에 진출할 때, 로켓 발사 비용은 수백억 원에 달했다. 기존 업체들은 '우주 사업은 원래 비싸다'라고 받아들였다. 하지만 머스크는 '제1 원리 사고'로 문제를 바라봤다. 로켓을 구성하는 원자재 비용을 계산해보니 전체 가격의 2% 수준이었다. 나머지 98%는 비효율이었다. 이 관점 전환으로 팰컨9 로켓의 발사 비용을 기존 대비 90% 줄였다. 2023년 기준 스페이스X는 전 세계 상업 우주 발사의 80% 이상을 담당하고 있다.

아마존의 앤디 재시 CEO(AWS 사업 총괄)도 비슷한 접근을 했다. 2006년 클라우드 서비스 개발 당시, 대부분의 기업은 'IT 인프라는 각자 구축하는 것'이라고 생각했다. 하지만 재시는 '전기나 수도처럼 필요한 만큼만 사용하는 서비스'라는 관점으로 전환했다. 거대한 IT 인프라 구축이라는 '코끼리'를 개별 컴퓨팅 자원이라는 작은 단위로 쪼개서 판매한 것이다. AWS는 2023년 연간 매출 850억 달러를 기록하며 클라우드 시장의 32%를 점유하고 있다.

네이버가 보여 준 관점 전환의 힘은 어떤가? 1999년 포털 사업 진출 당시, 야후와 라이코스 같은 글로벌 강자들이 시장을 지배하고 있었다. 불가능해 보이는 도전이었다. 하지만 이해진 창립자는 '글로벌 서비스를 한국에 맞게 현지화'하는 대신 '한국어에 특화된 서비스'라는 관점으로 전환했다. 거대한 글로벌 경쟁이라는 '코끼리'를 한국어 검색이라는 틈새 영역으로 축소한 것이다. 이 전략이 성공해 네이버는 한국 검색 시장의 60% 이상을 점유하게 되었다.

관점 전환에는 몇 가지 기법이 있다. 첫째, 분해(Decomposition)다. 복잡한 문제를 작은 단위로 나누는 것이다. 둘째, 추상화(Abstraction)다. 구체적인 사안을 더 높은 차원의 개념으로 단순화하는 것이다. 셋째, 유추(Analogy)다. 다른 분야의 성공사례를 현재 상황에 적용하는 것이다. 토요타의 도요다 사키치는 방직업에서 자동차업으로 전환할 때 이런 관점 전환을 활용했다. '실을 짜는 기계'와 '자동차를 만드는 기계'는 완전히 다른 것 같지만, '정밀한 기계 제작'이라는 추상적 관점에서는 동일했다. 이 통찰이 토요타가 세계 최고 품질의 자동차를 만드는 기반이 되었다.

앞서 말한 구글의 '20% 시간' 제도도 관점 전환의 산물이라고 볼 수 있다. 대부분 회사는 '업무 시간은 회사 일만 해야 한다'라고 생각한다. 하지만 구글은 '창의성은 자유로운 탐구에서 나온다'라는 관점으로 전환했다. 거대한 혁신이라는 '코끼리'를 작은 개인 프로젝트들로 분해한 것이다. 그 결과 지메일(Gmail), 애드센스(AdSense), 구글 맵스(Google Maps) 등이 탄생했다. 관점 전환 능력을 기르려면 지속적인 연습이 필요하다. 문제에 직면했을 때 즉시 해결책을 찾으려 하지 말고, 먼저 '다른 관점에서는 어떻게 보일까?'를 질문해야 한다. 또한 다양한 분야의 사례를 수집해서 패턴을 찾는 습관을 가져야 한다. 무엇보다 '불가능하다'라는 말을 들었을 때 오히려 더 호기심을 갖는 자세가 중요하다. 미국의 조합교회 목사인 찰스 먼로 셸던이 쓴 5천만 부 이상 팔린 베스트셀러인 『예수라면 어떻게 할 것인가』라는 소설책이 있다. 관점을 전환하여 보자는 것이다. 관점을 전환하면 보이지 않던 것들이 보인다. 같은 문제라도 해결책이 하나만 있는 것이 아니다.

③ 마천루도 1층부터

"부장님! 신입사원 때부터 10년 동안 이 회사에 있었는데, 아직도 기초업무만 하고 있는 것 같아요. 저는 언제쯤 큰일을 맡을 수 있을까요?"

"김 과장, 우리 회사 본사 건물이 몇 층이지?"

"23층입니다!"

"그 건물은 23층이니까, 5층부터 쌓았을까? 아니, 당연히 1층부터 올라갔지. 아니 더 정확하게는 지하부터 시작했겠지. 기초공사 없이 23층을 쌓을 수 없었을 테니까."

"당연히 그랬겠지요!"

"맞아! 높은 건물일수록 기초가 튼튼해야 높이 올라갈 수 있어. 지금 하고 있는 기초업무들이 바로 김 과장 앞으로 쌓아 올릴 경력의 기반이야. 그 기초가 튼튼할수록 더 높이 올라갈 수 있어. 너무 서두르지 말고 대신 기초를 튼튼하게 다져. 그러면 때가 올 거야."

성취의 높이와 기초의 깊이는 비례한다. 마천루가 높을수록 더 깊고 튼튼한 기초가 필요하듯, 큰 성공을 이루려면 그에 상응하는 기본기가 뒷받침되어야 한다. 이것이 지속가능한 통찰력의 핵심 원리다. 워런 버핏의 성공은 철저한 기본기에서 나왔다. 그는 11세부터 주식 투자를 시작했지만, 실제 큰 성과는 50대 이후에 나타났다. 40년간 매일 기업 보고서를 읽고 분석하는 기본기를 쌓았기 때문이다. 버핏은 '나무를 심는 가장 좋은 시기는 20년 전이었고, 두 번째로 좋은 시기는 바로 지금이다'라고 했다. 2023

년 기준 버크셔 해서웨이의 연평균 수익률은 57년간 19.8%를 기록했다. 이는 복리의 마법이 아니라 기본기의 마법이다.

마이크로소프트 창립자 빌 게이츠도 13세부터 프로그래밍을 시작했다. 하버드 대학에서도 컴퓨터실에서 밤을 새우며 코딩했다. 1975년 마이크로소프트를 창업할 때까지 이미 1만 시간 이상의 프로그래밍 경험을 쌓았다. 이런 기본기가 있었기에 IBM과의 운영체제 계약 같은 기회를 잡을 수 있었다. 단순한 운이 아니라 준비된 실력의 결과였다.

이병철 삼성 창업자는 쌀가게에서 시작했다. 1938년 대구에서 작은 쌀가게로 사업을 시작해 무역업, 제조업을 거쳐 점진적으로 성장했다. 40년간 차근차근 기본기를 쌓은 결과 1970년대부터 전자산업에 본격 진출할 수 있었다. 급성장을 추구했다면 불가능했을 변화였다. 삼성그룹은 2023년 기준 매출 400조 원의 글로벌 기업이 되었다.

일본의 토요타도 마찬가지다. 도요다 사키치가 1924년 자동직기 회사로 시작해서 아들 기이치로가 1937년 자동차 부문을 분리할 때까지 13년간 기계 제작 노하우를 축적했다. 이 기본기가 있었기에 전후 복구 과정에서 독창적인 생산시스템(TPS, Toyota Production System)을 개발할 수 있었다. 급작스럽게 자동차 사업에 뛰어들었다면 불가능했을 혁신이었다.

실리콘밸리의 성공 기업들도 기본기의 중요성을 강조한다. 구글의 래리 페이지는 스탠포드에서 6년간 박사 과정을 하며 웹 구조에 대한 깊은 이해를 쌓았다. 페이스북의 마크 저커버그는 하버드에서 2년간 다양한 소셜 프로젝트를 시도하며 사용자 행동에 대한 통찰을 얻었다. 표면적으로는 '대학 중퇴 창업가'로 보이지만, 실제로는 충분한 기본기를 쌓은 후의 도전이었다.

기본기를 쌓는 방법을 살펴보자. 첫째, 앞에서 언급했지만, 무엇보다 의도적 연습(Deliberate Practice)이 중요하다. 단순한 반복이 아니라 끊임없이 약점을 보완하고 한계를 확장하는 연습이어야 한다. 둘째, 피드백 순환이다. 자신의 실력을 객관적으로 평가하고 개선할 수 있는 시스템이 필요하다. 셋째, 인내심이다. 기본기는 하루아침에 쌓이지 않는다. 장기적 관점에서 꾸준히 축적해야 한다. 현대 사회는 빠른 성과를 요구하지만, 진정한 성취는 여전히 시간이 걸린다. 10년 후, 20년 후의 자신을 위해 지금 기본기를 쌓는 것이 가장 확실한 투자다. 마천루의 높이는 기초의 깊이가 결정한다.

④ 시장의 눈에 비춰보기

"솔직히 허 사장님이 우리라면 이 제품을 이 값에 사시겠어요?"
"저라도 솔직히 현재 상태에서 이 돈에는….”
"그렇죠? 그러면 답은 나오잖아요? 제품 퀄리티를 높여 주시든지, 가격을 낮춰 주시든지 해야지, 무언가 경쟁력이 생기지 않을까요? 아직까지 연구개발 단계에 있으니, 시장 고객들 관점에서 다시 한번 업그레이드할 방법을 찾아봅시다."

시장의 관점에서 자신의 제품과 서비스를 바라보는 것은 객관적 통찰의 출발점이다. 내부의 논리가 아닌 외부의 눈으로 판단할 때 비로소 진정한 가치와 한계가 드러난다. 이것이 '고객 중심적 사고'의 핵심이다. 스티브 잡스는 이런 시장 관점의 대가였다. 1976년 애플 II 개발 당시, 기존 컴퓨터들은 기술자들만 사용할 수 있는 복잡한 기계였다. 하지만 잡스는 '일반인도 집에서 쉽게 사용할 수 있는 컴퓨터'라는 시장의 관점으로 접근했다. 기술적 성능보다는 사용자 경험에 집중한 것이다. 그 결과 애플 II는 1977년부터 1993년까지 16년간 약 600만 대가 판매되며 개인용 컴퓨터 시대를 열었다.

아마존의 제프 베조스는 '고객 집착(Customer Obsession)'을 경영 철학의 첫 번째 원칙으로 삼았다. 1995년 온라인 서점을 시작할 때부터 모든 의사결정을 고객 관점에서 내렸다. 단순히 책을 파는 것이 아니라 '고객이 원하는 모든 것을 가장 편리하게 구매할 수 있는 서비스'를 만들겠다는 시장 관점이었다. 이것이 아마존을 단순한 온라인 쇼핑몰에서 '지구상에서 가장 고객 중심적인 회사'로 발전시킨 원동력이었다.

이재용 삼성전자 회장도 시장 관점의 힘을 보여준다. 2010년 갤럭시 시리즈 개발 당시, 내부에서는 '삼성만의 독창적 디자인'을 고집하는 의견이 많았다. 하지만 이 회장은 '소비자가 정말 원하는 스마트폰은 무엇인가?'라는 시장 관점으로 접근했다. 아이폰의 성공 요인을 분석하되, 더 큰 화면, 더 다양한 기능이라는 차별점을 부각시켰다. 그 결과 갤럭시는 2023년 기준 전 세계 스마트폰 시장에서 20% 이상의 점유율을 차지하고 있다.

네이버의 이해진 창립자도 시장 관점을 잘 활용했다. 1999년 포털 사업 진출 당시, 기존 서비스들은 '웹사이트 디렉토리'에 집중했다. 하지만 이 창립자는 '한국 인터넷 사용자들이 정말 원하는 것은 무엇인가?'라는 질문을 던졌다. 그 답이 '질문하고 답을 얻는 것'이었다. 이 시장 통찰이 '지식iN' 서비스로 구현되었고, 네이버가 한국 포털 시장의 선두주자가 되는 토대가 되었다.

시장 관점은 어떻게 갖출 수 있을까? 첫째, 정기적인 고객 접점이다. 직접 고객을 만나고 이야기를 들어야 한다. 둘째, 경쟁사 분석이다. 시장에서 성공하는 다른 회사들의 전략을 냉정하게 분석해야 한다. 셋째, 데이터 기반 판단이다. 주관적 추측이 아닌 객관적 수치로 시장을 읽어야 한다. 테슬라의 일론 머스크는 매주 고객 피드백을 직접 검토한다. CEO가 고객 불만 사항을 일일이 확인하는 것이다. 이런 시장 밀착 경영이 테슬라를 전통 자동차 회사들과 차별화시키는 요소다. 2023년 기준 테슬라는 전 세계 전기차 시장에서 20% 이상의 점유율을 차지하고 있다. 구글의 창립자들도 검색 서비스 개발 과정에서 지속적으로 사용자 피드백을 수집했다. '10개의 파란 링크'라는 단순한 인터페이스도 수많은 사용자 테스트를 거친 결과였다. 기술적 복잡성보다는 사용자 편의성을 우선시한 시장 관점의 산물이었다. 시장의 눈으로 자신을 바라보는 것은 때로 불편하다. 내부의 논리와 자부심이 무너질 수 있기 때문이다. 하지만 이런 객관적 시각이야말로 진정한 통찰의 시작이다. 시장은 가장 정직한 거울이다.

통찰력의 깊이는 관점의 높이와 정비례한다. 지면에서는 보이지 않던 것들이 높이 올라갈수록 선명하게 드러난다. 이것이 '올라간 만큼 보인다'라는 원리의 핵심이다. 통찰력에는 네 가지 층위가 있다. 첫째, 현장 관점이다. 구체적이고 실무적인 시각으로 문제를 바라본 것이다. 둘째, 시스템 관점이다. 개별 요소들의 연결고리와 상호작용을 본다. 셋째, 전략 관점이다. 장기적이고 거시적인 맥락에서 판단한다. 넷째, 철학적 관점이다. 본질과 의미에 대한 근본적 질문을 던진다. 상위 1% 리더들은 이 네 층위를 자유롭게 오가며 상황에 맞는 최적의 관점을 선택한다. 현장에서는 구체적으로, 전략 회의에서는 거시적으로, 위기 상황에서는 본질적으로 사고할 수 있는 유연성을 갖추고 있다.

중요한 것은 높은 관점만이 옳다는 것이 아니라는 사실을 아는 것이다. 적절한 관점을 선택하는 것이 지혜다. 때로는 지상에서 세밀하게 살펴봐야 할 것들이 있고, 때로는 우주에서 내려다봐야 할 전체 그림이 있다. 이런 관점의 다층성이 통찰력의 완성도를 결정한다. 현미경으로만 보아도 될 때가 있었다. 망원경으로만 보아도 될 때가 있었다. 그러나 시대가 바뀌었다. 이제는 현미경으로만 보아서는 안 된다. 망원경으로만 보아서도 안 된다. 수시로 번갈아 가면 보고 또 보아야 한다.

4

통찰력의 눈
아르고스

① 경계를 허무는 융합적 사고

"요즘 세계적으로 관심을 받고 있는 〈케이팝 데몬 헌터스〉의 서브 주인공인 진우나 다른 주인공들을 보면서 박수를 치고 환호하지만, 마음 한구석은 허전하고 내가 한없이 초라해 보여서 기분이 우울할 때가 있어."

"맞아! 진우! 대단하더라! 그런데 나는 너도 진우 못지않게 대단하다고 생각하는데."

"야아~ 아무리 친구라지만 아부도 좀 적당히 해라."

"자 보자! 세계적으로 유명한 예술가들과 네가 다른 게 무엇이 있지? 현 시점에서 무대만 다를 뿐이 아닐까? 작가들이나 예술가들도 거인들의 어깨를 빌려 축적된 지식에 그들의 창의력이나 예술적인 감각을 더해서 작품을 만들어서 많은 사람에게 감동을 주고 있지. 너도 너만의 분야에서 너의 전문적인 지식과 식견에 너의 창조적인 아이디어를 더해서 각종 문서, 서류, 프로젝트를 만들어서 인트라넷이나 사회에 영향력을 끼치고 있잖아."

"그것은 궤변이야, 어찌 예술가와 사회인이 같냐?"

"나는 그래서 예술가, 작가, 건축가 등 아티스트들이 따로 있는 것이 아니라 그렇게 스스로를 바라보고 행동하면, 누구나 다 자기 분야의 아티스트라고 생각하는데."

통찰력의 핵심은 경계를 허무는 융합적 사고에 있다. 서로 다른 분야를 연결하고, 전혀 관계없어 보이는 영역들 사이에서 새로운 관계를 발견하는 것이다. 이것이 바로 창조적 통찰력의 시작점이다. 스티브 잡스가 애플을 혁신적 기업으로 만든 비결도 여기에 있었다. 그는 1972년 리드 대학에서 서체학(Typography) 수업을 청강했다. 당시만 해도 컴퓨터와 서체학은 전혀 무관한 분야였다. 하지만 잡스는 10년 후 매킨토시를 개발하면서 이 지식을 활용했다. 아름다운 서체와 그래픽 인터페이스를 컴퓨터에 도입한 것이다. 이것이 PC 혁명의 출발점이 되었다. 잡스는 후에 이렇게 말했다. "그때 서체학을 배우지 않았다면, 맥은 아름다운 서체를 갖지 못했을 것이고, 윈도우즈도 그것을 모방하지 않았을 것이다."

제임스 다이슨은 진공청소기 혁신의 아이디어를 목재 가공 공장에서 얻었다. 1970년대 그는 목재 공장의 원뿔형 집진 장치를 보고 깨달았다. 기존 진공청소기가 먼지봉투를 사용해 흡입력이 떨어지는 문제를 원뿔형 사이클론 기술로 해결할 수 있다는 것을. 15년간 5,126번의 시행착오를 거쳐 1993년 더 듀얼 사이클론을 출시했다. 2023년 기준 다이슨의 연 매출은 77억 달러에 달한다. 서로 다른 산업 분야의 기술을 융합한 결과였다.

구글 창립자 래리 페이지와 세르게이 브린은 학술 논문 인용 시스템에서 검색엔진의 핵심 알고리즘을 발견했다. 학술 논문에서 많이 인용되는 논문일수록 가치가 높다는 원리를 웹페이지 순위 결정에 적용한 것이다. 이것이 바로 페이지랭크 알고리즘이다. 1998년 구글 창립 이후 25년간 이 알고리즘은 검색 시장을 지배했다. 학문과 기술의 경계를 허문 통찰이 1조 달러 기업을 만든 것이다. 통찰력을 기르려면 자신의 전문 분야를 넘어 다양한 영역에 관심을 가져야 한다. 예술가가 과학을 공부하고, 엔지니어가 인문학을 탐구할 때 진정한 혁신이 탄생한다. 경계를 허무는 융합적 사고야말로 통찰력의 근본이다.

② 다학제적* 관점으로 문제 해결하기

"솔직히 습분에 의한 절연 파괴라고 하는 것도 믿기 힘든데, 외부에서 습기가 침투할 수 없는 설비인데 어떻게 수분에 의한 절연파괴로 설비가 고장이 난다는 것이지요? 그 설비 내부로 냉각수나 물이 들어갈 수 있는 설비가 있나요? 항온 항습기용 냉각수 라인은 어떻게 되어 있나요?"

"냉각수 라인은 실내 바닥에 설치되어 있는데 그 설비와는 많이 떨어져 있어서 접촉 가능성도 없고 누수 흔적도 없습니다."

"그러면 의심할 만한 것은 없단 말인가요?"

"의심되는 것이 결로현상입니다. 그 설비는 외부 대기와 통로로 연결이 되어 있는데, 이쪽 설비는 전자 설비의 적정 온도 유지를 위해서 냉방설비를 가동하니 온도가 낮은 데 반해서 그 통로는 뜨거운 외부와 연결되어 있어서 온도 차에 의한 결로현상이 생길 수 있습니다. 평상시와는 달리 며칠 사이에 날씨가 너무 더웠습니다. 결로현상은 통상적으로 10도 정도의 온도 차가 있으면 생길 수 있는 것으로 되어 있는데, 이번에는 그 범위를 훨씬 벗어났을 것 같습니다."

도저히 수분이 생길 수 없어 보이는 곳에서 수분으로 인해 설비에 문제가 발생했다. 전기설비만 다루던 사람에게 결로현상은 생소했다. 복잡한

* 두 가지 이상의 학문을 적용하여 통합적으로 접근하는 것

문제를 해결하려면 다학제적 관점이 필수다. 하나의 전문 분야만으로는 해결할 수 없는 문제들이 대부분이기 때문이다. 통찰력 있는 리더는 여러 분야의 지식을 종합해 문제의 본질을 파악한다.

일론 머스크가 스페이스X를 통해 항공우주 산업을 혁신하는 과정을 보자. 기존 로켓 발사 비용이 킬로그램당 1만 8,000달러였던 것을 500달러로 줄인 비결은 다학제적 접근에 있었다. 머스크는 항공우주공학뿐만 아니라 재료공학, 컴퓨터공학, 제조업 노하우를 융합했다. 2002년 창립 이후 스페이스X는 2023년 기준 1,800억 달러의 기업가치를 인정받았다.

제프 베조스가 아마존을 전자상거래에서 클라우드 컴퓨팅 기업으로 확장한 것도 다학제적 사고의 결과다. 그는 소매업, 물류, IT 인프라, 데이터 분석을 통합적으로 사고했다. 2006년 AWS(아마존 웹서비스) 출시 당시 많은 전문가가 의아해했다. 온라인 서점이 왜 IT 서비스를 하느냐는 것이었다. 하지만 베조스는 아마존의 내부 IT 인프라를 외부에 제공하면 새로운 수익원이 될 것으로 예측했다. 2023년 AWS 매출은 908억 달러로 아마존 전체 영업이익의 70%를 담당한다.

팀 쿡이 애플 CEO가 된 후 애플워치를 성공시킨 과정도 마찬가지다. 그는 기술 공학, 헬스케어, 패션, 심리학을 결합했다. 애플워치는 단순한 스마트워치가 아니라 건강관리 디바이스이자 패션 액세서리로 포지셔닝되었다. 2014년 출시 이후 2023년까지 누적 판매량 2억 5,000만 대를 기록했다. 스위스 시계 산업 전체를 넘어선 성과다. 샤오미 창립자 레이쥔은 스마트폰 시장에서 독특한 전략을 구사했다. 하드웨어, 소프트웨어, 인터넷 서비스, 유통업을 통합한 생태계 비즈니스 모델을 만든 것이다. 2010년 창립

이후 10년 만에 글로벌 3위 스마트폰 업체로 성장했다. 2021년 홍콩 증시 시가 총액은 600억 달러에 달했다. 기존 제조업체들이 하드웨어에만 집중할 때, 레이쥔은 소프트웨어와 서비스까지 아우르는 통합적 사고를 보여준 것이다.

다학제적 관점의 핵심은 문제를 다양한 각도에서 바라보는 것이다. 한 가지 전문성만으로는 보이지 않는 해결책이 여러 분야를 융합할 때 드러난다. 통찰력은 바로 이런 융합적 사고에서 나온다.

③ 분야 간 연결고리 발견하기

"지금 그 상황에서 변화된 것은 판넬 도어를 연 것밖에 없습니다. 그리고 옛날의 기계식과는 달리 진동이나 충격으로 인해서 보호회로가 동작할 염려는 없습니다."

"그러면 판넬 문을 열게 되면 달라지는 것이 무엇이 있는가요? 진동이나 충격 말고 무엇이 있을까요? 민감한 설비라 문을 연다고 해서 다른 계전기 접점이 동작하는 것이 있나요?"

"다른 것은 없고 문을 열게 되면 조명등이 자동으로 켜지게 되어 있습니다."

"조명이 켜지는 것하고 이번 건하고 관계가 있을 수 있나요?"

"조명등하고 관계가 없습니다. 조명등은 이번에만 켜졌던 것은 아니고 평상시에도 문을 열 때마다 수시로 켜졌다가 꺼지고 했습니다."

"그래요? 그런데 이번에 오동작을 한 것으로 의심되는 설비가 광케이블 쪽이 아니었나요? 만약에 광케이블 쪽의 단말 처리가 불량한 상태에서 빛이 들어가게 되면 어떻게 되나요? 오동작하지 않는가요?"

광케이블에 대한 지식이 매우 부족한 광케이블 초기 사용 시기였다. 판넬만 열었을 뿐인데 설비가 정지되었다. 진동도 없고 판넬을 여닫을 때 형광 불빛만 깜박이는 게 특이사항의 전부였다. 그때는 광케이블 단말로 형광등 불빛이 들어가리라고는 생각을 못 했다. 통찰력의 핵심은 겉으로는 전혀 관련 없어 보이는 것들 사이의 연결고리를 발견하는 능력이다. 일반인이 놓치는 미묘한 관계를 포착해 문제의 실마리를 찾아내는 것이다.

찰스 다윈이 진화론을 발견하는 과정을 보자. 그는 1835년 갈라파고스 제도에서 핀치새의 부리 모양이 섬마다 다르다는 것을 관찰했다. 하지만 진화론의 핵심 아이디어는 1838년 토머스 맬서스의 『인구론』을 읽으면서 얻었다. 인구는 기하급수적으로 증가하지만, 식량은 산술급수적으로 증가한다는 맬서스의 이론에서 '생존경쟁'과 '자연선택'의 개념을 도출한 것이다. 생물학과 경제학이라는 전혀 다른 분야를 연결한 통찰이었다. 1859년 『종의 기원』 출간 이후 인류의 세계관을 바꾼 과학 혁명이 시작되었다.

스타벅스 창립자 하워드 슐츠는 1983년 이탈리아 밀라노 출장에서 에스프레소 바를 경험했다. 이탈리아인들이 커피숍에서 사교하며 시간을 보내는 모습을 보고 깨달았다. 미국에는 가정과 직장 사이의 '제3의 공간'이 없다는 것을. 그는 커피와 공간, 경험을 연결했다. 1987년 스타벅스 인수 후 이 컨셉을 미국 전역에 확산시켰다. 스타벅스는 2023년 기준 전 세계 3만 6,000개 매장을 운영하는 글로벌 기업으로 성장했다.

넷플릭스 창립자 리드 헤이스팅스는 1997년 비디오 대여료 연체료 40달러를 내면서 아이디어를 얻었다. 피트니스 클럽의 월 정액제와 DVD 대여 서비스를 연결한 것이다. 1999년 월 정액제 무제한 DVD 대여 서비스를 시작했다. 2007년에는 인터넷 스트리밍 서비스로 확장했다. 넷플릭스는

2023년 현재 전 세계 2억 3,800만 명의 구독자를 보유한 글로벌 미디어 기업이 되었다.

제임스웹 우주망원경 개발 과정도 분야 간 연결의 산물이다. NASA는 2021년 발사를 위해 20년간 100억 달러를 투입했다. 이 프로젝트는 천체물리학, 재료공학, 광학, 로켓 공학, 소프트웨어 공학을 융합한 결과다. 특히 망원경의 주경을 18개 육각형 조각으로 나누고 각각을 독립적으로 조정하는 기술은 정밀기계공학과 컴퓨터 제어 기술의 결합체. 2022년 첫 관측 이미지 공개 이후, 제임스웹 우주망원경은 인류의 우주 탐사 역사에 새로운 장을 열었다.

분야 간 연결고리를 발견하는 능력은 하루아침에 생기지 않는다. 다양한 분야에 대한 호기심과 지속적인 학습, 그리고 서로 다른 지식들 사이의 공통점을 찾으려는 노력이 필요하다. 통찰력 있는 리더는 이런 연결 능력을 통해 남들이 보지 못하는 기회를 포착한다. 찰스 다윈이 『종의 기원』을 출간하여 그 당시 인류의 세계관을 바꾼 과학 혁명이 시작된 지 170년이 되어간다. 누군가는 또 다윈의 진화론을 뛰어넘는 통찰력으로 인류의 새로운 과학 혁명을 이루길 기대한다. 현재로선 진화론도 가설이다. 실재는 가설로 가려질 수 없지 않을까?

④ 전체 시스템으로 사고하기

"오늘도 어제에 이어서 덤프트럭을 이용해서 둑 쌓기와 지반 다지기용 토사 운반 작업이 있을 예정에 있습니다."

"오늘은 특이사항 없나요?"

"해빙기라 주의를 많이 하고 있는 상태입니다. 아, 장비가 좀 큰 것이 투입될 예정입니다. 업체 사정으로 15톤 트럭이 주로 운행했는데 오늘은 25.5톤이 몇 대 들어 올 예정입니다. 지난겨울에도 25톤짜리가 들어와서 작업한 경험이 있었습니다."

"지금은 겨울하고는 상황이 많이 다르니 새로운 눈으로 전체적인 시스템을 다시 점검하고 확인해 봅시다. 우선은 동절기와는 달리 지반이 연약해서 지반침하 우려가 있는데 15톤짜리와는 무게 자체가 다르니까 특별히 신경을 써서 25톤짜리는 가장자리 가까이 가지 말고 멀리서 하차하게 하는 것이 좋을 것 같습니다. 신호수는 반드시 배치하고요. 신호수도 경험 많은 사람으로 배치하세요. 아예 트럭 하차용 안전 펜스를 치도록 하죠. 그리고 큰 차량이 공장으로 들어오면 현장에 바로 경보가 울리도록 조치하고요. 만에 하나 때문에 사고가 나니까, 철저히 준비를 해야 합니다."

해빙기에는 생각지도 않는 곳에서 사고가 발생한다. 어제 안전했다고 오늘 안전하지는 않다. 그야말로 밤새 안녕이다. 시스템과 시스템의 조합으로 이루어져 있는 이 지구 속에서 똑같은 것도, 똑같은 상황도 없다. 통찰력의 최고 단계는 전체 시스템을 하나의 유기체로 바라보는 사고다. 개별 요소들이 어떻게 상호작용하며 전체에 영향을 미치는지 파악하는 능력이다. 이런 시스템 사고야말로 진정한 리더십의 핵심이다. 아마존 창립자 제프 베조스가 보여 준 시스템 사고가 대표적이다. 그는 1994년 온라인 서점으로 시작했지만, 처음부터 전체 생태계를 구상하고 있었다. 고객 데이터, 물류 네트워크, 기술 인프라, 파트너십을 하나의 시스템으로 설계했다. 1997년 주주 서한에서 그는 '우리는 고객 중심의 선순환 구조를 만들고 있다'라고 선언했다. 더 많은 고객이 더 나은 고객 경험을 만들고, 이것이 더 많은 고객을 유치하는 구조다. 2023년 기준 아마존의 연 매출은 5,140억 달러에 달한다. 테슬라 CEO 일론 머스크의 시스템 사고를 보자. 그는 전기차를 단순한 자동차가 아닌 에너지 생태계의 일부로 봤다. 전기차 제조, 배터리 기술, 충전 인프라, 태양광 패널, 에너지 저장 장치를 통합적으로 설계했다. 2003년 테슬라 창립 이후 20년간 이 비전을 실현했다. 2023년 기준 테슬라의 시가총액은 8,000억 달러로 기존 자동차 업체들을 압도했다.

애플 창립자 스티브 잡스의 시스템 사고는 더욱 정교했다. 그는 하드웨어, 소프트웨어, 서비스, 디자인, 사용자 경험을 하나의 완결된 시스템으로 구상했다. 2007년 아이폰 발표에서 그는 '우리는 전체 사용자 경험에 책임을 진다'라고 말했다. 이 철학이 아이폰, 아이패드, 맥북, 애플워치, 애플 TV를 관통하는 일관된 생태계를 만들었다. 2023년 기준 애플의 시가총액은 3조 달러에 달한다. 삼성전자 이재용 부회장의 시스템 사고도 주목할 만하다. 그는 2017년부터 반도체, 디스플레이, 스마트폰을 개별 사업이 아닌 하나의 연결된 시스템으로 재구성했다. 특히 반도체 사업에서 메모리와 시스템 반도체를 통합 운영하는 전략을 추진했다. 2023년 삼성전자의 연 매출은 2,440억 달러로 세계 최대 메모리 반도체 업체 지위를 유지하고 있다. 시스템 사고의 핵심은 부분의 합이 전체보다 작다는 인식이다. 개별 요소들이 상호작용할 때 시너지 효과가 발생한다. 통찰력 있는 리더는 이런 시너지를 설계하고 관리하는 능력을 갖춘다. 전체를 보는 눈, 그것이 최고 수준의 통찰력이다.

통찰력의 최고 경지는 세상을 '통으로' 보는 안목이다. 개별 현상들을 따로따로 이해하는 것이 아니라, 모든 것이 연결된 하나의 거대한 시스템으로 파악하는 능력이다. 이런 통합적 시각이야말로 진정한 리더가 갖춰야 할 핵심 역량이다. 경계를 허무는 융합적 사고, 다학제적 문제해결 능력, 분야 간 연결고리 발견, 전체 시스템 사고. 이 모든 것들이 합쳐질 때 비로소 완전한 통찰력이 완성된다. 세상의 모든 것은 연결되어 있고, 통찰력은 바로 그 연결의 실을 보는 능력이다. 이제 당신도 경계를 넘나드는 사고로 세상을 새롭게 바라보라. 그것이 통찰력을 완성하는 길이다.

5

통찰력도
근육이다

① 세터리스 패러버스를 벗어나라

정주영 회장은 박정희 대통령에게 걱정스럽게 말했다.

"각하! 지금 현대에는 그만한 경험을 가진 인물도, 또 그런 능력을 갖춘 사람도 부족합니다. 무엇보다도 지금의 현대에는 그만한 자금력도 없습니다. 그리고 배를 만들어본 경험도 없는데 배를 설계할 전문가 하나 없이 조선소를 만들라는 지시는 아무리 이리저리 강구해보아도 불가능하다는 게 제 판단입니다."

박정희 대통령은 카리스마 넘치게 말했다.

"무슨 말이오? 당신만이 이 일을 해낼 것이라 믿기에 당신에게 부탁하는 것이오. 조선업은 우리 대한민국의 국운이 걸린 사업이오. 임자에게 맡긴 것이니 무조건 해내셔야 할 거요."

세터리스 패러버스(Ceteris Paribus), '다른 조건이 같다면'이라는 이 경제학 용어는 우리가 얼마나 자주 제한된 사고의 틀에 갇혀 있는지를 보여준다. 경제학자들이 복잡한 현실을 단순화하기 위해 사용하는 이 가정은 때로 혁신을 가로막는 족쇄가 된다. 정주영 회장이 1970년 직면한 상황을 보자. 자금도 없고, 기술도 없고, 경험도 없었다. 기존의 논리대로라면 조선업 진출은 불가능했다. 하지만 그는 '다른 조건'을 바꾸는 통찰력을 발휘했다.

1970년 정주영은 영국 바클레이스 은행을 찾아갔다. 대출 심사 담당자들은 의구심 가득한 표정으로 그를 바라봤다. 조선소도 없는 회사가 어떻게 배를 만들 수 있다는 것인가? 이때 정주영은 주머니에서 한국 500원 지폐를 꺼냈다. "이것을 보십시오. 우리 조상들은 300년 전에 이미 철갑선을 만들었습니다. 거북선입니다." 단순해 보이는 이 행동에는 깊은 통찰이 담겨 있었다. 과거의 역사적 역량을 현재의 산업적 가능성으로 전환시키는 인식의 전환이었다.

놀랍게도 이 전략은 성공했다. 바클레이스 은행은 4,300만 달러를 대출해줬고, 현대는 1972년 3월 울산 미포만에서 조선소 기공식을 했다. 더 놀라운 것은 조선소도 완성되기 전에 26만 톤급 초대형 유조선 2척을 그리스 선주로부터 수주했다는 사실이다. 정주영은 울산 해안의 모래사장에 실물 크기의 배 도면을 그려 보여주며 계약을 따냈다. 불가능해 보이는 일을 가능하게 만든 것은 기존 조건을 뛰어넘는 창의적 사고였다.

레이 달리오(Ray Dalio) 브리지워터 어소시에이츠 창업자도 2008년 금융위기에서 비슷한 통찰을 보여줬다. 모두가 '이번은 다르다'라고 외칠 때, 그는 1930년대 대공황, 1970년대 오일 쇼크, 1990년대 아시아 금융위기, 2000년 닷컴버블 등 수백 개의 경제 위기를 분석했다. 그 결과 모든 위기가 동일한 패턴을 따른다는 것을 발견했다. 과도한 부채 → 버블 형성 → 금리 인상 → 디레버리징 → 경기 침체의 사이클이었다. 이 통찰로 브리지워터는 2008년 금융위기 중에도 9.5% 수익을 기록했고, 2020년 팬데믹 위기에서도 12.5% 수익을 올렸다. 달리오는 이를 '아름다운 디레버리징(Beautiful

Deleveraging)'이라 명명했다.

하워드 슐츠 스타벅스 창업자는 1983년 이탈리아 밀라노를 방문했을 때 에스프레소 바에서 통찰을 얻었다. 사람들이 커피를 사러 오는 것이 아니라 '제3의 공간(Third Place)'을 찾아온다는 것이었다. 집도 아니고 직장도 아닌, 편안하게 머물 수 있는 공간. 이 통찰로 그는 시애틀의 작은 커피 원두 판매점을 전 세계 3만 5천 개 매장을 가진 글로벌 기업으로 성장시켰다. 2023년 스타벅스의 시가총액은 1,100억 달러에 달한다. 커피를 파는 것이 아니라 경험을 판다는 관점의 전환이 만든 결과다.

잘 알려진 대로 토마스 에디슨은 전구를 발명하는 과정에서 1,000번 이상 실패했다. 기자가 묻자 그는 답했다. "나는 실패한 적이 없다. 단지 작동하지 않는 1,000가지 방법을 발견했을 뿐이다." 이것이 바로 세테리스 패러버스를 벗어난 사고다. 실패를 실패로 보지 않고 데이터로 본 것이다. 각 실패는 성공에 한 걸음 더 가까워지는 과정이었다. 에디슨은 결국 1879년 10월 21일, 40시간 동안 빛나는 전구를 만들어 냈다. 그의 회사 제너럴 일렉트릭은 2023년 현재도 포춘 500대 기업에 이름을 올리고 있다.

② **통찰력도 기술이다**

런던에서 영국의 선박 컨설턴트 회사 'A&P 애플도어'의 찰스 롱바톰 회장을 만났을 때, 정주영 회장은 지갑에서 거북선이 그려진 500원짜리 지폐를 펼쳐 보이며 말했다.

"롱바톰 회장님! 이걸 보시오. 여기에 그려진 바다 위의 배가 무엇으로 보이오?"

"글쎄요! 뱀 같기도 하고 거북이 닮은 것 같기도 하고, 이것이 무엇이오?"

"이것은 거북선이라는 것이요. 우리 선조들은 이 배를 만들어서 일본의 침략을 막아냈소."

"흥미로운 이야기긴 하군요. 정말 당신네 선조들이 실제로 이 배를 만들어 전쟁에서 사용했다는 말입니까? 하지만 그래서 내게 하려는 이야기가 무엇이오?"

"그렇고말고요. 실제로 전쟁에 참여했던 배요. 우리나라 이순신 장군이라는 구국의 영웅이 만든 배란 말이오. 이렇듯 한국은 그런 대단한 역사와 두뇌를 가진 나라요. 불행히도 산업화가 늦어졌고 그로 인해 좋은 아이디어가 묻혀 있지만, 잠재력은 대단한 나라라는 말입니다. 여기 보시다시피 거북선은 철갑선입니다. 우리는 영국보다 300년 앞서 철갑선을 만들었습니다. 우리 현대도 자금만 확보된다면 훌륭한 조선소와 배를 만들어 낼 것입니다. 회장님! 바클레이 은행에 추천서를 보내주십시오."

기가 막힌다. 이런 통찰력은 어디서 나왔을까? 놀라운 점은 그의 이런 통찰력도 타고난 것이 아니라 개발되었다는 것이다. 통찰력은 타고난 재능이 아니라 훈련으로 개발할 수 있는 기술이다. 칙센트미하이(Mihaly Csikszentmihalyi) 시카고대 심리학과 교수는 91명의 노벨상 수상자들을 15년간 추적 연구했다. 그 결과, 앞에서 말했듯이 창의적 통찰이 세 단계를 거친다는 것을 발견했다. 준비(Preparation) 단계에서 문제에 몰입하고, 부화(Incubation) 단계에서 무의식이 작동하며, 조명(Illumination) 단계에서 갑작스러운 깨달음이 온다는 것이다. 알베르트 아인슈타인의 상대성이론 발견 과정이 전형적인 예다. 16살 때부터 그는 '빛의 속도로 달리면 빛이 어떻게 보일까?'라는 질문에 사로잡혔다. 10년간 이 문제를 품고 살았다(준비). 1905년 5월 어느 날, 베른 특허청에서 일하던 중 친구 미켈레 베소와 대화하다가 갑자기 깨달았다(조명). "시간이 절대적이지 않다면 모든 모순이 해결된다!" 이 순간적 통찰은 물리학의 패러다임을 완전히 바꿨다. 하지만 이것은 10년의 준비 없이는 불가능했을 것이다.

말콤 글래드웰은 『아웃라이어』에서 1만 시간의 법칙을 제시했다. 비틀즈는 함부르크에서 1,200회 공연하며 1만 시간을 채웠고, 빌 게이츠는 13살부터 컴퓨터 프로그래밍에 1만 시간을 투자했다. 하지만 단순한 시간 투자가 아니라 '의도적 연습(Deliberate Practice)'이 중요하다. 플로리다 주립대 앤더스 에릭슨 교수의 연구에 따르면, 전문가와 아마추어의 차이는 연습의 질에 있었다. 전문가들은 자신의 약점에 집중하고, 즉각적인 피드백을 받으며, 끊임없이 개선했다. 바둑 AI 알파고를 개발한 데미스 하사비스는 체스 신동이었다. 13살에 체스 마스터가 되었고, 케임브리지에서 컴퓨터 과학을 전공했다. 이후 신경과학으로 박사 학위를 받았다. 세 분야의 지식을 융합해 딥마인드를 창업했고, 2016년 이세돌 9단을 이긴 알파고를 만들었다. 구글은 딥마인드를 6억5천만 달러에 인수했다. 하사비스의 성공은 다양한 분야의 전문성을 체계적으로 결합한 결과다. 통찰력도 이처럼 체계적으로 훈련할 수 있는 기술이다.

③ 컬러 배스 효과 역이용

세계 최고의 투자자 워런 버핏이 IT 버블이 한창이던 1999년, 한 기자가 물었다.

"왜 기술주에 투자하지 않으십니까? 엄청난 수익 기회를 놓치고 있는 것 아닙니까?"

버핏은 담담하게 답했다.

"나는 내가 이해하지 못하는 사업에는 투자하지 않습니다. 다른 사람들이 돈을 벌고 있다는 것을 '보지 않기로' 선택했습니다."

당시 많은 사람들이 버핏을 '시대에 뒤떨어진 늙은 투자자'라고 비웃었다. 기술주가 매일 신고가를 경신하는 모습을 보며 버핏은 바보 같아 보였다. 하지만 그는 의도적으로 그 광풍을 '보지 않기로' 선택했다. 자신의 투자 원칙에 맞지 않는 것들에 대해서는 컬러배스 효과를 역이용한 것이다. 2000년 IT 버블이 터지고 나서야 사람들은 깨달았다. 버핏이 '보지 않기로 선택한' 것이 얼마나 현명한 결정이었는지를. 그가 보지 않기로 한 것들로 인해 잃을 뻔했던 것들이 얼마나 많았는지를. 선택적으로 보지 않는 것도 통찰력의 중요한 구성 요소였다.

컬러배스 효과(Color Bath Effect)는 특정 대상에 주의를 기울이면 그것이 더 자주 보이는 심리 현상이다. 빨간 차를 사려고 마음먹으면 거리에 빨간 차가 갑자기 많아 보이는 것처럼. 하지만 버핏은 이를 역으로 활용했다. 자신이 이해할 수 없는 것들을 의도적으로 시야에서 제거함으로써 판단력을 흐리는 잡음을 차단한 것이다. 2000년 3월 10일 나스닥 지수는 5,048포인트로 정점을 찍었다. 이후 2년 6개월간 78% 폭락했다. 수많은 닷컴 기업들이 사라졌다. 펫츠닷컴(Pets.com)은 99% 하락 후 파산했고, 웹반(Webvan)은 8억 달러를 태우고 사라졌다. 심지어 아마존도 95% 폭락해 주당 107달러에서 5.5달러가 되었다. 반면 버핏의 버크셔 해서웨이는 같은 기간 오히려 40% 상승했다. 그가 '보지 않기로' 선택한 것들이 얼마나 위험했는지 증명된 순간이었다.

스티브 잡스도 1997년 애플 복귀 후 비슷한 전략을 구사했다. 당시 애플은 수십 개의 제품 라인을 가지고 있었다. 뉴턴 PDA, 사이버독 브라우저, 오픈닥 개발 도구, 퀵테이크 카메라 등. 잡스는 이 중 70%를 즉시 중단시켰다. '혁신은 1,000가지에 No라고 말하는 것이다'라는 그의 철학이었다. 대신 4개 제품에만 집중했다. 데스크톱과 노트북, 각각 일반용과 프로용. 이 극단적 단순화가 아이맥, 맥북, 아이팟, 아이폰으로 이어졌다. 2023년 애플의 시가총액은 3조 달러를 돌파했다. 찰리 멍거 버크셔 해서웨이 부회장은 '역량 범위(Circle of Competence)'라는 개념을 강조한다. 자신이 정말 잘 아는 영역과 모르는 영역을 명확히 구분하라는 것이다. 그는 98세의 나이에도 암호화폐, NFT, 메타버스 등 새로운 트렌드를 의도적으로 무시한다. '내가 이해하지 못하는 것에 투자하느니 차라리 기회를 놓치는 게 낫다'라는 것이 그의 철학이다. 이런 선택적 무시가 버크셔를 60년간 연평균 20% 수익률로 성장시킨 비결이다.

닌텐도의 이와타 사토루 전 사장은 2000년대 중반 소니와 마이크로소프트가 고성능 게임기 경쟁을 벌일 때 다른 길을 선택했다. PS3와 Xbox 360이 최첨단 그래픽을 자랑할 때, 닌텐도는 의도적으로 그 경쟁을 무시하고 Wii를 출시했다. 모션 컨트롤이라는 완전히 다른 가치를 제공한 것이다. 결과는 놀라웠다. Wii는 1억 대 이상 판매되며 게임 역사를 새로 썼다. 남들이 보는 것을 보지 않고, 남들이 보지 못하는 것을 본 결과였다.

④ 파레토 법칙을 넘어, 롱테일을 감지하라

1994년 제프 베조스가 아마존을 시작할 때, 모든 서점은 파레토 법칙(Pareto principle)에 따라 운영되고 있었다. 상위 20%의 베스트셀러가 매출의 80%를 차지하니까, 서점들은 그 베스트셀러들만 진열하고 나머지는 무시했다. 물리적 공간의 한계 때문에 당연한 선택이었다. 하지만 베조스는 다른 것을 보았다. 온라인에서는 물리적 제약이 없으니 수백만 권의 책을 진열할 수 있다는 것을. 그리고 놀라운 사실을 발견했다. 개별적으로는 적게 팔리지만, 전체적으로는 베스트셀러보다 더 많은 매출을 만들어 내는 '롱테일(Long tail principle)'의 힘을.

마니아층이 찾는 전문서적, 절판된 고전, 소수 언어로 된 책들. 이런 책들은 하나하나는 적게 팔렸지만, 수백만 권이 모이면 엄청난 매출이 되었다. 더 중요한 것은 이런 책들을 찾는 고객들의 충성도가 매우 높다는 것이었다. 베스트셀러는 어디서나 살 수 있지만, 이런 특별한 책들은 아마존에서만 찾을 수 있었기 때문이다. 오늘날 아마존이 '지구상에서 가장 고객 중심적인 회사'가 된 비결도 여기에 있다. 20%의 메이저 고객이 아니라 80%의 마이너 고객들의 니즈에 주목했기 때문이다. 롱테일을 감지한 통찰력이 세계 최대 기업을 만들어 낸 것이다.

크리스 앤더슨(Chris Anderson) 전 와이어드 편집장은 2004년 『롱테일 경제학』에서 이 개념을 체계화했다. 그는 아마존, 넷플릭스, 라임 와이어 등의 데이터를 분석해 놀라운 사실을 발견했다. 온라인에서는 98%의 상품이 최소 분기당 1번은 팔린다는 것이다. 오프라인 서점에서는 상위 10만 권만 진열하지만, 아마존은 200만 권 이상을 판매한다. 이 190만 권의 '꼬리' 부분이 전체 매출의 25%를 차지했다.

넷플릭스의 성공도 롱테일 전략의 결과다. 블록버스터는 각 매장에 3,000개 타이틀만 보유했지만, 넷플릭스는 10만 개 이상의 타이틀을 제공했다. 2010년 리드 헤이스팅스 CEO는 흥미로운 데이터를 공개했다. 넷플릭스에서 대여되는 영화의 70%가 일반 비디오 가게에서는 찾을 수 없는 타이틀이었다. 다큐멘터리, 인디 영화, 외국 영화, 클래식 영화들이 블록버스터만큼 많이 시청되고 있었다. 2023년 넷플릭스의 시가총액은 1,800억 달러에 달한다. 블록버스터는 2010년 파산했다.

구글의 애드센스도 롱테일 비즈니스의 전형이다. 2003년 출시 당시 대형 광고주들은 회의적이었다. 작은 블로그나 개인 웹사이트에 광고를 왜 해야 하는가? 하지만 구글은 다르게 생각했다. 수백만 개의 작은 사이트가 모이면 야후나 MSN보다 더 큰 광고 플랫폼이 된다는 것이다. 실제로 2023년 구글의 광고 매출 2,378억 달러 중 상당 부분이 수백만 개의 작은 파트너 사이트에서 발생한다. 개별적으로는 미미하지만, 전체적으로는 거대한 시장을 만든 것이다.

스포티파이의 다니엘 에크 CEO는 2018년 흥미로운 통계를 발표했다. 플랫폼에 있는 3,000만 곡 중 99%가 최소 연 1회 이상 재생된다는 것이다. 상위 1%의 아티스트가 전체 스트리밍의 90%를 차지한다는 통념과 달리, 실제로는 수백만 명의 독립 아티스트들이 전체 스트리밍의 40%를 차지하고 있었다. 이들 각각은 작은 팬층을 가지지만, 모두 합치면 거대한 시장이 된다. 2023년 스포티파이의 유료 구독자는 2억 2천만 명을 넘어섰다.

에어비앤비의 브라이언 체스키도 롱테일을 활용했다. 호텔 업계는 표준화된 객실을 대량으로 제공하는 데 집중했다. 하지만 체스키는 '모든 여행자가 다른 경험을 원한다'라는 통찰을 가졌다. 트리하우스, 성, 이글루, 요트 등 독특한 숙소들이 각각은 소수의 수요지만, 전 세계적으로 모이면 거대한 시장이 된다. 2023년 에어비앤비는 700만 개 이상의 숙소를 보유하고 있으며, 그중 상당수가 세계에 단 하나뿐인 독특한 공간들이다.

통찰력은 근육과 같다. 사용하지 않으면 위축되고, 꾸준히 단련하면 강해진다. 앞서 살펴본 네 가지 원리인 고정관념 탈피, 기술로서의 통찰력 훈련, 선택적 주의력 관리, 새로운 패턴 발견은 모두 지속적인 연습을 통해서만 체득할 수 있다. 체스 천재 마그누스 칼센은 5살부터 체스를 시작해 22세에 세계 챔피언이 되었다. 그의 특별함은 단순한 암기력이 아니다. 5만 개 이상의 체스 게임을 분석하고, 각 상황에서의 최적 수를 0.1초 만에 찾아내는 패턴 인식 능력이다. 이는 17년간 하루 8시간씩 체스에 몰입한 결과다.

통찰력도 이와 같다. 지속적인 훈련을 통해 무의식적 유능함의 단계에 도달할 수 있다. 워런 버핏은 70년 이상 매일 500페이지씩 읽는다. 빌 게이츠는 매년 '생각 주간(Think Week)'을 갖고 미래를 예측한다. 제프 베조스는 '역진행 사고(Working Backwards)'로 고객 니즈를 파악한다. 이들의 공통점은 통찰력을 우연에 맡기지 않고 체계적으로 관리한다는 것이다. 결국 통찰력 숙달의 핵심은 '의도적 연습'이다. 농구 선수 코비 브라이언트는 새벽 4시에 일어나 하루 1,000개의 슛을 연습했다. 은퇴 후 벤처 투자자로 전향해 10억 달러 규모 펀드를 성공적으로 운용했다. 스포츠에서 익힌 통찰력이 비즈니스로 전이된 것이다. 통찰력은 천재의 전유물이 아니다. 끊임없는 학습,

실패를 통한 개선, 다양한 경험의 축적을 통해 누구나 기를 수 있다. 중요한 것은 오늘 시작하는 것이다. 당신의 분야에서 매일 조금씩 더 깊이 파고들어라. 1만 시간 후, 당신도 남들이 보지 못하는 것을 보게 될 것이다. 누군가는 1만 시간을 채웠을 것이다. 누군가는 절반쯤 왔을 수도 있다. 또 누군가는 집단지성을 위한 네트워크가 갖추어진 사람도 있을 것이다. 자신의 상태를 객관적으로 분석해보고 상기에 열거한 통찰력의 필요조건들을 갖추어서 통찰력의 대가들이 되기를 진심으로 바란다.

에필로그

　한 번뿐인 인생을 탁월하게 살기 위해서는 통찰력이라는 강력한 무기가 필요하다. 통찰력은 우연히 얻어지거나 특별한 사람들에게 주어지는 것이 아닌, 운전면허증처럼 누구나 방법만 알고 숙달하면 사용할 수 있는 기술이다. 그러나 그 기술을 얻게 되면 더 이상 평범하지 않다. 특별한 사람이 된다. 현상 속에서 본질을 보며, 거인들과 경험을 연결하여 새로운 길을 찾고, 모순 속에서 변증법적 해답을 보며, 세렌디피티가 일상화된 삶을 살 것이다. 유레카가 습관화된 삶을 살 것이다. 많은 탁월한 리더의 삶이 특별한 통찰력의 연속이듯 통찰력을 갖는 여러분의 삶도 특별함의 연속이 될 것이다. 그런 삶이 되기를 기대한다.

　처음 이 아이템으로 책을 기획한 것은 5년 전이다. 나의 첫 작품인 『직장생활 사용법』이라는 책을 쓰고 난 다음에 나름대로 하고픈 이야기를 다 했다고 생각했는데, 무언가 하지 못한, 못다 한 이야기가 있는 것 같았다. 보통 사람들의 조금 특별한 삶이 아닌, 보통 사람들의 특별한 이야기나, 특별한 사람들을 더욱 특별하게 이야기를 못 했다. 그때부터 통찰력 관련해서 공부하고 자료를 모으고 글을 썼다. 중간에 박사 학위 때문에 잠깐 틈을 들였지만, 그렇게 해서 작성한 자료가 책 5권 정도의 원고였다. 고민했다. 이 자료를 5권으로 나누어서 책으로 만들 것인지, 핵심 내용들만 뽑아서 1권으로 만들 것인지. 해답은 간단하게 해결되었다. 미다스북스의 이예나 팀장의 '나머지 자료들은 강의 원고로 사용하시면 될 것 같습니다'라는 한마디가 해답이었다.

처음부터 시리즈로 출간할 생각은 없었지만 사실 원고들을 버리기에는 매우 아까웠다. 그런데 버리지 않고 다른 자료로 활용하면 되는 것이었다.

이 책을 쓰면서 통찰력 관련한 많은 자료를 모으고, 각종 아이템별로 분류하면서 글을 써가면서 나 스스로가 통찰력에 대해 체계가 잡혀갔고 더 알게 돼갔다. 통찰력은 내가 처음에 생각했던 것 같이 관념적인 것이 아니라 문과적인 것이 아닌 지극히 이과적, 시스템적인 것이었다. 기술이었다. 내 이력에서 보이듯이, 나는 공학도다. 평생을 전력 설비를 만지면서 그 속에서 동료들과 희로애락을 같이 했다. 통찰력에 대한 이론적인, 관념적인, 형이상학적인, 학문적인 부분에는 자신이 없다. 그리고 통찰력을 이론적으로 명확히 정의한 서적을 발견하기도 쉽지 않았다. 당신이 잘 모르니까 그런 소리를 한다고 하실지 모르겠다. 그런 비판을 하시면 달게 받겠다. 맞다. 나는 모르는 것이 많다. 그러나 내가 피타고라스 정리를 발견하지 않았지만 나는 그 피타고라스 정리를 이용하여 실생활에 필요한 많은 문제를 해결한다. 통찰력도 그런 식으로 접근했으면 좋겠다. 통찰력이 무엇이냐고 따지기보다는 각자의 영역에서 통찰력의 대가가 되어서 탁월한 삶을 사는 게 현명한 길일 것이다.

이영주라는 필명으로 저술한 『직장생활 사용법』이라는 책을 읽은 다재다능한 존경하는 후배가 있다. 그는 만날 때마다 후속작이 언제 나오냐고 독촉했는데 그 숙제를 이제 한 것 같아 마음이 홀가분하다. 많은 시간을 기다려주고 응원해줘서 고맙다고 이야기하고 싶다. 그리고 앞에서 언급했던 미다스북스의 임종익 본부장과 이예나 팀장을 비롯한 스태프분들께 감사의 말씀을 전한다.

나는 다른 사람들에 비해서 출발이 늦었다. 그러나 우보천리(牛步千里)처럼 뚜벅뚜벅 계속해서 앞으로 앞으로 나간다. 그런 나를 곁에서 끝까지 응원해 준 가족들에게 고마운 마음을 전한다. 독자 여러분들도 각자의 현 위치에서 자신을 돌아보았을 때 1만 시간을 지나신 분들도, 5,000시간쯤 되신 분들도, 1,000시간쯤 되신 분들도 있으신 줄 안다. 다른 사람의 시선은 필요 없다. 자신만이 안다. 자신의 스텝으로, 자신의 로드맵으로 고수의 길을 향해 걸으시고, 통찰력을 위한 다양한 형태의 조력자들을 준비하셔서 이용하시길 바란다.

　현대인들 저마다 가슴속에 '노란 다윗의 별(Yellow star of David)' 하나쯤은 가지고 있다. 죄의 벌로 주어진 것은 아니다. 나치가 준 것도 아니다. 준 사람은 뚜렷하지 않다. 받은 시기도 뚜렷하지 않다. 그렇지만 있다. 누가 주었나, 언제 받았나가 중요하지 않다. 그러나 그것은 지금도 히틀러시대 나치가 유대인들을 했던 것과 같은 역할을 우리에게 한다. 열등감을 증폭시키고, 자존감을 약화시킨다. 부정적인 생각으로 가능성을 억누르고, 의욕을 잃게 한다. 주저앉지 말고 대항하자. '노란'색만 빼버리자. 'Yellow'를 빼버리면 'Star of David'가 된다. 별이 되자. 별처럼 빛나는 삶을 살자. 통찰력이 우리의 삶에 물든 'Yellow'를 빼줄 것이다. 통찰력을 갖자. 다중의 천재가 되자. 르네상스 인간이 되자. 한 번뿐인 인생 별처럼 살자. 여백이 있는 글 끝까지 함께 해주신 독자 여러분께 머리 숙여 감사드린다. 여러분의 앞날에 큰 행복과 성취가 있기를 기원한다. 우리 대한민국의 앞날에도 훌륭하고 큰 인물들이 많이 나와서 세계 일류국가가 되기를 기원한다.

2025년 9월
당진에서 이갑주